御风万里

非洲八国日记

葛剑雄 著

山东画报出版社

图书在版编目（CIP）数据

御风万里：非洲八国日记／葛剑雄著．--济南：山东画报出版社，2021.7
　ISBN 978-7-5474-3759-9

Ⅰ.①御… Ⅱ.①葛… Ⅲ.①日记—作品集—中国—当代 Ⅳ.①I267.5

中国版本图书馆CIP数据核字（2021）第019237号

YU FENG WAN LI　FEIZHOU BA GUO RIJI
御风万里　非洲八国日记
葛剑雄 著

项目策划	赵发国
责任编辑	赵祥斌　张　欢
装帧设计	王　芳
地图绘制	陈海峰
出 版 人	李文波
主管单位	山东出版传媒股份有限公司
出版发行	山东画报出版社
	社　　址　济南市市中区英雄山路189号B座　邮编 250002
	电　　话　总编室（0531）82098472
	市场部（0531）82098479　82098476（传真）
	网　　址　http：//www.hbcbs.com.cn
	电子信箱　hbcb@sdpress.com.cn
印　　刷	山东临沂新华印刷物流集团有限责任公司
规　　格	148毫米×210毫米　1/32
	12.5印张　85幅图　260千字
版　　次	2021年7月第1版
印　　次	2021年7月第1次印刷
书　　号	ISBN 978-7-5474-3759-9
审 图 号	GS（2021）2118号
定　　价	98.00元

如有印装质量问题，请与出版社总编室联系更换。

前　言

　　2002年11月底,凤凰卫视邀我参加中央电视台与其联合摄制的纪录片《走进非洲》的摄制组,担任北线队的嘉宾主持。12月3日,钟大年来北京饭店(我在京开会住地)与我具体商定。16日在北京开了新闻发布会,就开始做各项准备工作,包括办理各种手续,如报批,申领护照、签证,接种疫苗,保险等。2003年1月18日,我专程到北京,与本队其他成员讨论准备,19日还由我以主持人的身份去友谊宾馆专家楼采访一位伊拉克专家,由本队摄影师拍摄、编导制作了一段样片。其间,正值我按原定计划于1月23日起在香港城市大学讲课3个月,除与城市大学商定将课程压缩在2月20日前上完,不得不来往于香港、上海、北京间,其余时间尽可能兼顾非洲之行的准备工作。

　　2月21日晚上到达北京,22日晚上在钓鱼台国宾馆参加"起步礼"(出发会),23日上午开始"走进非洲",乘飞机经阿姆斯特丹到达摩洛哥的卡萨布兰卡。此后,历经摩洛哥、阿尔及利亚、突尼斯、利比亚、埃及、苏丹、埃塞俄比亚、肯尼亚8国，于5月29日从内罗毕乘飞机，经迪拜、香港，于30日回到上海。全部旅程98天，在非洲时间96天。其中，除由卡萨布兰卡至阿尔及利亚、从阿斯旺往返于阿布·辛拜勒、从亚的斯亚贝巴至内罗毕和从内罗毕往返于拉穆岛这四段是乘飞机，其他旅程都是乘越野车。

这是我第一次去非洲，第一次也是唯一连续到访8个国家的旅程，第一次也是唯一如此连续地坐长途汽车的旅程，第一次也是唯一当那么长时间的电视节目嘉宾主持的旅程。还创造了我除了长期出访，最长的出国纪录，超过了我从2000年12月18日至2001年2月参加中国第17次南极考察队去南极长城站的时间（全部旅程69天，在长城站停留59天）。还有很多更具体的第一和"最"的记录。

当时我正担任复旦大学中国历史地理研究所的所长，教育部重点研究基地复旦大学历史地理研究中心的主任、教授、博士生导师。学校虽然破例批准我请假3个月，但明确不能影响行政、教学与科研工作，我也做了这样的承诺。尽管日常工作由副所长和办公室主任代劳，同人们也支持配合，但不少事是别人帮不了忙的。我有8位在读的博士生，其中4位的博士学位论文当年6月要答辩，须由我审阅改定后才能送评阅。我主编并撰写的《中国人口史》第一卷刚出校样，等着付印，只能委托博士生周筱赟代看，但遇到的重要校改，还得由我自己决定。我们所与历史系、北京东方历史研究中心准备在9月召开的国际会议已发了一号通知，后续的筹备工作不能停顿。我主持的与哈佛大学等合作的"中国历史地理信息系统"（CHGIS）、我主持的及我们所承担的科研项目也不能停顿。

我还承诺在旅途中为《北京晨报》、上海《外滩画报》等报刊写报道，为后方网站提供稿件，与作家出版社约定回来后出书。

这些都离不开通讯联系和信息传递，但在当时却有我们今天意想不到的困难。那时还没有智能手机，只能通话，而且收费昂贵，每分钟的通话费要10—15美元。我们一个队只有领队黄海波配了手机，只有公务才能用，私事基本不能用，只是后来国内"非典"（那时我们在国外都称为SARS）疫情严重，才增加了问候电话的次数。所以每到一地，得赶快找网吧收发邮件，因为多数旅馆无法上网，能上的收费都很贵。非洲国家网吧的绝大多数电脑是不能显示中文的，个别情况下允许先下载中文接收软件，但这本身就得耗费不少时间，而且往往不成功，所以基本上都只能将邮件用U盘（那时叫USB插件）下载到自己的电脑上读出，发邮件时只能事先写好拷在U盘上，到时以附件方式发送。或者只能事先约定，双方都用英文写邮件。而除了领队配的一台笔记本电脑外，只有我自带的一台笔记本电脑。发照片更麻烦，一张不到1兆的照片有时花半小时也发不了。

外出期间，国内"非典"暴发，疫情加剧。我们得不到确切消息，只能从国外新闻中分析真相。当北京已成"空城""死城"，上海已出现死亡病例等消息传来，由不得我们不担忧，不思念家人。外界风声鹤唳，也给我们带来困扰。进肯尼亚前就听说一架国航飞机被机场禁止下客，原机返航。到内罗毕机场时，海关人员一定要我们测体温,甚至扬言要隔离,我们让他们仔细查验护照上的出入境记录,证明我们在2月份已经离开北京,才顺利过关。

3月20日我们在突尼斯时,美军对伊拉克开战了,到4月9日攻占巴格达时我们刚离开利比亚进埃及。为了增加安全系数,我们特意在车上贴了醒目的标志——用阿拉伯文写上"中国"。到非洲后住的第一家酒店——卡萨布兰卡君悦酒店——在我们离开后发生了炸弹爆炸。我们在阿尔及利亚的全部行程,都在警察的严密保护之下进行。原来计划开车经埃塞俄比亚南部进入肯尼亚,却因水灾与安全问题而取消,改乘飞机。进入肯尼亚前一度收到恐怖活动警报,结果倒是太平无事。

离开突尼斯边境,还没有踏上利比亚的土地时,就见卡扎菲的巨幅画像。在利比亚的12天中,更是无时不感受到这位政治强人无所不在的影响。我们采访、拍摄了展示和学习他著作的"绿皮书中心"、他下令建造的号称"世界第八大奇迹"的人工运河工程、他的家乡即利比亚的"政治首都"的宏大设施。在拍摄他上学的小学时,摄制组还让我坐在他曾经使用的课桌椅上采访他当时的同学。在的黎波里的兵营深处,当我们拍摄被美国炸毁的卡扎菲的住所时,还让我们产生"领袖"会突然现身的联想。17年后再看当时的记录,真有隔世之感。我一直把自己的行走看成目击历史、感受巨变的机会,这无疑是一个可靠的证据。

这次"走进非洲",我有较详细的日记,旅途中还写了一些报道。这些报道大多已在报刊发表,以后结集,由作家出版社出版了《走非洲》一书。卡扎菲政权被推翻后,我曾将在利比亚这12天的日记整理出来,在《历史学家茶座》上发表。近日翻阅这些日记,发现还有不少内容没有包括在那些报道中。近年来到过这些国家的中国人越来越多,摩洛哥、突尼斯、埃及更成了旅游热点,但我们的独特经历绝大多数人不可能重复,我们到过的一些地方多数国人还是无法到达的。所以我将全部旅程的日记整理出来,与大家共享。

葛剑雄

2021年2月

目 录

出发

2003年2月21日，星期五　中国北京　　　　　　　　　3
2月22日，星期六　北京　　　　　　　　　　　　　　3

摩洛哥

2月23日，星期日　北京—荷兰阿姆斯特丹—摩洛哥卡萨布兰卡　9
2月24日，星期一　卡萨布兰卡—拉巴特—卡萨布兰卡　　12
2月25日，星期二　卡萨布兰卡　　　　　　　　　　　16
2月26日，星期三　卡萨布兰卡　　　　　　　　　　　25
2月27日，星期四　卡萨布兰卡　　　　　　　　　　　28
2月28日，星期五　卡萨布兰卡—马拉喀什　　　　　　29
3月1日，星期六　马拉喀什　　　　　　　　　　　　35
3月2日，星期日　马拉喀什　　　　　　　　　　　　42

3月3日，星期一　马拉喀什—阿伊特本哈杜筑垒村—伊尔富德	45
3月4日，星期二　伊尔富德	51
3月5日，星期三　伊尔富德—非斯	55
3月6日，星期四　非斯	58
3月7日，星期五　非斯	63
3月8日，星期六　丹吉尔	64
3月9日，星期日　丹吉尔—斯巴德尔角—丹吉尔	68
3月10日，星期一　丹吉尔—乌季达	74
3月11日，星期二　乌季达—卡萨布兰卡	76

阿尔及利亚

3月12日，星期三　卡萨布兰卡—阿尔及利亚阿尔及尔	83
3月13日，星期四　阿尔及尔—提帕萨—阿尔及尔	84
3月14日，星期五　阿尔及尔—君士坦丁	90
3月15日，星期六　君士坦丁	93
3月16日，星期日　君士坦丁—安纳巴	97

突尼斯

3月17日，星期一　安纳巴—突尼斯突尼斯城	101
3月18日，星期二　突尼斯城—西迪·布·撒以德—突尼斯城	103
3月19日，星期三　突尼斯城	106
3月20日，星期四　突尼斯城	111

3月21日，星期五　突尼斯城—凯鲁万—杰姆—斯法克斯	113
3月22日，星期六　斯法克斯—托泽尔	117
3月23日，星期日	
托泽尔—舍比凯—泰迈格宰—米德—托泽尔	124
3月24日，星期一	
托泽尔—盐沼—马特马塔—梅德宁—泰塔温	127
3月25日，星期二　泰塔温—切尼尼—泰塔温	129
3月26日，星期三　泰塔温—杰尔巴岛	131
3月27日，星期四　杰尔巴岛	133
3月28日，星期五　杰尔巴岛	135

利比亚

3月29日，星期六　杰尔巴岛—利比亚的黎波里	139
3月30日，星期日　的黎波里—古达米斯	141
3月31日，星期一　古达米斯	145
4月1日，星期二　古达米斯	152
4月2日，星期三　古达米斯—的黎波里	154
4月3日，星期四　的黎波里	156
4月4日，星期五　的黎波里—塞卜拉泰—的黎波里	160
4月5日，星期六　的黎波里—大莱普提斯—兹利坦	165
4月6日，星期日　兹利坦—大莱普提斯—苏尔特	171
4月7日，星期一　苏尔特—班加西	174

4月8日，星期二　班加西—昔兰尼—贝达	179
4月9日，星期三　贝达—图卜鲁格	182

埃及

4月10日，星期四　图卜鲁格—埃及马特鲁港	187
4月11日，星期五　马特鲁港—阿莱曼	189
4月12日，星期六　阿莱曼—开罗	192
4月13日，星期日　开罗	195
4月14日，星期一　开罗	199
4月15日，星期二　开罗	202
4月16日，星期三　开罗	208
4月17日，星期四　开罗—沙姆沙伊赫	214
4月18日，星期五　沙姆沙伊赫—尤兰达礁盘—沙姆沙伊赫	217
4月19日，星期六　沙姆沙伊赫—圣凯瑟琳—沙姆沙伊赫—古尔代盖	225
4月20日，星期日　古尔代盖	235
4月21日，星期一　古尔代盖—卢克索	237
4月22日，星期二　卢克索	239
4月23日，星期三　卢克索	243
4月24日，星期四　卢克索—阿斯旺	252
4月25日，星期五　阿斯旺	254
4月26日，星期六　阿斯旺	255

4月27日，星期日　阿斯旺—阿布·辛拜勒—阿斯旺　　　　260

苏丹

4月28日，星期一　阿斯旺—苏丹瓦迪哈勒法　　　　265

4月29日，星期二　瓦迪哈勒法　　　　267

4月30日，星期三　瓦迪哈勒法—沙漠营地　　　　271

5月1日，星期四　沙漠营地—凯尔迈营地　　　　274

5月2日，星期五
　　　凯尔迈营地—栋古拉—西戴富法遗址—库赖迈　　　　276

5月3日，星期六
　　　库赖迈—博尔戈尔山—库鲁皇陵—麦罗维营地　　　　281

5月4日，星期日　麦罗维营地—纳盖—喀土穆　　　　285

5月5日，星期一　喀土穆　　　　291

5月6日，星期二　喀土穆　　　　296

5月7日，星期三　喀土穆　　　　300

埃塞俄比亚

5月8日，星期四　喀土穆—埃塞俄比亚贡德尔　　　　307

5月9日，星期五　贡德尔—巴赫达尔　　　　309

5月10日，星期六　巴赫达尔—拉利贝拉　　　　314

5月11日，星期日　拉利贝拉—亚的斯亚贝巴　　　　317

5月12日，星期一　亚的斯亚贝巴　　　　321

5月13日，星期二	亚的斯亚贝巴	324
5月14日，星期三	亚的斯亚贝巴	327
5月15日，星期四	亚的斯亚贝巴—阿尔巴门奇	332
5月16日，星期五	阿尔巴门奇—多尔兹—阿尔巴门奇	335
5月17日，星期六	阿尔巴门奇—查莫湖—阿尔巴门奇	339
5月18日，星期日	阿尔巴门奇—阿瓦萨—亚的斯亚贝巴	341

肯尼亚

5月19日，星期一	亚的斯亚贝巴—肯尼亚内罗毕	345
5月20日，星期二	内罗毕	347
5月21日，星期三	内罗毕—马赛马拉	349
5月22日，星期四	马赛马拉	352
5月23日，星期五	马赛马拉	364
5月24日，星期六	马赛马拉—内罗毕	366
5月25日，星期日	内罗毕	368
5月26日，星期一	内罗毕—拉穆岛	369
5月27日，星期二	拉穆岛—内罗毕	375
5月28日，星期三	内罗毕	378

回国

5月29日，星期四	内罗毕—阿联酋迪拜—中国香港	383
5月30日，星期五	香港—上海	384

出发

中国北京

2003年2月21日，星期五　多云，北京小雨

晚8时40分到北京首都机场。仍由凤凰卫视车来接，送至燕山大酒店，入住1513室。稍后电黄海波（《走进非洲》摄制组北线领队），尚未返回。后来电嘱去811室领衣物，取回一包。据黄海波所告，备照片一张送大堂，明早刘晶来取。1时半睡。

2月22日，星期六　阴，晚有小雨

近8时醒，看新闻。黄海波来电，邀同往用早餐。毕后随其至八楼房间，取回药包及军靴一双。黄随同来房间，谈出发前准备事项。整理所领药品，部分留下。凤凰卫视职员来电，稍后即到，让我在保单委托书上签字。因内地无法办理如此高额保险，所以只能在香港办，需要本人授权签名。至餐厅用餐，遇朱哲琴（南线组嘉宾主持）。回房间不久王海鹏（《北京晨报》记者）与其主任王晨来，赠礼（一个小包、该报全年订阅卡），又交该报对我采访及报道的报纸两份。下午2时半至二楼会议室开会，各人陆续而至，3时余方正式开始，钟大年、黄海波先后布置今晚活动及出发时间。

散后回房间稍候，3时半大堂集合，登车赴钓鱼台国宾馆芳菲苑，好像就是原来的15号楼，据说是钓鱼台园中最大建筑。今晚仪式名"起步礼",门厅巨幅展板将我等24人照片置于非洲背景牌上,众人大多与各自照片合影,又分组合影。门厅为一接待厅,其旁休息厅也很大,且极高敞,陈设很多古玩,都有说明牌,自新石器时代彩陶至光绪年间青花瓷都有,听说有些是经特批由故宫取来,真是国宾馆的气派。等候很久,因休息厅另有客人,等他们散去后进休息厅休息。

5时后,来宾次第而至,稍后与大家进入大厅,于队员席就座。主宾席外,还有外宾、维和部队、记者等席。近6时集体至接待厅,央视赵台长、刘长乐(凤凰卫视董事局主席)、王纪言(凤凰卫视台长)等来,王酉年(《走进非洲》摄制组总领队)汇报情况,赵、刘先后致辞,又介绍队员,赵、刘与众人握手致意。入场,胡一虎(凤凰卫视主持人)与央视刘芳菲主持,非洲乐人表演。我与朱哲琴、老狼(王阳)被招至后台准备。赵、刘及非洲使节代表致辞后,先放介绍我的短片,我步至台中。事先告诉我放有话筒,实际却没有,稍犹豫间,旁人递上手持话筒。我发言:"七岁时我就知道世界上有一个非洲,在非常遥远的地方。半个世纪后,在我五十七岁时终于有机会走进非洲。出发之际,当然会感到激动。我要用我的笔、我的语言、我的心告诉我的朋友,告诉中国人民一个真实的非洲。相信我能得到非洲朋友们的帮助,谢谢!"(并用英语、法语翻译)接着由朱哲琴与老狼致辞。表演继续,有天津少儿舞蹈,因他们曾访问非洲。朱哲琴演唱《自由之歌》(此次活动主题歌),老狼唱《晴朗》一曲。

我问黄海波何时签约,他说幸而我提醒,随即在旁边签字,朱哲琴等也随着签毕。有人告诉我纳赛尔（埃及驻华旅游专员、友人）已到，正接受采访。稍后过来相见，散会时介绍于黄海波，留了他的传真号，允到时通知埃及旅游部配合。李平（凤凰卫视编导、制片人）来见，谈对《青藏路》的意见。又应邀接受苏州电视台采访，谈对正播出的《世界文化遗产》的观感。回大厅用自助餐，时间已紧，吃饱为要。

  8时半散，仍乘大车归住处。致电家中道别，告准备情况。央视10频道阮留言，问采访时某一词之正确写法，因即将播放，正制字幕。复电央视阮，知曾为大槐树移民采访过我，对我谈话中"信史"一词不知所指，现已查辞典得知。电询留下的物品寄存何处，都不知道，而黄海波正开会。至811室，有人代致电黄海波，得知需明天带至机场，交凤凰卫视公关部人保存。再整理行李，决定并为两件，大保暖瓶等均留下。洗澡洗发。1时3刻睡，嘱5时半叫醒。

摩洛哥

北京—荷兰阿姆斯特丹—摩洛哥卡萨布兰卡

2月23日,星期日　北京雾,阿姆斯特丹晴

5时半起床,6时20分至大堂。得知可以将行李交酒店行李员,由公关部派人来取,与黄海波一起办好手续,由他打电话告公关部来人取回。6时55分发车,7时40分即至机场。北非组7个人手提行李12件,集中在两个行李车上,由我与汤文靖(北线队编辑)看管,其余交托运。稍后汤也离开了,由我看至9时半。其间填出境卡交许易春(北线队阿拉伯语翻译)统一办理,稍后许易春发来护照、机票及登机牌。40分出发,于棕榈树下举行仪式。凤凰同人准备了一条横幅,写着"CCTV、凤凰卫视首都走进非洲摄制组顺风顺水"。刘长乐为队员戴花环,合影后刘、央视某领导、王纪言送至进口处。过安检,至候机室候机。我、朱哲琴、老狼、温港成(凤凰卫视副台长)、王西年等都在公务舱,我与老狼邻座。

我们搭乘的荷兰航空公司班机于11时20分起飞,已很疲倦,但想到起飞后会供午餐,准备餐后再睡。离京不久就见地下一片银白,大地全为冰雪覆盖。过乌兰巴托时看得很清晰,城市位于一谷地,而四周都是森林。飞至贝加尔湖附近后折向西飞行。午餐很丰盛,喝了杯法国红酒,有中式肉、蔬菜,又吃了两个粗麦面包。下午2时半睡,至近4时。这是我首次在长途国际航班乘公务舱,此前只有在往来北京、西安、长春等地时偶尔坐过头等舱。醒后阅报刊,又以电脑补日记,至电耗尽。今天天气非常好,大

多时间能看到地面，俄罗斯境内全是雪，莫斯科北湖面晶亮似镜。至哥本哈根东南越过波罗的海，海面已不冻。由不来梅一带进入陆地，又由荷兰北海飞入。海岸有不少风力发电机，又有围而未成陆的浅海，飞近时见到沉积的淤沙。

北京时间晚上9时20分、当地时间下午2时20分抵阿姆斯特丹机场，因尚未拿到下一程的登机牌，不知往哪儿走，钟导游到后才带到一间休息室。见有电源，马上打开电脑续写日记，并趁机充电。但还是很疲倦，一停写就觉得难以支持。至厕所方便，见抽水马桶圈微有水迹，以为不干净，刚用纸擦，忽然自动放水冲洗，又从后面伸出一塑料杆，正好包住马桶圈，马桶圈自动转一圈。才知这是自动消毒，虽然微有水迹，实际已很清洁，这种新设备还是第一次见到。稍后王海鹏来交换资料，我将所录非洲资料给他。他也将我们三路的日程转给我，但不知什么原因，用我带的插件下载不成。他说有一个免费账号可供我免费发邮件给他们报社，答应到达后用邮件发给我。

当地时间晚7时50分，在一次简单的全队会议后，总领队王酉年率南线组转机去南非约翰内斯堡，总导演华越率西线组和以黄海波为领队的我们北线组一起转机去摩洛哥的卡萨布兰卡。

8时左右，我们西线、北线两组在转机过道上与南线组道别，在不同形式的拥抱和握手之后，一片"乞力马扎罗再见"的欢呼声响起，因为大家都对一百天后相聚在非洲最高峰乞力马扎罗山下充满信心。我们目送这支四位女性占了半边天的队伍远去，也引得不少旅客驻足注目。

8时40分，西线与北线组搭乘的Transvia公司班机起飞。这个航班的登机手续很慢，机舱内很拥挤，供餐已是阿拉伯特色。旁座是两位中国女士，是大连到摩洛哥经商的。飞机在夜色中飞越法国、西班牙和葡萄牙，掠过大西洋，于当地时间晚11时10分降落在卡萨布兰卡穆罕默德五世国际机场。此时已是北京时间24日上午7时10分。

我们北线组没有马上办理入境手续，稍事休息后，与西线组告别。他们将在这里等候搭乘明天清晨的班机去阿尔及利亚，从那里驱车南下穿越撒哈拉沙漠。我与西线组唯一的女性导演牟正蓬、相识未几的主持人老狼、《北京晨报》记者王海鹏等一一握别。想到他们即将开始的艰难征程，我们一次次祝愿他们"顺风顺水"，当然也忘不了"乞力马扎罗再见"的欢呼。

等我们从自动扶梯下到入境大厅时，使馆的李秘书已等候多时。在他的协助下，我们都顺利办完入境手续。这时却见两位西线队员从自动扶梯下来，本以为他们遇到了什么麻烦，谁知他们是急于在机场处寻找"非洲特色"。

来到行李处，只剩我们的一大堆行李静静地躺在传送带上。我们最担心的事没有发生——二十三件行李完好无损，却碰到了意想不到的麻烦——多了三件。原来西线的三件行李被误取出来了，尽管上面的标签上明明写着不同的终点，两组行李还绑着不同颜色的胶带。要是不在他们的班机装行李前退回去，必定会给西线组增加很大困难。但等到办完摄影机等设备的海关申报手续，行李处的人早已下班。李秘书带着黄海波等上下奔波，找机场管理人员协调，最后得到确认：三件行李肯定已退回到转机的行李中，能与其他行李一起送上去阿尔及利亚的班机。等的时间久了，行李车与面包车已经开走，地陪叶凯邀温港成与我留下坐奔驰车，其实我只求早些到旅馆，坐什么车都行。等他们办完手续，副台长与我乘了李秘书的车，黄海波坐小叶的车进城。

当地时间2月24日零时50分，我们终于离开穆罕默德五世国际机场，行进在非洲大地，驶向我们的住处。卡萨布兰卡市位于西经7度37分、北纬33度35分，使用格林尼治标准时间，比北京时间晚八个小时。正是北非宜人的季节，车窗外吹拂着来自大西洋的微风，气温16摄氏度，夜空中星光稀疏，远处灯光闪烁，我们就这样走进非洲，开始一百天的行程。

约四十分钟到君悦（Hyate）酒店，见门前停着三辆新丰田普拉多（Prado）车，就是我们租的。到大堂，大家还等着，许易春正在登记，黄海波确定房间安排，又决定明天上午自由活动，10时前可用自助早餐，12时于大堂集合用午餐。1时余用黄海波的手机给家里打电话，无人接。住700室，洗澡后即睡，已近3时。

卡萨布兰卡—拉巴特—卡萨布兰卡

2月24日，星期一　上午阴，渐转多云

昨夜临睡前将闹钟定在8点半，实际8点就醒了。打开电视

机看新闻,报道新疆伽师地震,却没有具体情况。当我拉开窗帘,只见天穹下耸立着一座高塔,下面是一片高低错落的白色建筑。要不是那密布的卫星天线,我真会怀疑自己进入了天方夜谭的梦境。这座高塔就是哈桑二世清真寺的宣礼塔,是卡萨布兰卡的新标志。

到底层用早餐,餐后到酒店大门前,发现昨天停着的那几辆车已不在。走到停车场,黄海波等人正在车前商议贴标志。昨天夜里地陪已经在车身贴了文字,还需要贴主体图案。我拍了几张照,相机电池用完,即回房间。刚开门就听到电话声,拿起话筒却已挂断。整理物品,在电脑上查阅资料,正准备写完日记,并开始写第一篇报道。11时20分接来电,要我马上到大门前,说大家都在等我了。到了后,黄海波又问我怎么没有穿队服。其实地陪事先并未通知,我还以为这是下午的活动,或许就是刚才那个没有接到的电话要通知的。赶紧回房间换了衣服,到门口先拍了我将车擦干净的镜头,接着与大家一起贴标志胶纸。这些胶纸面积大,车体又不是完全平整,要将它们贴得不起褶皱实在不容易,很费时间。胶纸中间往往鼓起气泡,只能用针刺破,然后才能将纸完全粘在车体上。到阿尔及利亚要换车,这些标志只能用两星期。

差不多贴完时地陪负责人叶凯来了,交谈后得知他是上海来的,本来学法语,现在这里一家香港人的公司工作。步至马路对面一餐厅用餐,主食为面饼卷肉菜,尚可。毕后已下午2时1刻,通知2时半出发。其间曾以黄的手机致电家中,未成。2时半出发,我们的车队先行驶到海滨，遥望哈桑二世大清真寺，就像浮在海上一样，耸峙在大西洋的波涛之上。后来得知，这并不是我的错觉，原来清真寺不仅建在海边，而且有三分之一是建于海上。摩洛哥已故国王哈桑二世在位时，决定要在穆斯林世界的西部修一座大清真寺，所以将它建在当年那位阿拉伯将领认为是"马格里布"（陆地的尽头）的地方。另一个原因，是《古兰经》中认为海边是适宜信徒静心礼拜的场所。见我们在拍摄，当地一批少年聚集过来，扎西旺佳（中央新闻记录电影制片厂摄影师、北线组摄影师）随手拍了几个镜头，他们竟纷纷写了地址交给我，要求将拍的照片寄给他们。我再三给他们解释不是在拍照片，似乎不起作用，还是地陪过来将他们劝离。

驱车去拉巴特，地陪的奔驰车为前导，黄海波开一号车，我坐许易春开的二号车，李兆波（北线组司机、助理）开三号车。出市后驶上高速公路，限速为每小时120公里。途中试车，最高达140余公里。我以GPS测试，显示的速度和距离比车上的仪表更精确。两地相距百余公里，4时余到我国驻摩洛哥使馆。使馆旁一座建筑物挂着美国国旗，以为是美国使馆，后来得知是一家美国机构。李秘书已等在门前，因为要拍摄车队进入使馆的镜头，往返了两次。至大楼前时，熊展旗大使与政务参赞梁町町女士已在，随他们进接待室。熊大使向我们介绍了摩洛哥的情况和使馆近期工作，黄海波说明来意，我们稍做补充。熊大使同意接受采访，商定在花园中进行。扎西布置好机位后，我随熊大使走进花园，边散步边采访，十余分钟结束。

告别使馆后,车队驶至王宫前广场。扎西已架好机器准备拍摄,警察过来干预,说王宫前不能拍摄,地陪向他解释也无济于事。此时王宫正面背光,拍摄效果不佳,就与警察商定,不拍王宫,只拍车队经过广场的镜头,得到同意后拍了两次。此时,天色清朗,蓝天衬映下的清真寺形象突出,我们拍了些照片。车队驶往海滨,由于地陪不熟悉这一带道路,转了很久才到达。天色已暗,而且海上多云,只稍见余晖,但巨浪拍岸,旁边有一座灯塔,构成一幅壮观的图画。沿海道路两旁都是平民墓地,一望无际。

回到使馆与李秘书讨论日程安排,一是要找一位历史学者介绍古城情况,一是要采访独立日的官方活动。李秘书到任不久,情况了解不多,随时安排有困难。大使今晚宴请时有新华社记者参加,文化参赞邢增河也会参加,他来的时间已久,了解情况多,准备在席间与他们商量。7时20分离开使馆,到城里一家名为天安门的中餐馆。迎候的老板是山东人,说他父母住在上海,已经在肇家浜路买了房子,几年前的价值已是6700元一平方米。这家餐馆由他父亲投资,他来了才一年多。进店堂后,见一位摩洛哥服务员在干活。

8时余,大使、参赞与办公室主任到,又有新华社驻此地首席记者康新文、文化参赞邢增河。我与黄海波、副台长、闻小强(央视编导、北线队编导)坐在主桌,与邢参赞等谈到这两件事,才知道独立日实际是法国人确定的移交政权日,摩洛哥人不当一回事,并不举行什么庆祝活动。摩洛哥重视的是国王登基日,但每位国王的时间不同，现国王的登基日不在我们采访期间。另一事倒好办，因为使馆后面就住着一位历史学家，年逾八旬，他所著的研究伊本·白图泰的书已由北大教授译为中文出版。他还是王室顾问，他父亲当过部长。但他年纪大了，不能到现场接受采访，就约定后天上午10点半到他家里采访。

近10时返回，感到非常疲倦。许易春开车，我坐在他旁边，为了怕他打瞌睡，尽量找些话与他聊，但抵不住倦意，自己倒先睡着了，好久没有这样的情况了。回到旅馆已近11时，就在大堂商议明天的安排，确定9时去拍市场。与翻译沙姆斯丁及所雇当地司机龙尼克见面。沙姆斯丁留学中国多年，最近才回来，他毕业于中国地质大学，又在北大获得地质学博士学位。后与许易春等去酒吧找那位黑人钢琴师，因已11时半，而他是11时下班的，只能明天再来。看了一下酒吧环境，与电影显示的情景很相似。回房间后想记日记，打开电脑后就支持不住，稍后睡，已12时40分。定明天早上6时40分叫醒。

卡萨布兰卡

2月25日，星期二　阴，上午雨，下午转多云，间有小雨

6时即起身，洗澡后补全日记。8时1刻将出门，来电通知到楼顶拍片，告诉他我尚未用早餐，答允用完即去。急忙至底层用

早餐，匆匆而毕。即至11楼，上顶层门尚未开。黄海波要我换红色外衣，当即回房间换上。再到楼顶，与闻小强商定我所讲内容，以老城与新城为背景，介绍卡萨布兰卡，拍了两次完成。

稍后出发，步行至老城，就在旅馆旁。据沙姆斯丁介绍，老城城墙本来是完整的，后来因开设店铺被拆除，当局现正考虑重建。有警车停在道旁，沙姆斯丁说警察肯定已注意到我们这群人，我们就主动去见警察，向他出示了我们持有的拍摄证明。

和不少国人一样，我知道卡萨布兰卡这个名称是看了电影《北非谍影》(原名《卡萨布兰卡》)。以后学历史，才知道二战期间美、英首脑曾在卡萨布兰卡开过重要会议。因此一到这里，就想看看我心目中那惊心动魄的浪漫故事真相如何，为什么会发生在这座城市？

沿着残存的城墙往前不远，就是市场。迈进市场的大门，我仿佛回到了儿时的江南市镇：狭窄的街道两旁密布着各色大小摊店，顾客与游人摩肩接踵。有咖啡馆临街，都很简陋，像国内的小茶馆。进市场门就是菜场，各种水果看上去很好，沙姆斯丁说都是当地所产。有黑色小果，上面像沾了泥。问是什么，沙姆斯丁说不知道。卖鸡的将活鸡放在笼中，顾客选中后宰杀，据说也有固定的步骤。还有卖兔子的，估计会像杀鸡一样。牛羊肉都是宰杀好分了类的。有各种橄榄，还有五彩的，分类供顾客选购，以前从未见过。香料也种类繁多，还有卖鲜薄荷的。我差一点忘了采访的任务，看到对着我的镜头，才赶快找合适的老人。但一次次询问，一次次失望，大多人对我的问题不是一无所知，就是不知所云，偶尔有一个能说两句，也是道听途说的，竟然没有一个人看过那部电影，或者知道一些电影中的情节。采访虽不得要领，却领受了当地人的热情好客，不但受邀入座，还喝了他们捧上的甜茶。路很窄，加上经常有儿童围观，要不是沙姆斯丁不时排解，我们经常无法前行。

再往前走是服装街，早上生意冷清。我们决定离开，我想换一条路，沙姆斯丁却犹豫不决，原来他不是本地人，怕在这迷宫般的旧城中迷路。于是从原路返回，在一家肉铺前见一位胡子一大把的人正在买肉，沙姆斯丁说他是犹太人，我立即上前问他："你知道二战期间这里有很多西方人吗？"他正忙着与摊主说什么，等他付完钱，回答说："听说是这样。"我知道没戏，但还是问道："你看过《卡萨布兰卡》吗？""没有，我是前几年才迁来的。"

将出市场时，遇到一位能说英语的中年人，交谈后他告诉我，当年的西方人和与他们打交道的人大多早已迁走，而现在这里的人大多太年轻，不会有亲身经历。经他提醒，我才意识到，由于阿拉伯男子都留胡须，中年后又显老，其实我刚才采访过的"老人"不过与我差不多年纪，有的还是我的小兄弟，大概都是二战结束后才出生的，哪会有什么亲历见闻？我见对面走过一位穿着西装、颇有风度的老人，但还没有开口，他就摇手拒绝了。

我们还想再试试，就在一家咖啡馆的露天座上采访，结果也一样，有人还说："你知道，那时的阿拉伯人也不会上电影院看电影。"又有人很热情地告诉我，他认识一位老人，应该知道这些情况,住得不远。我们大喜过望,立即跟着他去。走不了几步,迎面走来一位老者,听了我们的来意,说:"何必去找他呢?我就知道。"随他回到咖啡座,但等沙姆斯丁将他滔滔不绝的谈话译出时,我大失所望,原来也是东拉西扯的道听途说。店主很不高兴,催快走。我们说可以再喝杯咖啡,他还是不乐意,只好到此为止。

返回住处后,决定就去寻访二战期间罗斯福、丘吉尔开会的场所。出门后往海滨方向,过大清真寺后问一位警察,他指了方向,但说这所房子正在拆除。扎西要增加一些镜头,要我问路人,第一位果然不知道。又问两位坐在条椅上的年轻女子,一位也说不知道,另一位说记得在课堂上听老师讲过卡萨布兰卡会议,但开会时她还没有出世呢。见镜头对着,她们忙说别在摩洛哥播出,要不熟人见了她们会很丢人。

车折入山间公路,下起小雨。到皇家高尔夫球场门前,停车问路,得知这家旅馆还在前面。一位青年愿意领路,到时用车将他送回来就行。到一圈围墙外,里面有一幢三层楼正在修建,他说就是这里。雨下大了,沿围墙转至另一面,还是没有见到大门。围栏有空隙,可挤身入内。正好有二人从供施工用的斜坡上下来,问他们,说就是这个旅馆。扎西尚未备妥机器,说我未掌握时机。我说可以再问一遍,他说这样就没有新鲜感了,不自然。言之有理,对我这样的非专业主持人来说,实在不容易掌握。冒雨走上斜坡,由废屋梁上走到主建筑旁,找来领班,再问他情况,说至今已60年,这座建筑已相当陈旧,一部分已成危房,所以只能重修,大约三个月可以完成,还是作为高档旅馆对外开放。问他是否知道以前谁在这里开会,他说也是听人说的。雨越来越大,幸而外衣尚能防水,但也已湿了。退出后扎西又要我与沙姆斯丁拍由远处走过来的镜头,往返两次才拍成。中间他的机器失灵,调节了很久。近12时返回,又迷路,问了几次才到旅馆。

回房间换了衣服,到昨天用餐的餐厅,点了一份意大利面。用黄海波的手机给家里打电话,还是像昨天一样。再拨了一次,听到了电话录音,马上听到了妻、女的声音。知道昨天也是如此,她们听到铃声后拿起电话,却一直没有声音,今天又是这样,赶快改在来电录音模式,才接通。简单谈了近况,知道除了市政协通知开常委会外,没有其他事。

与闻小强一起见一位约好的导游,能说流利的英语,颇健谈。他生于1939年,干这一行已有三十多年,出示随带的照片,1966年接待过美国肯尼迪总统的叔父一家,还接待过球王贝利和法国球星。对电影《卡萨布兰卡》和卡萨布兰卡会议,他说得头头是道。其实按他的年岁计算,那时他才3岁,而且他不是本地人,是后来迁来的。不过再也找不到更合适的采访对象了,商定我直接用英语采访,自己以中文向观众说明。一起走下楼梯出门,也拍了两次才符合扎西的要求。我们在临街的座位喝咖啡,我先问他"卡萨布兰卡"一名的来历,他说并不是白房子的意思,而是白夫人,因为她是圣女,访客很多,才逐渐形成聚落。再问了他卡萨布兰卡会议的情况以及对摩洛哥的影响。一谈到电影,他笑着说:"你们外国来的游客都会问那电影,其实这全是美国人编的,好莱坞拍的,根本不是在卡萨布兰卡,只是在丹吉尔拍了一些街巷外景,看起来像发生在摩洛哥。""可是从那以后,一批批美国人、外国人都来找那座里克咖啡馆,找那个酒吧,找那个钢琴师,倒给我们带来了不少游客。"我问他:"真有那咖啡馆和酒吧吗?""你们住的旅馆里不就有那酒吧吗?"我才注意到,酒店大堂旁的酒吧门口放着一张海报,每晚7时至11时都有一位来自美国洛杉矶的黑人钢琴师演奏,样子颇像电影《卡萨布兰卡》中的钢琴师Sam。采访结束,闻小强又让我补问旅游业的情况,导游说这部电影放映后引来了不少游客,但在建哈桑清真寺前,人还不是很多,远不如马拉喀什和非斯,现在已增加了好几倍。

毕后即出发去哈桑清真寺,因所约时间为下午3时半。天转晴,虽偶有小雨,蓝天间已是朵朵白云。驶近时,但见湛蓝的天幕下一座洁白的圣殿,绿色的屋顶和宣礼塔上的马赛克装饰就像两片镶在白玉上的翡翠。地上的水还没有干,折射出抽象的倒影,正是一幅绝妙的水彩画。

在寺前广场,为拍摄车队到达的场景,车队往返了三次。我赶快趁不出镜时对着主建筑拍了几张照片。见到礼宾官努尔丁及负责人,说因为4时将做礼拜,4点半后才能带我们进寺。走得越近,就越感觉到这座建筑的宏大。据努尔丁介绍,这是除圣地麦加和麦地那以外,世界上最大的清真寺,寺内可容纳25000人,广场可容纳80000人,宣礼塔高210米,由16000人在6年内建成。除了大吊灯由法国进口,其他设施和材料都由摩洛哥自产。

稍后就听到塔顶传来的宣礼声,穆斯林纷纷脱下鞋子进入大门。4点40分,我们也脱下鞋,随努尔丁步入大堂,刚才听到的那些抽象的数字一下子变得高敞、深远、宏伟、辉煌而不失肃穆。作为一个庄严的宗教场所,传统的教规自然必须严格遵守。它向全世界的穆斯林敞开大门,外人当然只有经过允许才能参观,并且不能随意活动(如地下做大净、小净的地方只供穆斯林使用)。妇女做礼拜处是在大堂两边的木构挑台上,可容5000人,但她们只能从地下通道上楼梯,绝对不许进入大堂。中间的过道和祈祷处只供国王使用,平时用拦绳围住。重35吨的正门也只有国王来时才打开。但另一方面,各种现代化的设施得到充分运用,并且尽量使教徒舒适:宣礼师可乘专用电梯直达200米的顶层,通过扩音器将声音传遍四方。气温降低时,大堂的地板可以自动加热;而室内温度过高时,屋顶可以在5分钟内打开。巨大的吊灯和沉重的大门都能电动升降启闭。在两层地下室中,还有两座浴室,一座是摩洛哥的传统形式,分别有三间从45摄氏度到凉水温度的大池;另一座是土耳其浴室,中间有一个方形大池;都可供民众使用,不问宗教信仰。

  隔着镂花的大玻璃窗,可以看到大西洋的波浪;在清真寺后的宽阔平台上,清风送来大西洋的涛声。扎西又要我重拍走到窗边及在平台上凭栏远望的镜头。扎西还想拍大门启闭,请求努尔丁联系。努尔丁打了电话,但管钥匙的人一直没有过来。再打电话,得知他已下班回家,努尔丁表示无能为力。我们只得到门厅前,一扇门已关闭,一扇门尚开着,以此说明大门启闭状况。门旁是电梯间,电梯可升至200米塔顶,地面下还有两层。我们问能否乘电梯,努尔丁说不可以,这是宣礼师专用的,此外只有维护工程师能

哈桑二世清真寺的宣礼塔

用。随努尔丁下至地下室,就是透过大堂玻璃地板所见到的,是大小大理石莲花座,每座有十余个出水口,同时可容千余信徒做小净、大净。我做试验样子,问努尔丁能否让我试一下,他说最好由沙姆斯丁做示范。沙姆斯丁先后洗脸,洗手,洗脚。其旁有厕所。又至另一层地下室,是两个浴室,这与宗教无关,是摩洛哥习俗。其中一个是摩洛哥浴室,有四个房间,环壁有数十个水喉,洗浴者坐在水喉前用水。另有管道加热,气温可至45摄氏度,所以很少有能坚持五分钟以上的。另外三间气温依次递减,由热至凉。另一个是土耳其浴室,居中一方形大池,深一米余,如泳池。浴客需先洗干净,再入池浸泡。两个浴池都尚未开放。出来后与努尔丁道别,又到海边围栏内,想拍摄落日,但都被云层所障。

  返回住处,途中天已黑。将背包等放室内后就外出,去一摩洛哥餐馆用餐。此地餐馆只供可乐及净水,一般不供酒,昨日大使宴请时酒系由使馆自带。菜很丰富,有色拉、海鲜卷、小羊腿、鸡肉等。

  因为要先拍酒店酒吧外景,扎西等先回去了。餐后回到酒店,得知酒吧老板以客人多为由,不许用大机器拍,扎西改用小机器。海波让我先回房间,穿着休闲些。回去换了件衬衫,海波还嫌色彩不够,但我没有带其他衬衫,只好将就。稍后来电,我就到酒吧,海波等已在。走进酒吧,四壁挂着大幅黑白照片,将游客带回到了六十年前。在电影《卡萨布兰卡》男主角演员鲍嘉的巨幅照片下,那位黑人钢琴师正在自弹自唱。当他见到下面坐着几位日本人时,就唱起了 New York, Narita(《纽约—成田》)。10时半他休息，我和他交谈，说到保尔·罗伯逊。他一下兴奋起来："他是30年代的歌手，你怎么会知道？"我哼着《老人河》说："我还会唱他唱的歌呢。"他要我猜他几岁了，我估计他七十来岁，故意让他乐一下："你总有六十了吧！""你们说呢？"为了逗他乐，黄海波他们越猜越小。他得意地说："我八十二了。"我一问到他电影的事，他就告诉我："与电影有关的人都已逝去，就剩下我了。"我以为是天方夜谭，听下来才明白他所言不虚。原来他的母亲是男主角鲍嘉家里的厨娘，所以他从小出入鲍嘉家，并有机会参加鲍嘉举行的派对。在他二十来岁时，鲍嘉知道他能弹能唱，就说他倒可以演钢琴师Sam，可惜年纪太轻，要扮得老一些。不过时过境迁，他也没有想到以此谋生，直到五年前来到摩洛哥，才发现他在卡萨布兰卡的酒吧中大受欢迎，从此每年来此三个月，让游客们见到当年的Sam。谈到11时，他说将继续演出，就结束采访。回房间后记写日记，未完感觉极倦，即睡。

2月26日，星期三 多云

5时起，洗澡洗发。补日记至近7时。7时余下楼用早餐，即候上车。因叶凯、两位摩洛哥人稍晚到，延至7时50分发车。先至穆罕默德五世广场，因广场上经常有很多鸽子，俗称鸽子广场。扎西拍了很久，又拍我喂鸽子的镜头。毕后去拉巴特，我仍坐许易春所开的车，并与地陪杨波及沙姆斯丁同车。途中沙姆斯丁唱起中文歌曲，大家和着唱。至穆罕默德五世陵墓，大门前有两位骑兵，其旁

穆罕默德五世陵墓旁的清真寺

是一座清真寺废墟。稍后入内,小叶找来一位导游,拍摄我采访他的镜头,由沙姆斯丁和许易春翻译。据说此清真寺12世纪时由国王所建,未建成国王就驾崩了,至大地震时毁坏。宣礼塔高44米,原定建到88米。本来可以登塔,但因有人登塔自杀,不符《古兰经》教义,所以已封锁。寺宽16米。旁边广场上所立的罗马柱都是从别处罗马建筑移来,也因地震而损坏,现存的高低不一。问为什么将穆罕默德的陵墓建在这里,是因为他被法国人释放回来后就到这里做礼拜。又至塔旁残墙前采访康新文记者,问他摩洛哥人不庆祝3月2日"独立日"的原因。因管理者不许进入墓室摄像,稍后在陵墓右侧做总结性讲述,拍了三次才通过。

已下午1时余,即驶至市内金秋中餐馆。小叶已订两桌,价格很贵,花了1600迪拉姆,菜平平。而昨天晚餐只花1300迪拉姆,黄海波说以后不用中餐了。

驶至文化处,晤邢参赞,稍休息。3时余到阿卜杜拉·哈吉·塔兹的别墅,一位老者来迎候,入内后方知是他的门房。一位年轻女士(后方知是塔兹孙女)延至客厅用茶。我建议先设定机位,做准备,以便及时开拍。稍后塔兹出来,年已八十二而精神矍铄,态度十分亲切。我做采访,许易春翻译。中间有些不明白处,沙姆斯丁在旁边解释。拍摄完后,我请他介绍室内陈放的照片及证书,有他获得博士学位时(40岁)的照片,有授予国王学位、国王授予他大使证书(他曾出任驻伊朗等四国大使)的照片。他是前后两位国王的老师,所以我称他为三朝元老、两代国师。又介绍他的著作,堪称等身。黄海波想拍他的日常生活,他入内更衣,改穿了一套白色运动服,拿着一根短手杖,在园中散步,又做了几种健身动作,据称每日如此。他领我到书房,告诉我这是他五个书房之一,晚上也伴书而卧,并取出北大马教授所赠《伊本·白图泰游记》中译本。谈话时又提到,李某新寄来的译稿不必出版,因为他所依据的阿拉伯文版本不佳。

与他告辞后驶至海滨,先至乌第亚宫下,又驶至前天所至海滩,拍车队于日落时行经海滨的镜头。海浪较前日更大,很壮观,可惜太阳落入海前已在云中。

驶至城内,在路旁一餐馆用晚餐,用摩式面包、烤羊肉串、香肠、炸薯条及汤。席间与海波、小强、易春、扎西交换意见,讨论拍摄计划。海波定明天补拍外景,我与小强集中精力写作。近8时发车,9时半到住处。洗盆浴,来此首次。洗衣。此旅馆无挂衣处,所以只能每日洗一件,否则无处可放。将所拍照片移于电脑中,又移录音。想续补日记,睡意竟不能止,11时半睡。

2月27日,星期四　晴间多云

6时半起,看新闻。7时续日记,至近8时止。至底层用早餐,与海波谈及拍摄事。汤文靖建议在室内拨号发邮件,以为仅用本地电话,必定会比去商务中心收发为便宜。去总台询问,同意派技工来设置。回房间不久人就来了,问我能不能拨国内的号码上网。我问能否用本地网,他说不行。去汤文靖房间,许易春也在,都不知如何能上网。整理电脑上文件,制备份于移动硬盘。续补日记毕,又写首篇报道。

12时余,来车接至当地的迈阿密海滩,队里人都在,用鱼肉三明治及薯条。鱼肉味道不错,比日前中餐馆的鱼好吃。由叶凯车送我与闻小强回住处。小叶为我买了明信片十张及国际邮资十份,计一百迪拉姆。寄出两张明信片,一为拉巴特,一为卡萨布兰卡。又写报道一篇,致家中邮件一封,并整理所拍照片。晚6时半至商务中心,发报道两篇于央视、凤凰卫视网站,并发于女儿,发出家中邮件。收了好几封邮件,稍阅,有朱毅(本所办公室主

任)、韩昭庆(本所同事，正负责筹备国际会议联络工作)、夏增民
(所指导博士生)等的，未及看完而半小时已到，因需五美元，故
未及将邮件下载。

7时20分出发用晚餐，城内未有合适者，驶往郊外数十公里，
至一肉市旁餐馆，选定羊肉后即由餐馆加工，用烤羊排、羊肝等。
但羊排过大，肉也太老。

回旅馆，即在大堂补镜头，由我对寻访做归纳。几次都未拍
成，或语意滞缓，或未简洁，有一次甚至将摩洛哥误称为突尼斯，
不知道什么原因如此糟糕。回房间整理行李，因明天一早就出发。
12时半睡。

卡萨布兰卡—马拉喀什

2月28日，星期五　晴

6时余起，洗澡洗发。7时用早餐，毕后即将行李置于走廊，
携随身物品而下。在门前拍街景。杨波、李兆波等清点行李，缺
了一件。又将已装车行李全部取下，逐一清点，还是缺一件。问
扎西，才知道他把三脚架当作一件行李，现在他已随身带了。近8
时出发，黄磐石(旅行社人员)随李秘书，沙姆斯丁随行李车，我
乘许易春开的车，杨波随车。还未出城，海波让叶凯替换易春，
来开二号车。

至马拉喀什近300公里，地势渐高，最高处海拔近600米，但都很平坦。公路两旁起初是农田，以后大多是草原，散布着一群群羊。中间经过几座小城，都显得整洁可爱。农屋牧舍却都很简陋，牧羊人大多是老人，也有老人带着男孩。途中停车多次，拍车队通过的镜头。或者车子折入土路，拍车队行驶于牧人和羊群间。我也下车拍了多幅照片。近11时见远处雪山连绵，叶凯起初以为是云带，因为雪山还在马拉喀什城之后。再往前，我见到阳光下熠熠闪光，才肯定这是山。时近中午，原来看似很近的雪山离我们远了，而一座城市却越来越近，马拉喀什到了。

12时余至城郊，在一家麦当劳餐馆用餐，用一鱼排包、薯条及甜食。至旅馆（Hotel Imperial Borj，标志为五星），住210室。马拉喀什（Marrakesh）西经8度00.18分，北纬31度37.36分，海拔498米。与陕西宝鸡和当地合资的摩托车公司中方董事曹宏运、摩方负责人哈比卜（Hatim El Habib）见面。哈比卜非常热情，会讲英语，握着我的手说："这里就是你的家，欢迎你随时来。"原定下午2时半出发，候于门前，但叶凯等尚未联系妥当。步过大堂，见院内有游泳池，不少西方游客在晒太阳。稍后登车，驶过新城，至旧城墙前。海波建议应该至高处拍摄，以雪山为背景。转了一圈，到城旁一座小山，视线很好，可惜所拍到的不是旧城。

进入新城后，我发现大多数建筑物——无论是现代化的西式旅馆，还是一般民居——基本都以深浅不同的红色为基色。步入旧城，无论是那庄严肃穆的大清真寺，还是曲折的小巷里那些低矮的古屋，也一律红色。登上城边的小山，但见蓝天、雪山衬映着一片红色，令人赏心悦目。马拉喀什为什么选择了红色呢？我曾经在书本上寻找答案，也请教了当地的居民。民间传说解释为神的鲜血，但真正的原因还是地理环境。一方面，马拉喀什夏季酷热干燥，阳光炽烈，如果也像摩洛哥其他一些城市那样采用白色或浅色，就会令人目眩，而赭红色反而与环境适宜。另一方面，马拉喀什与阿特拉斯山区仅一箭之遥，那里有取之不尽的红石和红土，自古以来就是马拉喀什的建筑原料。

入旧城，数次停车拍摄。其间至一市场，一个小摊上有五彩石，沙姆斯丁介绍是摩洛哥特产天然香石，闻了闻果然很香，也很轻。店主取火柴烧一下，香味更浓。要价每50克40迪拉姆。取了一红色小块，正好40迪拉姆。准备再选其他颜色，车要开了，只得放弃。

彩色香石

至老王宫广场，对建筑的简陋我感到很惊讶，沙姆斯丁说这座王宫年代很久，所以如此。海波想让扎西登高处，拍车队曲折行驶于巷间。许易春往巷中联系，不久回来说成了，拉了两人去张罗。

下午5点，阳光依然强烈，我穿一件单衣还不断冒汗，非纳清真寺广场上更是热浪滚滚。扎西紧随着我，随机拍摄。但广场周围的市场上人头攒动，有些地方只能随着人潮流动。狭窄的街道两旁大小店铺林立，每一段都有好几家同类摊店，完全可以货比三家。给我印象最深的是各种工艺品和土特产，如各种皮革制品、五彩缤纷又香味各异的植物或矿物香料、形式多样的灯具、令人目不暇接的陶瓷制品、矿石和化石标本，其中不少商品是我见所未见、闻所未闻的，以至于来不及一一询问我们的翻译。有时忍不住问店主，他们也会用简单的法语、英语或日语（我们往往被当成日本人）解释，接着就热情地劝我购买。对这些精明商贩的热情自然得报之以大幅度砍价，我看中的一双皮凉鞋要价280迪拉姆，最后以120成交。一位穿戴古怪的老者背着羊皮囊及几个铜杯。向他要水，他拿一个铜杯，开水龙供水，我喝了，给了他一个硬币。又至一摊，饮甜茶，有药味。另有卖枣泥人，尝了一点，味道也不错。有卖一种三角形小包的，问摊主是什么，他大笑，说这玩意是用来发热的，不是你用的。旁边有两个女青年，都不是本地人，但经常来，尤其是在假日——方记得今天是周五，是阿拉伯的假日。许易春告诉我们，阿拉伯国家有的每周只休息一天，就是周五，如休息两天就是周五、周六，周日就算下周一了。拍完

非纳清真寺广场边卖水的老者

后给了摊主5迪拉姆,他嫌少,说不够拍摄费,旁边有人帮腔,幸亏叶凯赶到,给了10迪拉姆才罢休。

广场上是一排排餐饮和食品摊档,水果、干果、饮料、小吃品种繁多,特别是各种现榨的果汁、现配的饮料和色拉、现烤的牛羊肉、现蒸的"咕斯咕斯"(一种粗麦粉与各种肉类、蔬菜、调料配成的食品)使人食指大动,胃口大开。空气中弥漫着烤肉、香料、调料、水果混杂的香味,摊档前不时腾起一阵阵青烟,和着喧闹的人声和不绝的鼓乐声。摊主中有不少柏柏尔人,他们大多来自外地和山区,但已习惯于在城市中经商,尽管他们念念不忘自己的故乡。沙姆斯丁介绍到一块都是犹太人的地方,有的在家门前展示供出售的地毯,有的卖皮鼓。历史上马拉喀什曾经是柏柏尔人、罗马人、拜占庭人、阿拉伯人、犹太人、西方人反复争斗冲突的地方,但今天构成摩洛哥人口主体的阿拉伯人与柏柏尔人和其他各族已和睦相处,并逐渐相互融合,但曾经存在的各种文化交融形成了马拉喀什特有的魅力。

广场中心已成为欢歌劲舞的海洋,一圈圈自发汇聚的观众围着各种民间艺人,有杂技杂耍,弄蛇斗鸟,打击弹唱,翻滚跳跃,一个个热情奔放。有为女人纹手掌的,有看相占卜的,也有禁不住随着节拍起舞的游人。多数人自然是卖艺为生,也有的似乎只是自娱自乐,并不理会游人扔下的钱币。如潮的游人也大多任意观赏,或者随意徜徉,感受马拉喀什的热情。

黄昏时分,来到一家餐饮顶层,游客在门口排队,要买了饮料才能进去,又不供应食物,因为里面可以凭栏观景。海波让易春、小强与店主接洽，并问店主是否柏柏尔人。稍后两人回来说店主拒绝采访，而且也刚迁来未久。叶凯订好了前面的餐厅，我们登上三楼的平台，视线很好。此时天际的晚霞烧成一片火红，热浪、声浪和气味升腾而起。俯瞰广场，我忽然发现了在照片上见过的图景，赶紧对准镜头。拍过几张照片，前后两座清真寺的高塔已经在灯光中显出梦幻般的轮廓，广场成为一片灯海，轻烟若隐若现，人潮不减，声浪更高。店主说这里座位的预订者7点半要来，我们移至旁边的座位。平台收费高，而且只供应套餐，每人100迪拉姆，海波认可。用色拉、"咕斯咕斯"，里面有牛肉、肉丸、鸡、蔬菜等，还合口味。餐后与海波等漫步市场，各摊主不断拉客，见我们不是本地人，或用英语，或用日语。有各色羊皮灯及皮革制品、银器、茶具，都很精致可观，可惜不便携带。

上车回旅馆，已9时，通知明上午8时半出发。洗澡，叶凯来电告明早不去市场者9时出发。移照片于电脑，想写日记，甚倦。10时3刻睡。

马拉喀什

3月1日，星期六　晴

5时起，稍后即补日记。已听到宣礼声四起。备明信片，拟寄女儿。写毕《寻访卡萨布兰卡》一文，2000字。8时用早餐，毕后拟邮件。

9时登车出门，先至市场，见曹总与小宋，扎西等已拍毕。由小宋车前导，驶至城郊哈比卜家。哈比卜在城内有住宅，这是他在郊外新建的住房，尚未竣工。走进大门，但见十字形的过道旁有四个大客厅，两旁各有四个卧室和两个卫生间，整个住宅有600平方米。哈比卜的弟弟介绍说：阿拉伯人家里最重视客厅和厨房，因为他们喜欢一家人住在一起，客厅是主要的活动场。而哈比卜兄弟是企业家，来往的客人多，今后还会有更多的中国客人，所以客厅要建得特别大。客厅和过道间都是敞开的，过道中心还开着天窗。这里夏天的气温高达40—45摄氏度，虽然现在都已用上空调，但还保持着阿拉伯传统建筑的特点。靠门前的一座客厅已经铺上地毯，放上长沙发和靠垫，摆着桌椅。其他几间还有工人在装修。

扎西先拍细节，由哈比卜的弟弟介绍，小叶翻译。接着拍摄由我归纳介绍情况的镜头。与李秘书、曹总闲谈。闻小强来找，想采访哈比卜的弟弟，让他谈谈马拉喀什城到处用红色的原因，因为正好有工人在大门柱上油漆。我到后讲了引导语，就退到一边。拍完又出来，引到新挖的地基前，得知将与中方合资建一旅游酒店。马城现在每年吸引游客三四百万，政府已确定到2010年增至1000万的目标，所以酒店远远不足。给我出示的装修效果图，是由中方装修公司设计的。哈比卜弟弟告诉我，这家有240个床位的酒店由他们家提供土地，由中方投资建房。回大厅等候，交海波看电脑上所存两篇报道稿。

哈比卜兄弟陪我们来到厨房,但见桌上放满了各种制作"咕斯咕斯"的原料,家里的女眷和女工正在忙碌着。其实,准备工作从昨晚已经开始,硬麦粉得提前浸泡,还要加上柠檬汁等各种调料。旁边放着洗净的肉鸡、牛羊肉和切好或腌过的胡萝卜、洋葱、番茄、橄榄、椰枣、辣椒、豆子、苦瓜,还有些我不知道名字的蔬菜和调料,有人正在往一个大的蒸罐中放入食盐、胡椒、柠檬汁,还撒入一小包一小包的藏红花,据说是为了给成品染上红色。做一次"咕斯咕斯"至少要三四个人准备和配合,女主人少不了一番忙碌。尽管现在已用上了煤气和现代化的厨房用具,但制作的过程还保持着传统的特色。

全套阿拉伯装扮的我与主人哈比卜的弟弟合影。

入乡随俗,方可享受"咕斯咕斯"。

为了不影响厨房内繁忙的工作，我们回到客厅。哈比卜的弟弟领我参观他的卧室，并从橱里取出阿拉伯长袍，换下了刚才穿的西服。他还热情地取出一套，让我试试，还给我戴上一顶阿拉伯帽。当我回到客厅，几个镜头都对了上来，都说我还真有点像阿拉伯人。一会儿镜头又转到后面，原来许易春与黄海波也成了阿拉伯人。哈比卜见我欢喜，建议我今天就穿着阿拉伯长袍用"咕斯咕斯"。

近下午1时用餐，第一道"咕斯咕斯"端上桌来，只见一个占了大半个桌面的瓷盘上满满堆着色彩丰富的食品。周围放着几个小碟，放着切细的番茄、青椒、橄榄等，还有几碗浓汤。我学着哈比卜弟弟的样子，先洗净手，在身上铺上餐巾，再用小匙将汤浇在靠近的盘内，然后用右手抓起一团和着汤的麦饭，用手指和成一个饭团。哈比卜弟弟捏了几下，又放在手心抖了几下，一个小圆球已经成形，一下放进嘴里。我捏来捏去，不但圆不了，反而越捏越散，赶快分批放进口中。第二次我多放了一点汤，总算粘起来了，虽然还成不了小球，放进嘴巴毕竟方便多了。我问哈比卜弟弟为什么要这样吃，他说这是他们古老的传统，因为"咕斯咕斯"一般很烫，用手抓可以知道是否适宜，不会烫了嘴巴。沙姆斯丁却说了另一个故事：小孩往往不愿好好吃饭，母亲就将"咕斯咕斯"捏成大小不同的球，还称之为"国王球"，小孩好奇，会选不同的球吃。不过我注意到同桌的一位客人和哈比卜是用汤匙吃的，就问是什么原因。据他们说，现在有了这些餐具，不少人已不再用手抓，两种方法都可以。看来传统总是在不断地变化。

开席时我问主人，为什么不见女士入席，他说按规矩妇女不能和客人一起吃饭。据说，每道饭菜撤下后再供妇女们吃，不知这个规矩什么时候会改变。

有那么多调料和食品在一起长时期浸泡烹饪，这种麦饭的味道自然特别特别鲜美，中间的牛肉和蔬菜也都非常可口。我们大口抓饭，大块吃肉，却没有顾到为下一道菜留下肠胃空间。第二个盘子里是四个烤透的鸡，同时上来的是摩洛哥面包。将撕成小块的面包蘸上烤鸡汁水，味道特别好。可惜我们已经吃了很多，烤鸡肉已吃不了多少。最后还有大盘的水果、甜茶和咖啡。此时已近下午3点，我们还有采访，只能匆匆告别，否则主人一定留你慢慢品茶聊天。再次握住哈比卜的手，他还是那句话："这里就是你的家，随时欢迎你来，明天，以后都可以。"

我乘叶凯开的车，紧随着尤尼斯开的车，扎西、闻小强、许易春都在那辆车上。先入旧城，想拍马拉喀什城创建人的陵墓。此城由其在11世纪所建，他同时还建了包括拉巴特清真寺在内的四座清真寺，势力北至西班牙，摩洛哥国名即得之于马拉喀什。到后见大门紧闭，叶凯去联系，得知今天（周六）休假。

去一个湖，在景点门前停车。沿一条土路往里面走，极热。登上台阶，上面是一个方形水池，水亦不太清，四周有矮墙，墙外迎春花正盛开，再外面则遍植地中海杨树。池的一旁有一座二层小楼，叶凯说原来为国王所有，现为小型博物馆。又建议到水池另一端拍效果更好。走到对面，角度固然好，水池就像在雪山面前，可惜今天的雪山不如昨天下午明亮，池中也没有倒影。下台阶，沿围墙外路返回。叶凯回来说那间屋内已没有什么陈列，即离开。

至新城内一花园，建于20世纪初，后为法国名设计师购为私属。将到时见等候的车辆很多，还有雇马车来的，大多是西方人。入门交涉，不允许拍摄，说这是私家花园，非政府所属。如一定要拍，必须打电话请示法国主人。扎西拍园门及其间戏水小童。

4时40分至市场，比昨天早近1小时，在车中等候，很热，许易春来开了空调。5时余开拍，由叶凯与我问摊主是否柏柏尔人，如是，就问他家中情况，什么时候开始干此营生，来自何处等。只是摊主都富于商业头脑，采访后必须购物，或者直接要钱。叶凯想付一摊主10迪拉姆，给了一张20迪拉姆的让找，摊主争执不给找。因为我肯定对付不了，所以事先与闻小强商定，得由叶凯负责，我讲完即可脱身，不至于像昨天那样被商贩所纠缠。结束时就在市场拍我解说的镜头，回到停车处又拍了一次，即返旅馆。稍息后写《享用"咕斯咕斯"》的报道，2000字，又裁了一张照片备用。

晚8时出门，至附近一餐馆用晚餐。我用意大利海鲜面，另有色拉，味尚可。其他人大多用可乐和饮料，我试了一种饮料，以当地产植物加奶、香蕉制成，与牛奶加豆浆味道差不多。今天是尤尼斯生日，叶凯为他买来蛋糕，大家道贺。回住处后海波拉我去上网，让我等半小时，马上整理出4张照片备发，又拟致王勇一短函。出来却找不到他，后见他在旁边房间看样片。10时半与海波、文靖、易春、温港成出门，先到用晚餐处，餐馆旁的网吧都已关门。易春问到另有一处，又驶往，在一间地下室，每小时价10迪拉姆。开始时网速很慢，以后还可以。收女儿邮件，又读到李晓杰（本所同事）、韩昭庆、陈争平（清华大学教授、本所筹备国际会议合作方）、王加华（我指导的博士生）、高蒙河（文博学院副教授、我指导的在职博士生）、《外滩画报》王韶华等邮件。发出致家中邮件。收后方网站邮件，因无中文系统，以英语回复，纠正将我名字的剑误写为健。后海波等查阅网站，见我前天所发报道已上网，但未见到南线的报道。又发2篇报道给后方、《北京晨报》及发邮件给女儿，随附照片4张，下载了有附件的邮件。3台机器各付了10迪拉姆，12时返回。洗澡，吃了一个脐橙，近1时睡。

3月2日，星期日 晴

早晨近6时起，补全日记，又移昨夜所收邮件附件于电脑上。早餐后于8时出发，因等李秘书加油，1刻方开车。出城后渐上山，至海拔千米处循山谷行驶。此处已辟为旅游区，所以沿途有卖土产的，叶凯购矿石标本一盒，索价500迪拉姆，以200成交。又有卖各种饰件的，有绿松石串很可爱，与西藏所产相似。仙人掌很多，有高两三米的，有的人家就用一圈仙人掌做围墙。

驶至公路尽头，又沿溪水边土路而下。路旁有一个柏柏尔村，几位学童自告奋勇领路，循山路而上。村前遇见一青年，问他说是21岁，问他是否有女友，说已于河边找到，只是还年轻，

与柏柏尔学童合影。

还没有结婚。问他能否由自己决定，回答仍需要由双方的父亲允准。随同的幼童很机灵，年纪都是十一二岁，读五年级，有义务制教育，不需要交学费。问青年为什么不读书，说不愿意，会计算就行了。遇到他70岁的祖父，很客气地领到他家，请我们进客厅，以茶点招待，有自制的小饼，很甜。孙辈有4人，最小的孙女6岁，很可爱。他的妻子在给我们送茶后就不再露面，村内其他妇女也是如此，都在窗户后面远远观看。见到镜头转向她们就马上避开，一位老妇动作太快，差一点跌倒。但也有一位老妇人很大方地将我领到她家，介绍得很详细，只是我们出门时要钱。我佯装不知道，让海波处理。海波与尚赛丁（即沙姆斯丁，今日得知他有此中文名字）随青年去找他女友。我们随扎西拍摄，又拍我在村口做综述一段。拍完后等在村口，没有见海波等返回，就下来到路旁。稍后去一辆车将海波等人接回，知道他们已约定今晚8时拍青年与女友等相会。驶回公路，稍下至溪旁一餐厅用餐。

餐后分道，温港成、杨波和我乘叶凯的车返回，李秘书、黄磐石的车也回来了，海波等两辆车留着拍今夜节目。途中停车，温港成想选购咖啡杯，没有找到合适的。两次停车拍雪山。到旅馆已下午4时余，回房间整理所拍照片，续日记。

5时半由叶凯开车外出，温港成、李秘书、杨波与我同行。想找我买香石的店，叶凯不知道，就先到市场，到几家店选香石，或者没有，或者有异味，竟没有找到与我所买的相似的。叶凯等选购拖鞋。市场内很拥挤，工艺品店尽头为衣鞋店，再过去卖布料、食品。有黄色像腌菜一样的东西，问后得知是腌牛肉。又到步行街，多为首饰店，也有摩洛哥特色工艺品。此街上的商店较正规，多数是西式。到叶凯熟识的一家餐馆，用烤羊排及炸土豆条。另有羊肾，我未尝。叶凯的公司由刘利带团的6人也来餐馆用餐，自称是劳动局系统的。温港成与黄海波通话，方知他们已返旅馆，因村内死了一位老人，节目临时取消。

拟好邮件，与海波等将去网吧，汤文靖说旅馆的网吧已开通，留我在此试发。试了几次都称密码有误，后来才发现这里的法文键盘输入数字时需用大写键。再试立即接通，收到女儿及央视网站的邮件，但USB不能连接，无法下载附件，也不能发，费时一个多小时。海波叫至闻小强房间，与扎西、文靖、易春听小强读第一集《寻访卡萨布兰卡》，意见很多。海波决定让文靖编第三集。整理行李，1时3刻睡。

马拉喀什—阿伊特本哈杜筑垒村—伊尔富德

3月3日，星期一　晴

近6时起，洗澡洗发。近7时至底层用早餐。7时半出发，李秘书临时加油，等了一会儿。

离城不久就进山，公路蜿蜒在山岭之间。阿尔卑斯造山运动在今摩洛哥、阿尔及利亚北部和突尼斯西北部造就了总面积达68万平方公里的一系列平行山脉，我们今天要穿越的就是其中最高峻的大阿特拉斯山。马拉喀什城的海拔只有五六百米，但离城数十公里后，海拔就超过千米。雪山似乎固定在前方，而两旁的景观却随着海拔的升高而不断变换，先是一片片农田和牧场，一丛丛一人多高的仙人掌成为天然的围栏和绿篱，接着是大片的森林，与壁立的红色山岩形成强烈的对比。当汽车翻上一个海拔1500米的山口后，公路沿着山峰缓缓下降，但很快又盘旋升高。就这样，过了一山又一山，攀上了海拔1800米的高度。路上不时越过一队队越野车，几乎都是清一色的本地白色吉普和中型旅游车，载着外国游客往返于阿特拉斯山两侧。路旁不时可以见到放满各种陶瓷工艺品、矿石、地毯的商店，还有人拿着闪闪发亮的不知名的矿石、动植物化石、剖开的紫水晶，对着车窗叫卖。设在山口开阔处的观景点总是停满车辆，游客如云。旅游给古老的阿特拉斯山带来了勃勃生机，给山民带来了财富，也使我不无忧虑：那些栩栩如生的动植物化石、晶莹多彩的矿石是如何采出来的？是否物尽其用？会不会有枯竭的一天？

再往上驶，盘山公路两边不是幽深的悬崖，就是裸露的山体，已经没有什么可见的植物。而峰顶原来连成一片的雪帽也显出一道道山脊和一片片岩石，反而不如远望那么壮观。我不时通过车上的对讲机向大家报告GPS上显示出的高度。"2000米！"我们刚感受到登高的喜悦，却见前面至少还有三层车辆在往上移动。直到转过山顶的红色通信天线，公路才开始缓缓下降，今天的最高纪录是海拔2214米。这一带的山峰大多在海拔3000米上下，加上天空万里无云，一片湛蓝，从车上望去已相当清晰。但阿特拉斯山脉和北非的最高峰、海拔4165米的图卜卡勒峰还没有进入我们的视线。

高度在缓缓下降，景观和颜色越来越单调，始终是雪山衬映下的砖红或土黄色的低丘、台地、干涸的河谷，有时又像一望无际的戈壁荒原，海拔高度大致在1200—1300米左右。除了偶尔见到几棵老树，或者河谷里几丛椰枣，很难再发现什么植物。我们在海拔1310米处停车，路旁堆满了大小陶罐，屋前也陈放着一些工艺品和矿石。店主见了摄影机就躲进屋里，无论翻译怎样解释也不肯出来。一位骑摩托车路过的青年会说些英语，他说这些陶罐主要供附近村民用于汲水，大的可装10千克水。我提在手里，觉得沉甸甸的。那青年说，背水是妇女们干的活，可以想象她们肩负水罐的艰辛。据说他所在的村已安装了水管,现在这些陶罐主要供应更远的山村,也供过往游客当工艺品选购。青年热情邀请我们去他家坐坐,可惜我们还要赶路,只能就此告别。

再往前驶,丘陵变成不毛之地中孤立的童山秃岭。气温也逐渐升高,到中午时分,外衣已穿不住了。但气候异常干燥,所以身上并无出汗的感觉。车过瓦尔扎扎特(Ouarzazate)时我们没有停留,继续往前走了几公里,才在一家餐馆前停下。显然这是一个旅游点,因为除了这家餐馆,还有一条小街,几家商店门前都放着一些工艺品,只是没有见到什么游客。但在荒漠中见到这条小街,又是在饥肠辘辘中走进那么一家看来很舒适的餐馆,自然倍感亲切,甚至有些意外。当我进入餐馆的内间,面对开阔的窗户时,更不由得惊奇——一座宏伟的城堡展现在面前。

但见在赭红色的荒丘上,同样色彩的建筑物重叠错落,由平地一直上升到丘顶,建筑物与山丘浑成一体,房屋依山而建,山因房屋而成,分不清哪是山,哪是房。但在丘顶,却有一座建筑卓尔不群,似乎是守卫制高点的碉堡。城堡前有一股清流蜿蜒而过,滋润着稀疏的巴丹杏树和一些不知名的灌木,带来罕见的绿意。蓝天丽日下,阿特拉斯山的雪峰清晰可见。这简直就是《天方夜谭》中的城堡,直觉告诉我,这是平生难得一见的美景,可遇不可求。果然,这是1987年就列为联合国教科文组织世界文化遗产的阿伊特本哈杜筑垒村。

我们顾不得吃饭,先凭窗录像拍照。我想拍一张全景,希望将蓝天、雪峰、绿树、流水与这座城堡全部包括,却无法尽收,只能分在两张照片上。我坐在窗台,以筑垒村为背景拍了几张,由于光线反差太大,结果还是顾此失彼。

越野车轻轻犁过那道细流,如果蹚水而过,我相信水不会漫过膝盖。但正是这来自阿特拉斯山的河流,在终年积雪的滋补下,千百年来造就了沿河一带,她不顾炽烈阳光的蒸腾和沙漠贪婪的吮吸,在最终消失在撒哈拉沙漠之前,无私地供养着柏柏尔人、阿拉伯人和所有亲近她的人们。这座筑垒村得以在公元8世纪建造,能够经历一千二百多年的沧桑,依托的是大地父亲,却是靠了这位河流母亲的抚育。

下车后,我步行入筑垒村。走得越近,越感受到它的巨大,多数房屋都是一二十米甚至更高的建筑。由于都依山傍坡,看似低矮的墙门,另一边却是壁立数丈的高楼。靠得越紧,越觉察到它的古朴,除了偶尔有几根细木露出,所有的立面都是赭红土——土砖、

世界文化遗产阿伊特本哈杜筑垒村内一角

土阶、土墙、土顶。原来这种被称为"卡斯巴斯"的建筑物正是用土构成的,用泥土混合干草置入木模,由太阳晒干,就成为建筑用砖;将泥土与石块直接夯实在模板中,干燥后就成为墙;将湿土摊在细土与树枝编成的顶棚上,就由阳光与风造就了屋顶。这与我国北方的古代建筑非常相似,却更得益于造物主的关怀——这里既有沙土碎石,又不乏和土的水,有得是骄阳热风,却没有雨雪霜露。

除了大小通道,村内毫无空地。限于时间,又怕迷路,我只能循干道而上。穿过一座座门框,经过一条条小巷,走过一段废墟,待我到达那座最高的建筑物时,已是汗流浃背,气喘吁吁。原来这是一座残破的粮仓,是阿拉伯人在险恶的生存条件下积累的经验——将最宝贵的物资粮食和橄榄油放在由居民层层设防、道道守卫的最核心和最高处。即使敌人能攻入堡内,不到最后时刻也休想夺走粮食。只要粮食还在,村民就有生存与繁衍的希望。

重新回到村内,偶尔遇到了几位西方游客,路旁有几位穿着阿拉伯长袍的人在出售色彩更鲜艳的阿拉伯长袍,还有人牵着一头毛驴,不知是在表演村民的生活风情,还是招揽客人?我不知道他们是村民还是小商贩,但这无关紧要,因为他们既不高声叫嚷,也不咄咄逼人,只是静静地等待游客光顾,或者友善地走过你的身旁。在村口的小广场旁放着几件生活用品和工具,大概是让游客体验村民生活的,但等到有人试用后才会有人懒洋洋地过来,不知是来讲解,还是来收费。尽管这里已成为闻名世界的景点,特别是在电影《阿拉伯的劳伦斯》公映以后。但时光似乎还停留在千百年前,这应该得益于政府和民众的合力保护——半个世纪以前已由摩洛哥政府确定为国家重点保护对象。

唯一的遗憾是无法了解村民的生活,走进几处开着的门户,有大小不一的房间,有的还放着几件生活用具,却感受不到真正的生活气息。或许这座筑垒村已经作为一具古董保存着,而不是作为一座依然活着的村庄而延续,但无论如何要比衰败毁坏强得多。

大概因为今天的路程特别长,或者导游认为这个景点可以忽略,事先居然没有列入拍摄计划,所以海波只让拍了我进村的过程,就让扎西拍空镜了。

回到瓦尔扎扎特已下午3时10分,继续赶路,还有400余公里。雪山渐渐消失,沿途都是一片荒漠,每隔几十公里一见的微波中继天线成了明显的地标。阿特拉斯山挡住了来自大西洋和地中海的水汽,只有从撒哈拉沙漠刮来的热风,但沿着河谷还是散布着一座座城镇,椰枣丛中不时可见一座座土房,有时绵延数公里,显示着当地人顽强的生命力。

近7时,我们才结束600公里的行程到达伊尔富德(Erfoud,西经4度14.19分,北纬31度25.69分,海拔815米),我们住的Salem旅馆,是一座阿拉伯庭园式建筑,仅二层,园中有泳池。当走进我的房间610室时,我发现所有的窗户都是一层扣紧的木板,原来是为了阻挡随风而来的流沙,但窗框上依然还积着一些细沙。我们已经到了沙漠之门,数十公里外就是摩洛哥与阿尔及利亚接壤处的撒哈拉沙漠北缘。

至餐厅用自助餐,整理新拍的照片,未毕,洗澡。海波招至小强房间,讨论第二集,其间扎西先离开,海波竟睡着了,待他醒后再讨论，仍有较多意见。回房间整理完照片，2时睡。

伊尔富德

3月4日，星期二　晴

4时20分起身，5时出发。我们的车队在夜色中驶出旅馆，向50公里外的梅尔祖卡（Merzouga）疾驰而去。公路前后都是一排排闪亮的车灯，都是运送游客的越野车。开始我们还跟着日本游客的车，为了赶在其他游客到达之前做好拍摄准备，扎西让尽量超车。我们三辆车在司机尤尼斯的带领下，提前驶下公路，从荒漠中的便道抄了近路，很快就远离其他车辆，进入一片深沉的旷野。说是便道，其实只是驶过的车辆形成的较坚实的车辙。在前面的车卷起的沙尘中，常常连前车尾灯都看不见，但如果驶离前面的车辙，很可能是遇上沟壑流沙。幸而我们的三位司机，无论是专业还是业余，都艺高胆大，尽管也有打滑或熄火，叶凯的车熄火两次，但都安全到达。

在黑暗中抬头望去，我见到了久违的夜空繁星。天上的星如此之多，如此之亮，在我印象中只有在帕米尔高原上的新疆塔什库尔干和西藏的阿里高原上见过。或许是因为我的记忆并无严格的量化，今天所见的星似乎更多更亮。此时我不再担心今天见不到日出——根据我的经验，多数日子是看不到理想的日出的，即使是晴天也难保证,到时太阳周围没有云——显然和昨天一样,又是一个万里无云的大晴天。

车刚停下,一批导游和一排骆驼已在旁待命。导游介绍,去沙丘还要走20分钟,也可以雇骆驼代步。我们决定体验徒步沙漠,在导游带领下一步一滑往沙丘走去。气温只有13摄氏度,风吹来不禁一个寒战,但走了不几步就不觉得冷了,往一个较高的沙丘爬时头上已经冒汗。越往上沙坡越陡,沙也越滑,我干脆手脚并用,提着摄像机的扎西和扛着三脚架的许易春就更艰难了。

我们和其他游客在一座沙丘的脊上一字排开,扎西抢占了尽头一个有利位置架好摄像机。举目望去,前面更高的沙丘上有人影,低处的沙丘上也排满了人。这一二十米的落差对观看日出来说其实不会有什么差别,但谁都想站到最高处,以便最早见到第一缕阳光。

天色渐明,大小沙丘的轮廓已相当分明,但除了脚下的一片沙丘,并看不见沙的色彩。6时40分,在众人的翘首仰望中,东方一座沙丘边上突然闪出一道金光,太阳就像从沙海中跳出那样,在我的数码相机"写"完第三张高分辨率的照片时,已经"圆形毕露"。天空果然万里无云,却也没有变幻无穷的瑰丽彩霞,而是一片明亮。正在颇感失望时,我忽然见到身后的沙丘已成了一片气象万千的金色波涛,沐浴阳光的一面是一片金黄,背阳一面却是深沉的紫红色,而低洼处竟是黑色。友人曾告诉我,撒哈拉沙漠的沙有不同的颜色,本以为是沙本身颜色不同,但此时我见到了多彩的沙,它们同时出现在朝阳下,又不断变幻着。再回头看前方，太阳照耀下的沙漠也如一片波涛。这情景，既不同于太平洋的波涛那样奔腾，又不像澳大利亚内陆荒漠那样凝固，这是撒哈拉沙漠特有的沙海奇景。再看脚下的沙，竟是如此之细，如此之亮，难怪不少游人正在用各种"容器"带一点回去。我取出一个空的餐巾纸袋装上一把沙，但稍不留意，沙就从袋旁流了出来，只得再包上一块手帕。以往使用"流沙"一词时，竟从来没有想到地球上还有如此细，以致如此善流的沙。

尚赛丁在沙脊尽头俯下身来，以沙代水净了脸和手脚，虔诚地做了一次特殊的祈祷。温港成拨通了手机，虽然我听不懂他的广东话，但知道他正在报告，在撒哈拉沙漠看到了日出。当扎西

撒哈拉沙漠边缘

在电话中与家人通话时，在"扎西德勒"后面我也听到了"沙漠""撒哈拉"的声音，原来今天是藏历新年，在互致问候后，他也赶快将这次难忘的经历告诉亲人。

尚赛丁说，这一带的居民大多是从撒哈拉沙漠迁过来的。从这里往前30公里就进入阿尔及利亚，有摩洛哥军队把守，每天偷渡客有百余人，想从这里往地中海各国，也有人偷渡不成而在途中饿死的。

发车返回，但扎西想拍车行沙漠中的镜头，又要求车队返回原处，改走沙漠中。李兆波先行探路，驶出不远就陷在一个沙丘中不能自拔，大家前往救助，又有过路的摩洛哥人相助，多方设法才将车拉出沙丘。驶归，车速很快，许易春戏称为国际拉力赛。

早餐，毕后拟一报道，未毕，温港成等招去网吧。到第一家则已关门，开车至另一店家，电脑用Windows98系统，USB无法连接，试了近一小时都未成功。等汤文靖下载中文软件，读到些国内新闻。又等温港成收他的邮件，还得先下载繁体汉字软件，近下午1时方返回。一起去餐厅，用烤肉串等，出菜很慢，至2时3刻方结束。

众人于3时出发，去拍柏柏尔人歌舞及观落日，我留房间洗衣。3时半睡，至近6时方起，此行首次午睡。起后写毕报道，1500字。7时半用晚餐，遇黄磐石（摄制组所委托旅行社人员），谈及安南（联合国前秘书长，拟邀其参加《走进非洲》首发式）北京之行已大体落实，到时一定安排我与安南会见。见对面网吧用Windows系统，可显中文，速度尚可。回房间续写致家中邮件，拟致几位博士生的邮件。10时3刻去网吧，收下女儿所发附件，发家中、周筱赟等博士生、朱毅与满志敏（本所副所长）、韩昭庆、李晓杰（本所同事）等邮件。又发报道于央视网站，附照片4张，同时发所内及家中。又发4篇报道于所内，嘱朱毅发于禹贡网（本所官网）。11时余归，遇海波，告已发邮件。至汤文靖房间，他正翻录带子，看前天拍的内容。回房间补全日记，至1时半睡。

伊尔富德—非斯

3月5日，星期三　晴间多云

6时余起，洗澡洗发。7时余用早餐，其他人尚未起身，将用完时遇黄磐石。回房间写报道《扎西德勒》，记扎西旺佳的工作态度及昨天过藏历年情况。出发前于园内拍照，摄入朝阳中优美的阿拉伯庭园风光。

上午9时20分发车，稍后过奇兹（Ziz）河谷，沿途数十公里都沿着谷地上边缘行驶，下面是绵延不绝的一片绿洲，多次停车观览拍照。这一带还属大阿特拉斯山，再往前，渐离河谷。过拉希迪耶（Er Rachidia），折东北行，过一水库。过里什（Rich）后，经过一个山口，标高1907米，稍前我测得海拔1912米，俯视山下高原很壮观。过米德勒特（Midelt），这里房屋都是尖顶，为防积雪。此后进入中阿特拉斯山，大致行驶于海拔1600米间。12时35

分过一小城，在路旁餐厅用午餐，吃烤羊肉串。候餐时看苏新留（所指导博士生）的论文。餐后又行，高度渐降，森林渐密。稍前有支路至Mischliffen，为滑雪胜地。过伊夫兰（Ifrane），海拔1650米，建筑物也都是尖顶，宁静洁净，像一座欧洲小城，所住的都是富裕阶层，大多是拉巴特与卡萨布兰卡人的别墅，有一所兄弟大学。此后地势渐低，河谷开阔，植被茂盛，真是一片富饶的土地。当海拔降低至五六百米时，一座绵延不绝的城市出现在我们面前——非斯（Fès或Fez）到了。

来摩洛哥前就知道，非斯被称为"蓝色的非斯"，但远远望去，一片黄色和白色中散布着一些绿色，却没有我们想象中的蓝色。下午4时余进入新城，但见整洁的街道两旁是一座座西式建筑，大多是法国式的，以白色为主。住Jnan Palace酒店，五星级，很豪华。我住的124室复式结构，上层为客厅，下层为卧室，都有阳台。有大游泳池，园内花木葱笼。稍后出门，车队驶至城外高处，俯瞰新旧城。风很大，比刚才来时所经地气温低得多。下山途中停车，扎西拍夕阳。

至一餐馆，顾客几乎满座，用鸡肉饼，比前一次吃过的差，配薯条。回房间稍休息。晚8时至大堂，与汤文靖晤当地导游，以便安排明天的拍摄。来了两位导游，在大堂交谈不便，请到我房间。刚开始谈，尚赛丁来电，问我是否去发邮件，海波与温港成已去，如我想去可以由尤尼斯送去。文靖说可由他一个人谈，并交给我USB让许易春为他下载材料。尚赛丁说其他人都已不在，就让尤尼斯将我送至一座公寓楼二层的一家新设的网吧，每小时仅

Jnan Palace 酒店

收7迪拉姆。收发邮件及照片，致王勇邮件，嘱回复，告诉我是否收到过我发去的报道，并提意见。近11时归，洗澡，洗衣，看电视新闻，阅苏新留论文。1时半睡。

非斯海拔415米，旅馆海拔420米，西经5度0.19分，北纬34度1.98分。

非斯

3月6日，星期四　晨雾，上午转多云

6时半起，7时用早餐。8时至大堂，因等候两位摩洛哥导游，至8时1刻方出发。先至王宫，现仍为国王所用，所以只能在外面看到它的门楼，是城内三座王宫之一。雾未散尽，扎西觉得拍摄效果不佳，就离开了。

在一座普通的西式建筑的外墙上，嵌着一块白色大理石碑，导游告诉我这就是著名的独立纪念碑。1944年1月11日，数十位聚集在非斯的独立党人发表宣言，要求取消法国的"保护"，争取摩洛哥的完全独立，呼吁世界各国予以支持。碑文的最后一段记录了这些独立志士的英名，他们大多已离开人间，但不少人的后代今天还活跃在政坛。摩洛哥不会忘记他们，在取得独立不久就树立了这座纪念碑，碑的左下角还留着1991年重修的记录。

1944年，正是第二次世界大战取得最终胜利的前夕，包括法

国在内的盟国最关心的是如何消灭德、日、意法西斯，并在战后取得最大的利益，恢复自己的殖民地和特权，但为二战胜利做出巨大贡献的摩洛哥和北非人民理所当然地要求独立。这使我想到了中国人民与摩洛哥人民的共同经历：第一次世界大战后，作为"战胜国"之一的中国却只能听众大国的摆布，原来由德国在山东占有的权益被移交给日本。

洁白的大理石镌刻下了摩洛哥人民的神圣意愿，独立的实现却经过了曲折的过程，渗透着烈士的鲜血，充满了人民的苦难。直到1956年，法国当局迫于大势，才同意让被放逐的摩洛哥苏丹、独立后的国王穆罕默德五世回到拉巴特。3月2日，当年由法国强加给摩洛哥的《非斯条约》被废除，摩洛哥从此独立。

1912年，摩洛哥成为法国实际上的殖民地后，在法国的压力

摩洛哥独立
纪念碑

摩洛哥　59

下，首都迁往拉巴特。但600多年古都的深厚积淀，非斯依然是大学和知识分子最集中的地方，聚集着一批追求自由、独立的爱国志士，在全国具有举足轻重的影响。独立党人在非斯形成和壮大，在非斯发表独立宣言，绝不是偶然的，这也是为什么非斯至今还被称为摩洛哥的"精神首都"。

拍摄了导游向我介绍的过程，又由我对着镜头发表观感，很顺利。

进入旧城前，导游告诉我们，务必不要离开他，也不要单独行动，否则三个小时也走不出来。曾有不少外国或外地游客在旧城中迷路，所以现在一般都结队而行，必须由导游带领。我以为不过是导游的夸张，或许只是保证客源的手段。我还说："我有GPS，不怕迷路。"

但随着导游步入旧城，特别是转入迷宫般的小巷后，我倒愿意在这里迷路了。

小巷完全没有规律和方向，大巷套着小巷，小巷可以接着更小的巷，也会豁然进入大巷，通向干道。几乎找不到几条直巷，不是东弯西拐，就是三步一斜，五步一转。我仿佛回到了故乡江南，但这里的巷比故乡的巷更长、更深、更奇。

我们来到一条宽仅1米的小巷，正饶有兴趣地拍照，导游却说还有更窄的，窄到只容一人侧身而过。跟他走了一段，又拐了两个弯，果然见到了"一线天"，两旁高墙夹着的通道不过数十厘米，我缩着身子勉强通过。

巷内所见，比我家乡那些高墙厚门、深院大宅要简陋得多，甚至显得相当破旧。旧建筑的窗一般小而少，但门却很高大，透过岁月沧桑，依然能从残留的雕刻和装饰中想见当年的奢豪。偶然见到一座贴着鲜艳瓷砖的小门，经导游指点，才发现它是套在一座更高大的旧门之间，大概是新主人改建的。

经过一家铜工艺品店，导游说这是世代相传的老店，很有名，进去观赏一番。问导游为什么非斯城被称为蓝色，原来非斯一向盛产马赛克，而马赛克以蓝色为主。在非斯旧城随处都可以看到镶贴着蓝色马赛克的建筑或室内装饰，商店中陈列的马赛克工艺品更是蓝得丰富，蓝得可爱。

在一条寻常小巷中，有一座相当精致的镂花铁门，推开里面一座厚重的铁门，显现在眼前的是一派豪华气象：中庭有金碧辉煌的拱顶，悬挂着巨大的吊灯，回廊四周的房间都装饰得富丽堂皇。但最引人注目的还是正面墙上挂着的前国王和现国王的巨幅照片，以及照片下面一张旧照片。照片中的景象与这座大厅的正面完全相同，只是显出几分凄凉。原来正是在这座大厅，正是在这座墙壁面前，摩洛哥被迫与法国签订了《非斯条约》，接受法国的"保护"。

这是摩洛哥历史上最屈辱的一页：1911年法军大举入侵，占领了非斯、梅克内斯、马拉喀什等地区，西班牙也趁机派军队占领了部分摩洛哥领土。1912年3月3日，哈菲德苏丹被迫签订《非斯条约》，接受法国的保护。当时这里是国防大臣的官邸，这座大厅成为签字的场所。1912年11月，法国与西班牙签订《马德里条约》，对摩洛哥实行瓜分——五分之四领土归法国，西班牙占有其余五分之一领土。

摩洛哥独立后，这座官邸被私人购买，如今是一家高档餐馆，唯一保存下来的就是这张旧照片。经理告诉我们，不时有人来这里追寻历史，有本国人，也有外国游客，还有教师带领的学生。但今天这里没有其他参观者，要是没有导游的引导，没有这张旧照片，我们大概不会发现这个重大的史迹。

拍了我进门与经理见面，随经理参观，经理讲述相关历史，然后由我做评述，顺利完成。经理领我们登上楼顶，有花圃，可俯视旧城，可惜大多数房顶上都是卫星天线。回大厅后见店主，年纪很大，慈眉善眼，与我合影。此店用餐很贵，每人150—400迪拉姆，还必须预订，用餐者大多是外地及外国游客。

走在非斯新城的街上，你不会怀疑自己正置身于一个法国式的城市，连路上的妇女中也很少有人戴着包裹严密的传统头巾。用法语的似乎比用阿拉伯语的还普遍，在言谈中法语也比带摩洛哥方言的阿拉伯语更流行。法语和法国文化的影响处处可见，要是没有这一切，大概也就没有今天的非斯了。

非斯是理性的，在用独立洗雪了被法国殖民统治的耻辱后，并没有排斥殖民统治同时带来的现代化，也没有因此而完全拒绝法国文化。非斯是开放的，它的历史、文化既来自阿拉伯人，也来自西班牙的安达卢西亚人、突尼斯人，还得益于犹太人，而法国文化也已成为非斯文化的一个组成部分。

导游带我们上车，至另一处餐厅，装饰也非常讲究，连厕所也是。餐前告诉扎西写了他的报道，他要看，就打开电脑让他看，他很满意，又给他看拍的照片，电池将耗尽。这家店价格也不便宜,最贵的套餐每位225迪拉姆,许易春言是鸽子,送到后才知是鸽子肉卷饼,味道平平,大家分而食之。有人说见尤尼斯经过,赶至巷口未见到,叫他名字,却发现温港成与黄海波就在前面陋巷的小餐厅内,窗外传来一阵阵臭味。海波说因为导游领到一家餐馆价格太贵,又找到这里。上午已找到合适的拍摄点,是一家老皮作坊,就在附近,正是臭味的来源。商定只要拍片的人留下,我们都可回住处休息。

与李秘书、黄海波、叶凯、扎西等返回,下午3时半到。看苏新留论文的绪言,甚累,其间小睡。又写报道一篇(《撒哈拉沙漠观日出》),致家中邮件,整理照片。近晚8时黄海波等回来,即去餐馆,用烤羊肉、羊肝、牛肉香肠、薯条,有汤,味尚可。又饮茶,薄荷、糖都很足。餐后即随海波、文靖、易春去昨天的网吧,所用电脑已装中文软件。无新邮件,看到昨天所收韩昭庆发来的,知不必回复。发出报道及照片。又查阅中文网站,知阿尔及利亚南部一机场飞机方起飞即坠毁,西线队正在场,有王海鹏做的报道。10时半车来,即返回。不久海波招至对面房间,审闻小强所编第二集,仍不满意,我也发现拍摄中不足处。回房间后整理电脑上的文件,凌晨近2时睡。

3月7日,星期五 多云

今日休整,但还是在6时半醒了,延至7时余起床,看电视新闻。近8时用早餐,遇黄海波,知李秘书与杨波已于6时半去拉巴特见大使。稍后至海波处借地图，查阅前几天所经地点，补日记。阅苏新留论文第一章，提意见。12时半至大堂，就在旅馆餐厅用餐，用意大利面，饮茶。温港成与海波建议去网吧，即将近日日记作一邮件，拟发于女儿。到网吧则店主外出用午餐，下午3时方归，即返回。到汤文靖房内看部分样片。归房间看完苏新留论文，很倦，小睡。起后写《非斯散记》千余字，补致家中邮件。拟致陆灏（《文汇报》编辑），附以《寻访卡萨布兰卡》一文，请他发一份电影简介来，以便续写成一篇内容更丰富的文章交给《万象》。拟致高蒙河邮件，看完阚耀平（所指导的博士研究生）论文一章，并附意见。又整理出照片3张备用，洗衣。晚7时半至网吧附近餐厅，用烤鸡、烤羊杂、薯条等。毕后即去上网，收女儿邮件，当即回复。发致家中、陆灏、苏新留、高蒙河邮件，发文章于后方，附照片3张。想看新闻，各网站都打不开或无法看中文。候至10时3刻，海波尚在继续发，先由尤尼斯接回。汤文靖房间开着，进去看了所编的第一段。洗澡，写日记，看电视新闻，近1时睡。

丹吉尔

3月8日，星期六　多云

6时半起，整理行李。7时余至餐厅用早餐，并将行李放在门前。8时余至大堂，又至庭园中拍照。8时半出发，今日与许易春同车，仍由叶驾驶。路很颠，其间高速公路仅35公里。沿途有很多果园，农人将新鲜柑橘放在路边供过客选购。又过集市，非常热闹，周围车辆密集，还夹着驴马，大多合家一车，也有夫妇携带儿童的。路旁平原与低丘相间，海拔高度逐渐降至数十米。12时半到丹吉尔，住Movenpick酒店，住547室。房间临海，有阳台，室内家具陈设都是藤制，以皮革装饰，雅致洁净。

待行李到后于下午1时45分出门，沿海驶入城内。至海滨一餐厅，名上海餐厅，但只见到一位摩洛哥、越南混血女子，厨师也是摩洛哥人。点了鸡肉炒饭、春卷及色拉，味劣量少，价格却很高。

与海波、小强、尚赛丁、尤尼斯、扎西等去旧城。我们开始寻访伊本·白图泰的踪迹，第一个目标是一位研究伊本·白图泰的老人。据在拉巴特拜访过的摩洛哥著名历史学家塔兹教授告诉我们，他对伊本·白图泰的事迹和遗址如数家珍，只要找到他，就有了活辞典和活地图。一位本地导游不认识那位老人，但知道这条街。我们随他穿过一条条小巷，时而登上高坡，时而逐级而下，累得我气喘吁吁，满头大汗。问导游这条街究竟在哪里，原来这一带都是。导游问了几个人，才从一位老妇那里打听到，以前是住过这样一位老人，他是阿拉伯传统医生，但现在不知搬到哪里去了。

第二个目标是一个图书馆，据介绍那里有不少有关伊本·白图泰的资料。还是那位导游带着我们在旧城转了一大圈，来到城边一条马路，他指着一间像文具店般的店铺说就在这里。门锁着，透过玻璃橱窗可以见到书架上放着一些书，也放着一些文具和杂志。我们觉得这不像个图书馆，导游也不知所以然。问了几位过路人，才知道这是那家图书馆的一个分部，本部在码头附近。新城路上车流不绝，好不容易找到一个停车位置，我们十分惊喜地发现，图书馆的牌子就出现在马路对面一幢楼房的墙上。但接连按着门铃，却不见动静。导游绕到楼房另一边，带回来的是令人失望的回答："今天和明天都是周末，图书馆关门。"

第三个目标是伊本·白图泰的墓。停车时有人来领路，说知道白图泰遗迹。尚赛丁告诉他要找白图泰墓，他说路很近，但不能开车。与海波、小强、温港成等跟着他在迷宫般的小巷中转了很久，登上几级台阶，停在狭巷中一间上了锁的小屋前。这巷狭得仅容两人通过，所以我退得很远还无法照全小屋的全景。门前没有任何标志，即使有人带领，我还是将信将疑，白图泰的墓怎么会在这里？一群少年围了过来，其中一位12岁的男孩说可以回家去取钥匙，原来管理人是他爷爷，今天卧病在家。

门打开了，里面比想象的还要狭小。男孩示意我们脱下鞋子，显然是代表他的爷爷在行使管理职责。一具同样狭小的灵柩赫然在目，上面覆盖着绿底金纹的锦缎，四周围着一道铁栏。墙上挂着《古兰经》摘录和一两件简单的装饰品。我还是有些怀疑："这真是白图泰的墓吗？""当然是，"导游和其他人异口同声地回答，"世界各国的人都来过，大家都知道这是白图泰的墓。"

离开这座小屋时，少年们要钱，海波给了那个取钥匙来的，其他少年吵着要，幸而尚赛丁制止了。我意外地发现，小屋的背后竟还有一个公用的水龙头，一位老太太正在打水。当她得知我们是来寻访白图泰的墓时，就十分自豪地说："这里的一切都是从白图泰开始的，有了白图泰才有这里的一切。"或许那位老太太根本不了解白图泰的游记，更不会理解我们此行的目的，但在她的心目中，白图泰无疑是最值得尊敬的人。我想起了塔兹教授向我们引用过的一句名言："不要问我的墓在地球的什么地方，我的墓在你们的心里。"作为一位严谨的历史学家，塔兹教授完全了解悠远的传说与史实的差异，但他知道，白图泰的墓存在于丹吉尔人的心中。

返回停车处，居然在路口遇到马拉喀什的商人哈比卜。导游又说有白图泰博物馆，是旧监狱改的。随他前往，门又关着，并说正在整修，展品都已搬到其他地方去了。扎西等拍完过来，海波让他拍海景。导游称他家楼顶可俯视旧城，也看得见海。随即

伊本·白图泰的灵柩和墓室

摩洛哥

到他家，登上屋顶，虽可见到新城和旧城，但海面只见到一角。拍照后下来，开车前导游要250迪拉姆，尚赛丁告诉他如明天来的话可再用他，海波给了100迪拉姆，又拿了两根香烟才打发走。驶至近直布罗陀海峡的山上，海拔309米，但天色已暗，且云厚，即返回。途中停车想拍城市全貌，也未成功。又至港口，入内见到管理者，说明来意，他说要拍摄的话另外需要一个批文，约好明天上午10时到。归途与海波谈及队内人事，我意见应职责分明，某人该做的事不做，总是推给人家。如果现在不立规矩，今后恐怕更麻烦。他同意我的看法，但表示无可奈何，温港成也是如此。看来这是凤凰卫视内部的难题，我自不便干涉。靴底沾满了泥，回房间洗刷。7时半全体外出用晚餐，停了两处都未找到。又到上海餐厅，问是否有汤面，只有小碗，而且要35迪拉姆。只能到麦当劳用晚餐。途中及回来后与小强、海波商议明天的安排。回房间洗衣，泡茶，写日记，看电视新闻。12时余睡。

丹吉尔—斯巴德尔角—丹吉尔

3月9日，星期日 多云

6时余醒，看CNN新闻。开窗后涛声海风涌入，面向地中海，遥望丹吉尔城。到底层用早餐，很丰盛，毕后签单，才看到要150迪拉姆。8时半与小强、易春至大堂，拍我与易春进门，见有白图泰大厅，问柜台上二人其原委。又至底层拍会议厅及门厅。

与小叶、尚赛丁、扎西、兆波乘2辆车出发，先至海滨拍空镜。再至街边，一群少年在海滩上踢完足球正准备回家。我问他们："你们知道伊本·白图泰吗？"面对陌生人和一个大的话筒，一位少年显得不知所措，但另一位马上抢着说："知道，我们教科书上有。"气氛顿时活跃起来。"他是丹吉尔人。""他到过中国。"一位年长的过路人听到我们在谈伊本·白图泰，又对着我们的话筒说："他是我们丹吉尔的伟人，也是阿拉伯的伟人。"他告诉我们，丹吉尔有伊本·白图泰的墓，有以他的名字命名的学校，有以他名字命名的游轮。直到今天，伊本·白图泰还是丹吉尔人的骄傲。

10时至码头，稍等后获准由一位警察陪同拍摄。先至集装箱码头，走到顶端，面对直布罗陀海峡，正好有游轮出入港。回望丹吉尔城，好像浮在海水间，光线也很好。问是否有"白图泰"号游船，但已出海。稍后有一艘游船过来，警察说它的规模与"白图泰"号差不多，就用它作为我讲述的背景。想到灯塔下面去拍，警察不允。又想拍我问警察的镜头，警察说他不能出镜，扎西只好在远处拍。转至渔码头，小强问我有什么可说，我想不出合适的话。到城市中心广场，有铁炮数门，最早者铸于1633年，其余也都是17世纪产品，由我谈观感。大使馆与许易春相熟的一对夫妇及医疗队二人也路过广场，与他们见面，得知其中一位来自中医学院，一位来自宝钢医院。驶入旧城旁，拍到穿当地服饰的老妇。我建议拍天主堂，以显示多元文化。到时见其旁不远处就有一清真寺，嘱扎西合拍。小强问以白图泰命名的学校在哪里，我告诉他就是昨天经过的地方。尚赛丁说已改了名，所以没有去。返回旅馆，与大家一同去一西式餐馆，与两位医生同席，我要了意大利面及薯条。

餐后一同去斯巴德尔角（Cape Spartel），在丹吉尔西北，是直布罗陀海峡起点，也是大西洋与地中海分界。过昨天所经山（高300余米），又前行，山势渐降。至海滨，有一灯塔，据黄磐石介绍此为海峡两侧四灯塔之一。想上灯塔，管理者开始不允许，经李秘书与大使馆人员交涉后才答应。与小强上餐馆平台，由扎西拍我现场评论。文靖听后予以否定，小强却以为还是原来的意思为好，稍后又拍了两次。海峡中有小岛，依稀可见，最狭处则在丹吉尔东北。至海滨拍空镜。有人介绍稍前有一"非洲洞"，原定就过去，海波却让大家返回，驶至山上方问为何不去此洞。再驶回，不久就到，循石阶而下，就进一洞。因面向海洋，由洞内看去，洞口的轮廓俨然一幅非洲地图。洞旁展示的照片可见日出、日落时景色均可入画。海波为众人设计了幅侧身向光的合影，晚上看了效果极佳，就像在摄影棚中刻意创作的。

一行人回旅馆，本要拍我与李秘书交谈镜头，后取消。晚7时半出门，至城内一餐馆吃烤鱼，味甚佳，鱼虾类颇多。海波说可到他房间上网，回房间写毕《非斯散记》下篇，就去他处发出。收女儿邮件、陆灏发来电影《卡萨布兰卡》简介，是请毛尖（女作家、华东师大教师）从网上下载。收王勇邮件，通知我已刊出两篇文章，要我告诉他电话。收周筱赟邮件，《中国人口史》第一卷校样问题颇多，解决很费时，以英文简复。回房间写日记，近2时睡。

非洲洞中的"全家福"

非洲洞

丹吉尔—乌季达

3月10日，星期一　晴间多云

6时半起，稍看电视新闻，洗澡洗发。早餐后准备出发，因李秘书联系拍博物馆事9时方有消息。9时余下楼，知已无可能。服务员告我遗留一件衣服于房内，即取回。9时40分出发，叶凯驾车，同车许易春。循原路回非斯，午间到。到一家餐馆想用午餐，但只供咖啡。又至城郊一家超市，购食品。驶至老城外山坡野餐，用面包、烧鸡、火腿肉、果汁等。摩洛哥超市不忌猪肉，牛肉食品与猪肉放同一柜台，顾客各取所需。

回到公路已下午2时余，驶往乌季达。沿途多良田，越往前越差，近乌季达时沿路已很荒凉。途中到处挂摩洛哥国旗，市镇都盛装一新。经过600公里，近晚7时至乌季达旅馆。夜色中见军警林立，警车遍布，几乎无处停车。广场上鼓乐喧天，旁树国王巨幅画像，方知国王西提·穆罕默德六世驾临，听说国王将在这里主持一条高速公路的开工仪式，还将为一座电厂的落成剪彩。

但此时我们关心的是明天如何通过摩洛哥与阿尔及利亚的边境。自从1994年在马拉喀什发生枪击西班牙游客事件，摩洛哥与阿尔及利亚的陆路边界实际上已关闭，据说至今还没有合法通过的先例。尽管我们事先已通过外交途径向双方政府提出申请，并且得到了有关部门的允诺，但究竟能不能由我们来实现这次破冰之旅，实在没有把握。摩方通过我驻摩使馆传递的信息是，我们

乌季达街头的国王像

从乌季达出境绝对没有问题,关键是阿方是否同意我们入境。阿方传来的信息是,只要摩方让我们出境,他们就能让我们入境,并且还会派人保护我们的安全。但双方都没有给我们明确的文件,又没有指定具体的承办人员,所以李秘书一直在不断与有关方面联系。李秘书告诉我们,摩方对我们的行动十分重视,已指示边境放行。在我们出发前,摩方又主动与李秘书联系,询问阿方在边境接待的人员是否已落实,看来顺利出境已成定局。

旅馆已为王家卫队所驻,我们只能住二等房。室内简陋,无电视机,洗澡时水不能蓄,亦不能喷。7时半用晚餐,即在旅馆餐厅,用午间所遗食品及色拉、牛肉丸等。点了啤酒,为温港成送行,他送我们至此，明天就返回卡萨布兰卡乘飞机回香港。稍后李秘书与黄磐石到，也向他们致谢。上午借海波10迪拉姆，与剩下的40迪拉姆一并还了黄磐石。此处海拔576米，西经1度55.14分，北纬34度40.74分。9时余回房间，觉冷而累，腹中也好像不舒服。洗澡，水不热，且无法用，草草毕后即睡。忽然叶凯来电，行李车已到，问是否需要取出物品。下楼取鞋，便于明天行走。海波来说将往上网，即同去，门厅候温港成送行李于车上。旅馆一带都是军警，据说国王住处不远。网吧人满，稍后等到一台电脑，下载中文软件。收上海市海洋学会秘书长邮件，推荐我在纪念郑和国际会议上做主题报告，告诉他6月中旬方可返沪，若不影响我可准备。收女儿英文邮件，回复。再看周筱赟邮件，仍未见附件，以英文回复，嘱再发一次。收朱毅邮件，无他事，以英文回复。回房间即睡，11时半。

乌季达—卡萨布兰卡

3月11日，星期二　晨雾，后转晴，晚又有雾

6时起，写日记，阅苏新留论文至7时余，下楼用早餐。原定8时出发，因等汤文靖、闻小强刻光盘由温港成带走，推迟至8时半。餐后继续看苏新留论文，至8时25分停，登车前至广场旁拍照。

上午8时半，由一辆行李车、三辆越野车和李秘书驾驶的挂着外交牌照的奔驰车组成的车队在薄雾中驶过乌季达盛装的街道，

不时可以见到载歌载舞的人群、全副武装的军警，显然都在忙着迎接国王的驾临。经过两处检查站，车队来到17公里外的边境站。由于关闭已久，站内相当冷清，我们五辆车的到达立即引来了大批边防警察，他们各就各位。李秘书和温港成、黄海波等上前说明来意，站长客气地请我们将车开进站区，明确表示，只要阿方同意我们入境，摩方毫无问题。早餐时我们曾打了一个赌，猜今天过境要花多少时间，最乐观的估计是2小时，最悲观的猜测是4小时，这时我们都觉得原来想得太复杂了。此时是9时6分，雾散日出，万里晴空。

摄制组当然不会忘记自己的职责，要为这次意义重大的行动留下记录，但在这边境重地又不能造次，所以温港成手提一台小摄像机，若无其事地从车上下来。其实警察马上识破了他的花招，用手势向站长示意。站长却微笑着说："你们要采访得到乌季达去，这里只能远远地拍。"此话一出，温港成索性举起摄像机拍了起来。我趁机问站长能不能与他合影，他爽快地答应了。至此，扎西的大摄像机也用上了，从站区建筑设施一直拍到站长和警察的特写。摩方人员十分友善，站长说："这里就像你们自己的家，我们主要关心对方是否做好了让你们入境的准备。"他和其他官员又询问了车辆是否要通过，并让我们准备护照和报关文件。

9时20分，在站长等人和李秘书的陪同下，我们一行步出摩方关卡，数十米以外树着阿尔及利亚国旗，旁边的牌上写着到奥兰、阿尔及尔的距离，但一根放下的横杆拦住了我们的去路。阿方边检站的官员和警察已经接到摩方通知，来到横杆前。站长和李秘书做了简要介绍，对方客气地与我们握手，然后请我们先退回摩方，等待进一步通知。他们又问了我们的车辆，当得知我们的车辆不必入境时，似乎变得更加轻松。

回到摩方一侧，我们开始与即将回国的温港成、地陪叶凯、翻译尚赛丁等告别，摩方海关人员在核对我们将要携带出境的设备清单，我在估计什么时候车队通过零度经线，到时将拍摄我们从西半球进入东半球的经过。从电话中得知，来接我的车辆已经等候在阿方边检站外，只是无法进来。我们都陶醉在坚冰即将由我们来打破的幸运之中，完全没有想到突如其来的坏消息：阿方通知，他们至今未得到任何部门的指示，所以建议我们返回卡萨布兰卡，从那里乘飞机前往阿尔及尔。

于是，能动用的手机全部启动，许易春给我驻阿使馆，两位全陪给他们事先联系的使馆秘书，又给当地的陪同。阿尔及利亚

与摩洛哥边检站站长合影。左一黄海波、左二我、左三站长、左四李秘书。

的国际长途电话本来就不通畅，情急之下更难接通。到11点多，该联系的都联系上了，还惊动了大使。其实我驻摩使馆早已通过正常途径向阿方提出申请，并且获得了阿外交部和新闻部的同意。现在只能由使馆出面，再向有关部门提出紧急请求。阿尔及利亚与摩洛哥有一小时时差，此时已是午后，找人相当困难。

看来问题一时不会解决，黄海波让叶凯和尤尼斯去城里买来食品和饮料，大家就在边检站院内的树荫下用自助午餐。我们请站长和值班的警察一起用餐，站长表示已经吃过，愉快地要了一瓶可乐，几位警察夹起面包和牛肉，和我们一同进餐。言谈中他们表示希望我们能够成行，也希望边界能够开放。有人说："我们的国王来到边境城市，本身就是一个友好的姿态。我们要将高速公路修到乌季达，当然希望连通阿尔及利亚。"

午后的太阳烤得地面发烫，一部分人在车上休息待命，一部分人还焦急地等待在边检站口。电话里不断传来新的消息，大使亲自致电阿外交部礼宾司副司长，使馆找了新闻部的主管官员，但阿方边检站一直毫无动静。李秘书、温港成、黄海波等在摩方人员陪同下到阿方站前交涉，并且用手机拨通了阿新闻部官员的电话，对方让边检站长听电话，但他拒绝了，要求对方直接给站办公室打电话。问他电话号码，他说新闻部应该知道。再次得到的消息，是新闻部已请内政部给边检站打了电话，同意我们入境，但边检站的答复是他们没有接到这样的电话。我们只能继续等待。

下午4时，已是阿尔及尔政府部门下班时间。我们再次来到阿方站前，看到哨兵已在换岗。不久一位警官出来，先要扎西收起摄像机，然后要我们退回摩方境内检查，留下一位摩方人员听候消息。自然还是毫无音信。

使馆崔秘书在电话中表示，看来今天已经没有办法，建议我们返回乌季达，明天再来试试。但如果明天还是如此，不仅此后的计划都会被打乱，而且摄制队的精力消耗太大。万一阿方不提供入境后的保护，去奥兰途中的安全也成问题。经过了解磋商，温港成与黄海波决定，车队返回乌季达，队员乘今晚9时1刻火车去卡萨布兰卡，明天上午11时半乘阿尔及利亚航班去阿尔及尔。叶凯与尤尼斯连夜将车开往卡萨布兰卡，送温港成赶明早6时半的航班回国，并将行李送往机场。摩方人员都为我们未能成行而遗憾，热情地与我们挥手道别。

是否让我们从边境入境当然是阿尔及利亚方面的主权，他们这样做似乎也是有难言之隐，多年累积起来的矛盾或许难以一朝化解。但是我们还是希望，这座封闭了8年多的关卡能够重新开放，也衷心希望摩洛哥和阿尔及利亚这两个友好国家的人民能够和平相处，自由来往。尽管我们今天的破冰之旅没有成功，但还是值得的。

至乌季达火车站，叶凯及尤尼斯兄弟等驾车送温港成及行李去卡萨布兰卡，我们与尚赛丁等10人乘9时1刻车。至候车室，稍后分批至附近用餐。回候车室发现黄海波正在充电，就以此插座用电脑写今日报道，未毕。近9时登车，与海波、小强、文靖同一室。开车后在许易春室内与一位乌季达大学经济学教授聊了一会儿，又回室内讨论汤文靖所拟解说词。近12时睡。

阿尔及利亚

卡萨布兰卡—阿尔及利亚阿尔及尔

3月12日，星期三　晴间多云

6时余过拉巴特站。稍后黄磐石来找海波，说阿尔及利亚地陪来电索款，称如不先付款就不接待。海波告黄磐石他的公司即将退出，而黄磐石还不知道，事出意外，立即与各方反复通电。7时25分至卡萨布兰卡，小叶来接，仍到Hyatt饭店，在温港成留下的房间中略休息。至对面咖啡馆用早餐，吃烤面包，饮咖啡。又回房间稍候，后到大门前，行李车已到，小叶已取来机票，就登车往机场。行李超重200千克，幸而李秘书出面，黄磐石又及时送礼，塞上随时准备好的手表、笔记本等，竟全免收费，省了上万元。与李秘书、叶凯及尚赛丁、尤尼斯等告别。10时40分办出境手续，在候机室用黄海波的手机给妻打电话，今天是我们的银婚纪念日，上海已是晚上，再不打电话就太晚了。11时登机，11时20分起飞，途中用午餐。当地时间（比摩洛哥早一小时）下午2时20分到阿尔及尔。

等候在阿尔及尔机场入境口时，心中既有陆路入境未成、绕道一天的遗憾，也有对阿尔及利亚变幻莫测的局势的不安。直到使馆崔秘书出现在入境处，悬着的心才放了下来。据他说，昨天边境地区正在打击恐怖分子，情况特殊，所以连内政部都没有办法。

海关对旅客行李盘查很严，本地旅客的行李几乎都被一一打开，我见到两位老人正费力地将散落的物品重新装箱，一旁的女孩不停地哭闹着。但对我们堆得像小山似的二三十件行李却只简单地看了一下，凭着我们的拍摄批文和崔秘书的解释就顺利过关。这时我忽然听到"你好"的声音，原来是几位阿尔及利亚旅客在向我们致意。崔秘书告诉我们，这在阿尔及尔非常普遍。果然在我们的车队经过街头时，不时有人向我们招手致意，"你好"声也常常响起。

地陪领至 Mercure 旅馆，离机场很近。进门都有严格的安检。我住 416 室，进房间后就见桌上放着一张醒目的告示，写着："敬请留意：房间中所有的安全保管处都有技术问题，请务必不要将任何个人财物放在房内。"写毕昨天的报道，又拟致家中邮件、复卢敦基（浙江省社科联人员）邮件，答复他关于所撰《谭其骧传》书名；又裁照片 2 张备用。6 时半出门，同往城中北京餐馆。途中经我使馆，李女士登车，一起上车的还有医疗队长（湖北某医院院长）及其司机。席间黄磐石与司机相谈甚欢，因他与司机都是海员出身。至 9 时余回旅馆。海波嘱即至旅馆商务中心发邮件，回房间稍整理文件。近 10 时去，那里的电脑无法接 USB。回房间将文件移至移动硬盘，再到商务中心则已于 10 时关门。洗衣，洗澡，补日记，整理照片，1 时余睡。

阿尔及尔—提帕萨—阿尔及尔

3月13日，星期四　晴，傍晚有雾

6 时起，稍后用早餐。7 时余至商务中心，杳无人影，稍后去

仍如此，原来告示上的营业时间完全不足信。回房间将准备发的邮件全部移至硬盘，不知今天是否还有机会。8时至大堂，海波见我仅穿了一件马甲，以为不宜出镜，回房间取了一件长袖外衣。又稍候，崔秘书开车到，我与许易春上他的车，闻小强、扎西、李兆波上由阿尔及利亚司机驾驶的车，往提帕萨（Tipasa）古迹，距阿尔及尔城70公里。崔秘书因只知道由使馆去那里的路，让司机带上高速，谁知道司机都是阿尔及利亚土著，来自800公里外的沙漠，既不认得阿尔及尔城里的路，也不识字，不会看路牌，转了半小时后仍回到原地。问路再三，才上高速公路。阿尔及利亚司机开得很慢，崔秘书一再催促也没有用，只能超车驶到他们前面引路，车速才加快。

到提帕萨遗址，凭拍摄许可证联系，有负责人领我们进园内。我们刚开始拍摄，就被一群天真活泼的小学生发现了，他们立即爆发出一片欢呼。我采访了带队的校长，他说学校经常利用周末组织学生参观这样的名胜古迹，让学生了解历史。他向学生介绍我们来自中国，学生中响着热烈的掌声。我问孩子们知道中国吗？他们说知道，老师讲过。来阿尔及利亚后"你好"之声不绝，不像在摩洛哥，都把我们当成日本人。

早在公元前14世纪，腓尼基人就在这一带依山傍海处修建了港口、仓库，还在山腰建了洞穴住宅，逐渐形成一座城市。公元1世纪罗马人征服这座城市后，又兴建很多大型公共建筑，如圣萨尔萨教堂、露天剧场、公共浴池、司法大堂、广场、神庙、恺撒门、亚历山大主教教堂等。公元430年，汪达尔人入侵，城内居民纷纷逃往西班牙。到公元7世纪阿拉伯人占据时,此城几成废墟,此后就被遗弃。直到1854年,提帕萨城的遗址才被发现,陆续进行发掘和保护,1982年列为世界文化遗产。

现在看到的遗址是典型的罗马城市格局。我随着导游参观,扎西不紧不慢地跟着,镜头始终对着我们。先看了斗兽场,看台早已倾圮,但基本范围还看得清楚。又看了神庙与广场,神庙呈长方形,大理石铺的地面基本完好。广场旁有一条大路,沿山坡而下,一直通到海滨。大路两旁都有排水沟,一段路旁边都是商店,商店沿路面都有走廊。再往前是一片住宅区遗址,有著名的弗雷斯科住宅。有18间房屋的遗址,中间的庭园铺着马赛克,可以想象当初的舒适豪华。再往前是公共浴池,有引水系统及加热设施,中庭也铺马赛克,墙壁以石、砂夹砌,据说因为砂可以吸收热量,起调节气温的作用。下台阶是一个小间,有进水、出水口,壁画还隐约可见,似乎是一位裸体男子。我问导游这是男浴室还是女浴室,他说还不清楚。旁边有更小的一间,可能是供儿童用的。我就在现场对着镜头发表评论:公共浴池是城市文明的一大标志,而罗马文明以商业、城市为重大特点。相比之下,中国古代城市中出现公共浴池的时间要晚得多。我想起刚才斗兽场旁边的石碑上有文字,与导游返回观看。他说上面刻的是拉丁文,意思不是很清楚,大概是斗兽英雄的记载。我问为何不继续发掘遗址,他说自从列为世界文化遗产后,政府对发掘已有限制。遗址范围很大,有45公顷。步行到露天剧场要15分钟,还有些点更远,我们安排的时间有限,只能到此为止。出园后随负责人去博物馆取资料，想送他纪念品，小强居然没有带，幸而崔秘书备着。

沿归途驶至尤巴二世王后陵墓，由公路折入登山支路，路旁有指示牌，画着陵墓的形状。远远看去就像是中国一座高大的古墓，走近后看到四周以铁栅环绕，中间是一个高耸的圆形高丘，全部用石块垒成。底层有24根大石柱，四边有门，现已封闭。正面有墓道自地下进入。上层都是用方型石块垒成，层层递减，形成圆形，高可数十米。墓前有巨石垒筑残迹，显然是祭祀性殿堂。墓在山巅，海拔260米，濒地中海，景色甚佳。绕行一周拍摄，我做介绍和评述。

墓主克利奥帕特拉·塞勒涅公元前40年出生于托勒密埃及王国的首都亚历山大里亚，她的母亲克利奥帕特拉七世（埃及艳后）是希腊血统的埃及女王，父亲马克·安东尼是罗马将领。在罗马的屋大维（以后的罗马皇帝奥古斯都）灭托勒密埃及后，她的父母先后自杀，她被作为俘虏押往罗马。公元前26—前20年间，屋大维将塞勒涅嫁给在罗马的阿非利加的努米底亚国王尤巴二世，并立她为努米底亚的女王，与其夫尤巴二世共治。所以她既是王后，也是女王。公元前20年，尤巴王和塞勒涅女王回到努米底亚进行统治，但是没有多久，国内爆发反对他们统治的起义，引发内乱。夫妇俩被迫离开努米底亚，来到毛里塔尼亚（在今摩洛哥北部和阿尔及利亚西部）继续进行统治。他们将新都约尔改名为恺撒利亚，以示对罗马皇帝奥古斯都·恺撒的敬意。塞勒涅对尤巴二世的影响很大，在她的努力下，毛里塔尼亚王国逐步繁荣，成为地中海商品出口和贸易的中心之一，是罗马帝国最发达的附属国之一。

毛里塔尼亚的文化艺术也发展起来，恺撒利亚的建筑和雕刻，包括这座陵墓，还有另一座城市瓦利利（在今摩洛哥）的建筑，综合了古埃及、古希腊和古罗马的建筑风格。

旁边树木中有男女大学生在聚会，正和着音乐唱歌跳舞。他们很大方地接受采访，告诉我这是传统的度假方式。

已近下午1时，我建议请医疗队备便餐，以免途中还要花时间找餐馆用餐，因原来约定的采访时间从2时开始。崔秘书与陈队长通话，要他准备面条就可以了。驶至医疗总队，队长与队员大多已在，女队员盛装准备拍摄。稍坐后至餐厅就餐，意大利面配菜汤、炒鸡蛋、小酱瓜，6人风扫残云吃得精光。先拍了陈队长的办公室兼卧室，由我做采访，队长介绍情况。又拍我由外面进来，到病房。今日周末，平时无门诊，特意请来熟悉的病人，拍施用针灸的镜头。又有阿尔及利亚医学会秘书长，也曾来医疗队就医，谈对我医疗队及中国医学的看法。又拍队员生活、厨师与厨房、打乒乓等。其间在休息室看到凤凰卫视节目，正好有我介绍及此节目的预告。与全队合影后告辞。今年正值我国医疗队来阿尔及利亚45周年，厨师的父亲也担任过医疗队厨师，可谓子承父业。驻阿尔及利亚医疗队最多时有百余人，现在还有近百人。队长室中有一张地图，标志着曾派过医疗队的地点，阿尔及利亚北部几乎点满，在东南靠近撒哈拉沙漠的地方也有一处。

回阿尔及尔城。在我国驻阿尔及利亚使馆前的一条街上，路口两旁都钉着一块蓝白两色的路牌，上面用阿拉伯文和法文写着"北京路"。这是在周恩来总理来访时，阿尔及尔人民为了表达对中国人民的友好感情而特意命名的。街的两旁大多是外交机构，行人不多。我正在寻找采访对象时，突然从一辆路过的小汽车上传来"你好"，虽然我们的镜头来不及对准，但已录下了他们友好的声音。

至使馆，得知黄磐石与杨波二人已离去，黄海波将过来，汤文靖留着编片子。到文化处休息，用这里的电脑收邮件。满志敏来邮件告贝明远（"中国历史地理信息系统"CHGIS美国哈佛大学方面项目协调人）提出将1911年地图做全，先不必做GIS，又要求明年6月前完成，满志敏以为不可能。因无法接插件，以英文回复，嘱以我名义拒绝。阅女儿邮件，又收周筱赟发来附件。看到凤凰网上三线报道。扎西等去烈士塔一带拍摄，稍后就返回，因警察不许。海波却一直没有回来，后来得知果然又是司机迷路。

5时半至官邸会晤王旺生大使及参赞，由我做访谈。"在阿尔及利亚还没有取得完全独立的情况下，中国就与阿尔及利亚建交，并且坚决支持阿尔及利亚人民的民族解放斗争，在朝鲜战争结束不久、国内百废待兴的情况下，向他们提供了宝贵的援助。"王大使的一席话引起了我的回忆，从20世纪50年代末起，阿尔及利亚的民族解放运动、抗法战争、本·贝拉、布迈丁、中阿友谊、周总理两次访问、第二次亚非会议、阿尔及利亚等国一次次提出恢复中国在联合国合法席位的提案……都曾是我国报刊上经常性的话题，我对阿尔及利亚的第一印象，就来自当时放映的一部反映阿尔及利亚民族解放斗争的彩色纪录片。以至于我在汽车上忽然见到路标上写着"松树俱乐部"时，也会想起有关的报道。半个世纪过去了，当年中阿双方的领袖大多已成为历史人物，但现任阿尔及利亚总统就是27岁就担任外长、我们这一代人熟悉的布特弗利卡。更重要的是，这一段历史已经深入人心，即使时过境迁，"你好，中国人民"依然在阿尔及利亚人民中流传。

其间海波来。至餐厅，王大使与参赞宴请，崔秘书作陪。中餐甚佳，离京后首次享用。毕后至休息室闲谈，许易春与王大使曾为我驻叙利亚使馆同人，相谈甚洽。至大会议室，晤使馆全体人员，有去年方毕业的，有今天刚从北京返回的，几个人已年过五十，共20余人。王大使主持，黄海波略做介绍，我谈观感。座谈时有人问到上海世博会建设、磁悬浮列车项目、京沪房价等。近9时辞归。

到旅馆后先备硬盘，至商务中心试用，硬盘也无法连接。稍后黄海波来找，讨论安排，又议论闻小强、汤文靖所编的片子。确定明天早上8时半出行李，9时出发，因警察9时方能到。离开阿尔及尔出行都必须由警察护送，前天我们就定下明天去君士坦丁，地陪巴列姆按照当局规定，在今天向警察局申报。我问他为什么不可早些通知警察，他说按规定只能提前一天。整理照片后想写报道，极累，洗澡后睡，2时。

阿尔及尔—君士坦丁

3月14日，星期五　上午阴间多云，下午转晴间多云

近7时起，整理行李后用早餐。8时半送出行李，补日记。9

时已到，警察却迟迟没有出现，让巴列姆打电话催促也没有下文。我们问为什么不能先走，他解释说，如果是一般的旅游者是可以的，但像我们这样由官方安排的人就不行，一定得有警察护送，否则到了前面的关卡也会被拦住。等着等着，还不见警察的踪影，黄海波让巴列姆带他到警察局去，回来说因为是周末，警察还没有上班。9时50分，我们决定出发，巴列姆只得听从。车队离城不远，就见到一些路口都站着荷枪实弹的警察或军人，有些地方还停着装甲车。在经过一个峡谷时，我看到两边的山口都已建了永久性的岗楼，穿着防弹衣、背着冲锋枪的军人警惕地盘查着过往车辆。不过，无论哪类军警过我们中国人都相当友好，即使忙于执勤，只要见到我举手致意，必定立即回礼。

公路两侧都是大片的果园，有的挂满了沉甸甸的柑橘，有的怒放着洁白的梨花，橄榄树一派葱绿，紫色的苜蓿和不知名的野花装点得遍地锦绣。不时可以看到果农在路边支起一个木架，将柑橘和野果铺在绿叶上，等待顾客挑选，远远望去就像一个立体的花圃。要是没有恐怖活动，没有爆炸和枪弹的威胁，我真想停下车来，尽情地享受这宁静而多彩的田园风光，品尝刚摘下的水果，或者与果农聊聊家常。但如今，我们只求平安到达，连停车拍照都已成奢望。

本来以为已经有了如此多的军警沿途警戒，可以不必麻烦警察保护了，但到11时半，我们还是被截在一座小城附近，原来导游接过电话，要我们立即返回小城。车队驶入城中狭窄的十字路口，顿时将交通堵塞，但交通警还是要我们停车待命，他正在用对讲机与警察联系。不多时,一辆黑色雷诺小车驶来,车上的便衣警察与导游简单交谈后就指挥车队跟上,小车一启动,就警笛大作,带着我们四辆车呼啸而前。原来这是波维拉省的省会,由此往前就是敏感地区,非有警察护送不可。到下午6时我们进入君士坦丁市,一路换了五辆警车,每到一地,前面接班的警车已经在路旁待命。偶然前一站的警车尚未赶到,护送的警车必定不会离开。

快1点时,我们都已饥肠辘辘,但只能通过导游与警车商量,能否就近找一个安全的餐馆。幸而到了警察换班的时候,而路旁正好有一家小餐馆,警察同意我们在此用餐。餐厅的侍者只会说当地土话,许易春的标准阿拉伯语无济于事,大家只能口技和形体动作并用,一阵鸡叫和羊咩后,端上了烤鸡,羊肉却不见踪影,比画再三,才明白羊肉卖完了。我摇动手掌,作鱼尾摆动状,侍者大概明白我是要吃鱼,两手一摊表示没有。餐毕出门,见一位背着一支冲锋枪的警察已在等候。看他一副慈眉善眼,我问能否与他照个相,他一把将我和海波拉在身边。他见我紧盯着他的枪,就问:"要一要试一试?"还没有等我回答,他就将枪套在我的脖子上。好家伙,挺沉的,我怕一不小心走火,轻轻地将枪移一下位置就赶紧照相。还是海波大胆,将枪斜放在肩上做了一个对空射击的姿势。

公路的海拔高度又升至1000米余,左侧是一列雪山,下面是草地,到处是羊,牛很少见。离君士坦丁数十公里时地势逐渐降低,到城时海拔已降至600余米。入城前停车拍摄,在城中又停了一次。

近6时入住 Merida 旅馆,据说是城中最好者。这是一座古旧建筑，房内陈设也颇古雅，只是相当陈旧。我住418室。今天是周末，行李员不上班，只得由我们自己搬进房间，花了不少时间。稍后海波招至401室，与陪同、导游商议，小强、易春、扎西也在。小强与易春分别与医疗队联系，但没有警察保护就无法外出。最后商定以拍摄Maluf音乐及桥为主，约定9时与音乐人见面。即到楼下餐厅用晚餐。知道旅馆没有办法上网，外边虽有网吧，但周末晚上都已经关门。9时至401室，导游带音乐人来，听他介绍。我问他的身世，因自幼受其长兄影响，现在以音乐为业，除录CD及唱片出售外，又演出及授课。问他此音乐的来历，说是受安达卢西亚影响。问他乐器中怎么会有小提琴，他说小提琴本来就是阿拉伯乐器，传入欧洲。何况演出时的用法与欧洲人不同，因同时需要演唱，所以是放在膝盖上，而不是夹在肩上。约定明下午拍摄他录音、准备演出及授课。海波说明拍摄没有报酬，只赠送点小礼品，他表示理解。音乐人去后又讨论了安排细节。今天所乘车的安全带很脏，上衣被沾污，洗衣，洗澡。稍补写了点日记就觉疲倦，1时半睡。

君士坦丁

3月15日，星期六　晴间多云，夜雨

5时余醒，延至6时起，整理照片。早餐很简单，但还是有牛

奶、果汁、咖啡。汤文靖留在旅馆编片子，其他人分乘三车，原定8时半出发，一位虎背熊腰的便衣警察稍后方到，此后就与我们寸步不离。

君士坦丁城内街道狭窄，高低起伏，不用说停车，就是会车都相当困难。但有了这位警察，只要我们想停车，他就立即当起交警。我们的车在城里转了一圈又一圈，要不是他开道挡车，大概早已给堵在路上。先到博物馆，路极狭，越野也无法一次转成弯，得倒车两次。幸而有这位警察在，得以通行无阻，自由停车。到后才知道导游记错了，今日实际是闭馆。易春要了阿拉伯文、法文资料，约定明天上午再去。

驶至城最高点，海拔696米。山巅有一座凯旋门，石壁上镌刻着抗法烈士名录。在这里可俯瞰层次分明的桥梁和道路，拍摄我采访导游，还拍了外景。

真巧，我们住的旅馆名为锡尔塔（Cirta），这是公元前3世纪柏柏尔人马西尼萨创建的努米底亚国的首都，也是目前所知在君士坦丁地区最早的城市。登上海拔696米高的山头，我们看到了这片最早的城址，它高踞山巅，傲然耸立，的确易守难攻，不愧为一座要塞。山谷中流水喧腾，远望道路曲折，四周群峰环绕，这里距地中海百余公里，有河流相通，也可通过山谷和隘口连接两翼和腹地。当年马西尼萨能够周旋于迦太基与罗马之间，不仅能在罗马战败迦太基后继续存在，还将其疆域扩展到今阿尔及利亚北部和突尼斯，都城的优越位置和有利形势无疑是重要因素。也正因为如此，2000多年来这块土地的其他主人也都在此建都设城，

在君士坦丁城内桥上采访导游。

直到20世纪,阿尔及利亚民族解放运动还以君士坦丁为基地抗击法国殖民军,迫使敌军数易主帅,铩羽而归。

不过事情总有另一面,险峻的地势和狭窄的空间也制约了城市的发展,影响了居民的生活。尤其是在古代,这些山峰的下部森林密布,野兽出没,溪流环绕,相互间的联系相当困难。于是连接各座山峰的桥应运而生,成为君士坦丁城不可或缺的设施,也成为防御外敌的入侵的隘口。

经过千年风霜,我们已经无法找到当年最早的跨山大桥,当地人也说不清最早的桥建于何时。今天构成这座城市交通系统的桥梁大多建于19世纪后,都是现代的钢结构或钢筋混凝土桥。但因地形地势和功能不同,还是有石拱桥、悬索桥、吊桥、高架桥等不同类型,有的能双向通行汽车,有的只能单向行车,有的仅供步行,有的有电梯上下,有的与隧道相连,有的直逼悬崖,有的横跨峡谷，有的高悬云端，有的蜿蜒闹市。有一座桥就名为电梯桥，桥两端却见不到电梯，原来初建成时靠旧城这一头是有电梯上下的，现存虽已没有电梯，名字却沿用下来了。最高的桥离地300多米，最长的桥由20多个拱相连而成，桥面呈曲线形。市中心不时可看到多层高低不同的桥，游人站在这座桥上观赏桥下的风景，却正好进了上面那座桥上摄影者的镜头。

中午在一餐馆用午餐，仅花40分钟，从来没有这么快过。休息时我问警察，要是发生意外怎么办，他立即将我一把拖到身后，拍拍腰里的手枪，做了一个射击的姿势。驶至城边，要由下往上拍摄那座高桥，警察坚持不许，说那里是多事地区，安全没有保证。商量再三，他同意去一辆车，还要征求当地值勤警察的意见。果然，路边和前面路口站着好些警察。交涉后商定仅扎西、易春与李兆波三人合坐一辆车，由他随拍摄车下山。我们就在车中休息，小睡片刻，待那辆车回来后一起回旅馆。已下午2时半，定3时出发。今天拍了很多照片，抓紧时间整理。

3时那位乐师来，扎西、易春拍摄，我等在门厅。稍后发车，我们一行驶至午间用餐的餐馆，乐师所约的人陆续到来。餐厅一角布置了一个小台，各人在做准备。5时余开始演出，共七人，分别用手鼓、长鼓、曼陀铃、小提琴（乐师本人）、中提琴、短笛。一曲演毕，扎西嫌他们表情过于紧张，乐师说因为这首乐曲主题严肃，只能如此。又请他们唱了一首与CD中所录相同的曲子，乐师领唱，其他人和声合唱。演完后乐师说学生们已等久了，立即一起去学校，行前扎西又补了我欣赏音乐的镜头。到学校，就在博物馆附近，扎西等拍摄，我与海波到旁边的网吧，但也没有开通 Hotmail 上我的网页，不知何故。返回餐馆，因下午曾拍摄厨师，所以服务特别殷勤，色拉外，主菜二道，一烤鱼，一"咕斯咕斯"，另加水果、饮料，花费约一百美元。

回到旅馆，洗衣，洗澡洗发。正准备写作，海波来找，就一起到楼下酒吧喝啤酒。至 11 时酒吧关门，移至门厅，又招来汤文靖及许易春。海波谈安排，如合作顺利，准备就与这家旅行社签直至坦桑尼亚的合同，这里的导游至少可以陪至埃及。谈及黄磐石，他认为至少做了一件好事：于卡萨布兰卡机场时及时送礼，超重 200 千克的行李得以免费，省了上万元。又告诉我们他联系的旅行社可以继续使用，不像其他线一切都要更换。12 时余散，回房间整理录音。毕后已觉疲倦，即睡，2 时。

君士坦丁——安纳巴

3月16日，星期日　晨雨已止，阴间多云

7 时半起，早餐后补日记。9 时听到叩门声，出门却未见到人，正在走廊的侍者示意是海波房间，以为他招我下楼。即下楼，到大门前，易春等正准备出发，没有什么事。至餐厅，海波正用早餐，也无事，稍闲谈。回房间补日记毕，又续写致家邮件。9 时半海波来招，说车上贴标志很费事，阿尔及利亚司机无法帮忙，我

阿尔及利亚

答应就去。又告诉我外面很冷，要多穿衣服。随他到街侧台阶下，拍片的人也回来了，就一起将标志贴在三辆车上。天气真的很冷，站在背阳处更受不了。至12时余，回房间整理行李。

近下午1时发车，警车前导，先至两座桥转了一圈，扎西补拍车队驶过桥的镜头。四车并行，又贴有标志，路人纷纷注目，听到不少"你好"声。至一餐馆用午餐，厨师动作很快，味道也不错。2时5分至城外，昨天随行的警察至此告别。

警车前导驶往安纳巴（Annaba），地势逐渐降低。今天与汤文靖乘一车，前座也很宽敞，没多久就睡着。2时35分至一处停车，警车换班。4时5分至安纳巴，警车前导，招摇入城。住Seybouse旅馆，号称五星，实际很陈旧，住325室。5点半在旅馆安顿好后，与海波、小强三人想去附近网吧收发邮件。经导游与警察联系，同意我们去，但要导游带上两位阿尔及利亚司机陪同。其实不过百来米距离，但他们三人毫不怠慢，一直跟着我们。网吧的电脑也都是Windows98系统，无法用USB插件。收包弼德（哈佛大学东亚系教授，CHGIS项目美方负责人）邮件，当即回复，并转满志敏。以英文给女儿写了一封邮件。收周筱赟邮件，无法读出，以英文回复。

6时50分返回，7时至14楼用餐，尚未开，至13楼用茶。7时半至餐厅，海波所存现金还不少，说今天晚餐可稍豪华，用鱼、卷饼、羊肉、甜点、水果，配红酒、啤酒。回房间稍坐，即往旁边房间听文靖、小强写的解说词。11时半结束，洗澡，补全日记。写《你好，阿尔及利亚》一文，千余字，至2时余睡。

突尼斯

安纳巴—突尼斯突尼斯城

3月17日，星期一　晨阴有雨，上午转多云

6时半起，整理行李后至底层用早餐。7时50分出行李，警车已到。8时即出发，仍由警车前导，招摇过市。至加油站稍停，至8时半换警车，途中换四次。过大片湿地，据称是联合国确保的自然保护区，白色候鸟很多，如红嘴鸥，都在电线杆及树上筑巢，遍处皆是。近边境时，警车误以为我们将去一处由中国企业承建的石油管道工地，到后方知误会，但在场都是阿尔及利亚人，没有见到中方人员。10时5分到边境检查站，有几个人正在办出境手续。我在车中休息等待，一位警官特意来找"Doctor"，原来他已经完成了护送任务，向我告别。我向他郑重致谢，一再向远去的警车挥手道别。

边检警察很友善，导游稍做介绍，就由每人填写入境卡。阿尔及利亚司机也需要填写，只是他们不必办签证，因为突尼斯与阿尔及利亚都属于马格里布国家。边检站位于海拔400余米处，面临地中海。

至11时22分出阿尔及利亚国境，旁边竖着一块牌子，写着"欢迎来突尼斯"，此后是一片隔离区，只见几个农夫在打柴。公路顺山势而下，43分到突尼斯边检站，是一座单层建筑，门前挂着突尼斯国旗，有横杆挡路。突尼斯警察也很友善，升起横杆后引导我们办手续。会见地陪男女各一人，女性是意大利人，能说英语。海

波与易春办手续，填入境卡，我等留在车里等待，抓紧时间写日记。

至12时余入境，沿公路驶至一座海滨小城。用午餐，有鱼，后来听说价格很贵。司机还是阿尔及利亚人，进入突尼斯后开得很慢，直至6时余方至突尼斯城，原定会见旅游部官员事宜，因而取消，改在明天上午。住希尔顿饭店109室。海波招至他房间议日程及安排，其间使馆顾参赞与刘忠泽来谈。

晚8时至布尔吉巴大街巴格达饭店用餐，刘忠泽也来。毕后归旅馆，与总台联系于房内接入网线，技工来房接电话线，屡试未成。至总台及商务中心询问，都不得要领，不得已而止。补写《你好，阿尔及利亚》一文毕，洗澡后睡，2时余。

突尼斯边检站

突尼斯城—西迪·布·撒以德—突尼斯城

3月18日，星期二　阴间多云

6时半起，7时45分出门。先来到一高处，想拍摄城市全景，效果不佳，未拍成。入城，到法国大使馆对面一座教堂，扎西在这里拍街景。候至9时余到旅游部，会晤一位女负责人，与她商议在突尼斯的日程及需要解决的问题。

驶至巴赫多博物馆，这是非洲第二大博物馆，仅次于开罗博物馆，收藏的罗马马赛克（镶嵌画）应属世界之最。我边参观边发表意见和评论，扎西跟拍。女导游汪蒂雅（这是我给她取的中文名字）陪同，英语很好，表述也很简洁。此馆可谓集罗马马赛克之大成、之最，最大的一幅有135平方米，为世界之最。还有最早的，最美的，目不暇给。栩栩如生的动物画、静物画、人物画，富丽堂皇的地毯、挂毯、壁毯，最佳者，无论描绘的是神话、宗教、历史、生活，其实都是用细小的彩色大理石片镶嵌拼接起来的，用巧夺天工似乎已不足以形容了。博物馆中其他展品很多，古罗马的雕塑也极精彩，可惜今天的日程太紧，只能集中看罗马马赛克了。

驶至旧城，海波也过来了。突尼斯城在1979年已列为世界文化遗产，但比起我们已经看过的阿拉伯旧城，这一带并无太多特色，大多是室内市场，我们转了一圈就离开了。旁边的建筑物是突尼斯的政府机构，有国防部等，但不许摄影，不知什么缘故。海波尝了路旁小店所制煎饼，以为不错，就以煎饼为午餐，我特意关照厨师在我要的饼中不要放辣。每人也花了近2美元。就便在路边咖啡座用餐,其他人用可乐,我要了一杯茶。

下午去西迪·布·撒以德(Sidi Bou Said)小镇,离城约20公里。途中我与小强先到附近的迦太基遗址转了一下,准备明天的拍摄。停车镇外,因汽车不能进入,沿着台阶上坡。小镇上的建筑物都是纯白色,配的门框窗框都是天蓝色,雅致而悦目,因而被称为蓝色小镇或蓝白小镇。事先看到照片,背景是蔚蓝的晴空和深蓝的地中海水,比希腊海岛的景观更具观赏性。可惜今天阴间多云,没有蓝天白云,地中海水也呈灰暗,我们只能将镜头对着街景。镇中有一家咖啡馆,据称建于17世纪,是镇上最早的。转到街道尽头还有一家咖啡馆,被称为阶梯咖啡馆。门前是一片台阶,面对大海,坐在台阶上边喝咖啡边看海景,是观赏海上夕阳的首选地。沿街都是各种小商店,还有几家画廊。有台阶通至海边,俯视海面,停满各式游艇,大概因为天气不太适宜,都没有出海。好几位游客在试吸大水烟筒,用炭火燃烟,用长管子引水,形制奇特,与平时所见阿拉伯人吸的水烟不同。还有人以隼招引游者,他将隼放在许易春臂上,海波对着拍了一张照,马上被索取2第纳尔。最后采访那家最早的咖啡馆店主,又拍了馆内。我到对面一家店里买皮面具,索价每个30第纳尔,后以10美元买了两个。

返回旅馆稍休息,整理照片。晚7时出发,至旧城。下车后沿着小巷步行,忽然见一位老人手持马灯等在路旁,导游说他就是餐馆来接我们者。跟着他到餐馆门前,老人叩门环,门应声而开,入内后经过一个门厅,进入大堂,旁边有一位乐师在奏乐,稍后

蓝色小镇

又吟唱，声音悠扬。上楼参观，回廊四周是一个个小间，布置都极其华丽。楼梯上挂着马具和刀枪，问其缘故，得知此楼本是土耳其人所建，所以保存了他们的尚武遗风。开席，主菜是"咕斯咕斯"，味平平而量很大，没有一个人吃得完。又用甜品，还不错。原价每人50美元，导游说因为我们今天还要拍摄，减半收每人25美元。海波让扎西拍摄乐师吟唱，我觉得比上次在君士坦丁拍到的更有感染力。出门后见老人已提着灯等在旁边，与他合影，得知他已64岁，又把我们一行送到巷口。

回旅馆后至商务中心收发邮件，无人管理，屡试不成。找来一人，也无济于事，说明天来可能就好用了。回房间整理照片，补写邮件，2时余睡。

突尼斯城

3月19日，星期三　多云间晴

6时余起，洗澡洗发。至商务中心，先试用Hotmail，还是不成功。找来一位技师，总算接通了，但无法下载附件，也不能发出。问他原因，也讲不出所以然。已经8时20分，即用早餐。

9时出发，去迦太基遗址。这里曾经是迦太基帝国的首都，持续繁荣了近6个世纪。

公元前814年，以航海、经商著称的腓尼基人开始兴建迦太基城,在先后征服了北非沿地中海地区和西西里岛、撒丁岛、科西嘉岛后,几乎垄断了西地中海的商业,形成强盛的迦太基帝国。公元前264年,迦太基与罗马帝国之间发生第一次布匿战争(罗马人称迦太基为"布匿"),至公元前241年迦太基海军为罗马打败,次年不得不割让西西里岛,并付出战争赔款。公元前218年,迦太基统帅汉尼拔进攻罗马帝国,在获得多次胜利后,却于公元前202年兵败扎玛,第二次布匿战争又以迦太基的惨败而告终。公元前149年,罗马帝国出兵镇压迦太基人的反抗,三年后攻破迦太基城,巷战至死的迦太基人达8万多。罗马将领小西庇阿大肆劫掠,然后纵火焚烧,大火燃烧了十六个昼夜,迦太基城被夷为平地。罗马人又在废墟上重建新城,成为罗马帝国阿非利加省的首府。新城有壮观的圆形竞技场、豪华舒适的安东尼浴室、长约百里的石构渡槽、巨大的马尔加蓄水池和著名的剧场。公元439年,汪达尔人侵占了迦太基城。534年又成为拜占庭帝国的属地。7世纪末,名将哈萨尼·本·努尔曼统率的阿拉伯军队击败拜占庭军队后占据迦太基。因阿拉伯非洲总督的首府设在凯鲁万,迦太基从此日渐衰败,至近代已只留下遗址。1979年被列入世界文化遗产名录。

将到时停车于一个遗址前,本想拍摄,但闻小强建议应先拍中心区,就停止了。到主要遗址区后,先在下层拍腓尼基人和墓地,再拍他们的工场及民居,据导游介绍,这一带城市的发展经历的这三个阶段,即先有民居,然后有了工场,再形成墓地。墓地中有以整块岩石凿成长方形棺材的,也有用巨石堆砌成的,后者是受了柏柏尔人葬式的影响。在迦太基遗址上形成的平台就是

安东尼浴室的大理石残梁

罗马人的建筑群,如今只有几根残缺的石柱。但从这几根石柱的规格和布局中,依然可以想象当初这片罗马建筑的宏大气势,我在现场发表了自己的观感。中间海波来了,他的拍摄方案与小强意见不同。我坚持在这里谈地中海对历史发展的意义,因为再往前找不到更合适的地点。

进入博物馆,拍了根据遗址的残存复原的罗马建筑模型,一具腓尼基青年的完整遗骸及其随葬品。这是法国考古学家于1994

年发掘到的，有他的指甲、爱犬的骨灰、装饰品、玉器、油灯等日用品。青年身高170厘米，年纪在19—24岁间。博物馆的展品很丰富，但我们的日程太紧，只能拍了这一角。

至一街上餐馆午餐，用意大利海鲜面，每盘7第纳尔，加上饮料，5个人花了50第纳尔。

下午到安东尼浴室，实际是罗马人的公共浴室，因在罗马皇帝安东尼（138—161年在位）执政期间所建而得名。据介绍整个浴室占地面积35000平方米，像一个巨型体育馆，规格为北非第一、世界第三（第一、二都在意大利）。现在见到的都是当初的地下室，主要是管道、供水、加热设施。本来建有10米高的渡槽，将水从60公里外引来。地面建筑荡然无存，只剩下高柱、柱础和残梁。在大理石残梁上刻着安东尼的名字，是建于他执政期间的证据。

残柱大多为大理石，白色的产于意大利，绿色的产于本地。还有花岗石柱。据考古发掘，地面有一个20米宽的游泳池，有3个浴室，室内水温分别为50度、25度及冷水不等。实际不仅是浴室，也是娱乐休闲和餐饮社交的场所。罗马人在这里流连终日，可洗浴游泳，可读书交谊，可宴饮享乐。

旁边就是突尼斯总统官邸，戒备森严，预先告诉我们不能拍摄。扎西刚架好机器，就有警察过来干预，说已经对着这个方向拍了，要检查录像带，被我们拒绝，又由易春交涉了一番才作罢。拍完地下部分回到地面，已至滨海，石柱挺立很壮观，扎西拍摄后又有特警过来说他见到我们拍了总统官邸，并用对讲机招上司过来。导游和易春与他交涉。我们想先离开，导游说不行，否则

迦太基遗址

他会无法脱身,无奈只能留下等候。约半小时上司的车到,易春做了说明,他表示欢迎,称下属缺乏见识大惊小怪。

遗址旁有一画室,不一会儿来了一位画家和一位老太。画家姓杨,自称来自成都外语学院,毕业于张家口解放军外国语学院首届阿拉伯语班,来此已三年。画家称与他与蓝色小镇上的画廊无关,这画室的主人是位摄影师,是生于斯长于斯的突尼斯人。小强对他做了采访,并拍摄了他的幻灯片及活动。

回旅馆后即外出就餐,到城内好莱坞餐厅,仍用意大利面,量大，价格也比较便宜。归途换车，与海波、文靖、易春随导游至午餐时所到街上网吧发邮件。收女儿邮件，以英文回复，又以英文回复陆灏，通知他将另发传真。回房间整理邮件，准备明日再试。很倦，稍看新闻，美国将开战。12时半睡。

突尼斯城

3月20日，星期四　晴

8时醒，新闻报道美军已对伊拉克开战。将邮件移至硬盘，又做备份。9时早餐，遇汤文靖，告诉他美军开战的消息，他还不知道。餐后又去商务中心试发邮件，想找技师来，总台说今天休假，可自由使用，只是无人服务。开电脑试发，还是无法开Hotmail，以Yahoo试发，只是不知道是否已发出。到文靖房间告诉他，他也不知道办法，只有等许易春来。到海波房间，得知朱邦造大使下午3时半约见，告诉他我有私事要发一份传真。续写日记，整理邮件准备再试发。

近1时海波来电，即一同外出午餐，还有汤文靖及阿丽亚娜（女导游）。至旧城一小餐馆，用色拉、烤羊肉。餐后又去取所制作的标志，因为恐怕往前走大众不认识我们车队，特意制作了阿拉伯文的"中国"标志，贴在车上醒目的地方。回房间后整理电脑上的磁盘，因近日速度很慢，而且常常不能正常启动。

3时1刻至大门前,刘忠泽来车接。至我驻突尼斯使馆,顾参赞已在,得知这幢楼就是当年隆美尔的总部,现在已是突尼斯的保护建筑,我们只能租用。稍后朱邦造大使到,以前他作为外交部发言人时经常在电视上见到,所以并无陌生的感觉。于客厅晤谈,合影。朱大使谈及我国援助突尼斯的引水工程,突尼斯人都称之为中国工程,影响甚大。日前他刚会晤突尼斯高官,本来准备率团访华,现因伊拉克战事而推迟。这位高官说突尼斯外交奉行中庸路线。

至文化处收发邮件,因为可以用中文,回复了王振忠(本所同人)、陆灏、周筱赟、吴滔、卢敦基等,读满志敏致包弼德、周筱

与朱邦造大使合影

赟、女儿、任汉生（郑州一位读者）的邮件，所积邮件全部发出。5时3刻回旅馆，拟致陆灏委托书，传真发出。又写日记。晚7时看电视，CNN直播巴格达战事。

7时半至门前，刘忠泽与其妻许某来，与文靖乘他们的车，其他人另乘车，扎西与小强留旅馆用自助餐。至国宾馆附近滨海一餐馆，名"大蓝"，即大海的意思。用狼鱼，法式烹调，味甚佳，佐以白葡萄酒。许某很健谈，餐后朗诵她所译诗稿，文靖说可用于节目，邀她至旅馆录像。步至平台，月色极佳，地中海波平如湖，好久未见如此美景。海上明月，真是景中极致。返回已11时，看新闻，洗澡，写日记。

突尼斯城—凯鲁万—杰姆—斯法克斯

3月21日，星期五　晴间多云

6时半起。8时出发，车队离开突尼斯城，向东南方向驶起。9点40分，在一片古城墙上出现了一座三层塔，我们来到了北非最早的清真寺——建于公元694年的凯鲁万（Kairouan）大清真寺。

从外表看，从墙基到塔顶，都是清一色的米黄色，完全是用同种石料建成。穿过拱形的大门，就可以看到一个回廊围着的长方形广场。回廊和大堂都是由一排排石柱支撑着一道道拱券，大堂与宣礼塔隔着广场遥遥相望。7世纪末的阿拉伯建筑还保持着相当简朴的风格，现在普遍用于清真寺装饰的马赛克还没有产生，所以内部几乎没有什么装饰。但回廊的石柱却大多是大理石的，还有一些是花岗石。仔细看去，不仅柱子与柱础的高度不尽相同，柱头也有不同的纹饰和形状，原来这些都是从迦太基建筑、罗马建筑或其他建筑的废墟上拆迁来的。在塔下的墙基上，还可以看到几块石碑残片，上面有两处汉尼拔的名字，公元3世纪的罗马建筑在7世纪的阿拉伯建筑中延续至今。从罗马人毁灭迦太基城开始，每一个新文明、新王朝的兴起，都少不了对原存文明的巨大破坏，但旧的文明却顽强地在新文明中找到自己的位置，甚至成为新文明的一部分。

广场上全部铺着石板，并略为向中心倾斜。通过中心的集水孔，可以将落在广场的雨水全部汇集到地下的蓄水池，这不仅为这个缺水地区增加了水源，而且就地解决了信徒礼拜前净身的用水。在这个集水口附近就有一口水井，由于汲水绳的长期摩擦，石井栏已经被磨出一道道深槽，记录着这座古寺悠久的岁月。

清真寺、居民区和市场是任何一座阿拉伯城市所不可或缺的三个组成部分，凯鲁万旧城的居民区和市场就在大清真寺旁。与我们到过的其他阿拉伯旧城相比，凯鲁万旧城显得格外素雅和宁静，尽管商店里的传统工艺品同样琳琅满目，本地特产的地毯更是花团锦簇。这大概是由于这座旧城更多地保持着原始风貌，建筑物的基色主要是白蓝两色，清真寺的外墙也保持着米黄的本色。

不过给我留下最深印象的，还是城中那座始建于公元796年的巴鲁塔水房。"巴鲁塔"的含义已经无人知晓，但水房还保持着初建时的格局。每天清晨，一头骆驼被牵着走上楼梯，来到楼上的水车旁，然后拉着水车一圈圈地转动。一个直径近2米的木轮上挂着3个葫芦样的水瓶，每转一圈就灌满了水，站在旁边的管水人不停地将水倒入水缸。一千多年来，城里的人就是这样从地下获得生命的源泉。日复一日，年复一年，一头头骆驼就这样一圈圈地转，一个个管水人就这样一瓶瓶地倒，生命在繁衍，城市在进步，文明在延续。如今，城里人已不需要用这样的方法汲水，但白发的管水人、披红挂彩的骆驼和古拙的水车在静静地诉说历史。

下午1点半，罗马竞技场巨大的身影出现在杰姆（El Jem）小城。我们还没有吃午饭，就选了一家面对竞技场的小餐馆。面对着这座1700多年前的宏伟建筑，我忍不住先拍了几张照片，但无论我选哪一个角度，退到多远，总无法拍下它的全貌。这座圆形竞技场在现存的同类建筑中列世界第四、北非第二，但其完好程度足以与其他三座比美。步入巨大的拱门，就可以沿着不同的通道或阶梯到达三层看台，看台底下都有环形走廊相通。看台中央是用高高的护墙隔开的圆形角斗平台，用于角斗的猛兽则关在地下室的笼中，到时用绳索将兽笼吊上平台。

内外墙的每一块石头上都打着三角形的孔，用于固定贴在外面的大理石板。当年竞技场的内外都贴满产自西西里岛的白色大理石，其雍容华贵可以想见。但正是在这座洁白的殿堂中，在成千上万观众的欢呼声中，一场猛兽与人类间的残酷搏斗，并且都必须出现你死我活或同归于尽的血腥结果，文明与野蛮都被推上极致。无情的岁月沧桑已使大理石荡然无存，也洗尽了人与兽的

杰姆的罗马竞技场

鲜血和骨骸,只有竞技场雄浑的躯体顽强地支撑着。尽管经历了汪达尔人、阿拉伯人和土耳其人的几次破坏,终于以世界文化遗产的身份获得了全人类的珍视,将与历史同在。

  下午4时,车队继续向突尼斯第二大城斯法克斯(Sfax)驶去,等待我们的是突尼斯南部的瑰丽风光和柏柏尔人的独特文化。傍晚到达斯法克斯,住 Abou Naouass 旅馆604室。7时外出用晚餐,至一旅游定点餐馆,用意大利海鲜面,口味重,还可以接受,每人花10第纳尔。回房间后即写出今天途中的报道,洗澡洗发,看电视新闻,2时半睡。

斯法克斯—托泽尔

3月22日，星期六　晴

6时40分起，8时出发。不久就经过一座二战时的英军墓地。昨天入城前及今出城后沿公路都是橄榄树林，绵延不绝，是突尼斯橄榄的主要产地，停车拍摄。10时余后开始见到一片片荒漠，午间至加夫萨，在一家旅游饭店用快餐，不到40分钟，是来非洲后速度最快的一次。午后已经在沙漠中穿行，公路两旁密布一道道草编的沙障，尽管如此，一层大风吹过，流沙还会越过沙障，形成滚滚沙涛，就像狂风卷着大雨一样。强烈的阳光透过墨镜还有些灼眼，坐在向阳的座位上也有感到燥热，而现在正是这里一年中气候最宜人的时节。下午2时20分至托泽尔（Tozeur），住Sofitel Palm Beach旅馆，相当豪华舒适。

2时50分出门，海波已与阿丽亚娜往山中找明天的拍摄对象，小强留在旅馆，由汤文靖代当导演。进入旧城，由汪蒂雅及当地导游介绍建筑物的特点、门、巷。参观了一所民俗博物馆，有厨房、卧室、客厅及院中农具等。接待员临时扮演新娘。

与我们到过的其他阿拉伯旧城相比，托泽尔的旧城似乎没有什么吸引力——年代不久，不像凯鲁万旧城那样始建于一千多年前，至多只有三四百年历史，在众多阿拉伯旧城中实在算不上什么；范围不大，不像有的城那样方圆十里，烟火万家；没有高大的清真寺、百货杂陈的摊店、喧腾的市场和如织的游人，看不到豪华的宅邸,甚至看不到马赛克装饰。漫步托泽尔旧城,目光所及只有一种颜色和一种规格——构成全部建筑的都是最原始的土黄色小薄砖,与周围的土地浑然一体,连这所民俗博物馆也设在一处同样不显眼的民居。漫步托泽尔旧城,感受到的只是一种恬静,或许会感到过于冷清——除了在进口处有两家商店,城里见不到商贩。

这两个特点既来自悠远的传统,也得益于当地官民的明智共识。这里的建筑都保持着阿拉伯建筑最原始的风格,只用那种小薄砖砌就,而不用现在常见的马赛克装饰,因为马赛克装饰是安达卢西亚人从欧洲带回来后才流行的。在建城之初,这或许只是无奈的选择,因为这里已处于撒哈拉大沙漠的边缘,对以往任何国家来说,都只是一个边陲小镇。这里也不产石料和马赛克,人们最关注的是如何在险恶的自然环境下得到生存。商品既不多,也无须多少交换。但到了近现代,显然他们已经认识到了保持旧城原有建筑风格和生活方式的必要性,所以才用法律的方式做了明确规定,并且有效地执行到今天,给他们自己和子孙,也给世界留下了这一片净土。

但面对这清一色的旧屋小巷,你丝毫不会感到单调乏味。同样的薄砖,在不同的建筑、不同的部位会显出无穷的变化。貌似简单的几何图案可以明白地区别男性或女性,表达主人对幸福的追求,显示建造者的美学意识。拍摄过电影《英国病人》的建筑是一座大屋,但一面只有一扇门,上面两层的窗很少,看起来像一座城堡。仔细观察,在门窗间的墙壁上,薄砖砌出三角形的、圆形的、菱形的、正方形的各种图案,简朴中蕴含着繁复。拱形门用于过道、公共建筑、寺院，长形门是私宅和一般住房。有的拱门是虚的，走近后只是一个拱券，是巷口的装饰；有的拱门是实的，不知里面有多深的庭院。

私宅的门上一般有三个门环，各有各的用途。左面那个是男主人专用的，当他拍那个门环时，女主人就会来开门。右面那是供客人用的，听到这个门环声时，男主人会出外开门，女人却要回避。而装在稍低处的门环是供个子不高的孩子专用的。我们见有些门上只有两个门环，显然那户人家还没有孩子。导游给我们出了一道难题：如果男主人不在家，有客人来打门怎么办？因为女主人是不许去开门的。有人以为这再简单不过，女主人隔着门告诉客人其他时候再来就行了。其实，这是违犯禁忌的，女人不能与陌生人说话，正确的办法是女主人用门背后的环敲三下，这表示男主人不在，客人应该知趣地离开。

走得有点累了，我就在街沿上随处坐下。风沙已被挡在曲折的小巷外面，只渗入丝丝凉意。偶然走过一两位游客，也是那样悠闲，相互会心一笑，胜过不同语言的问候。街巷内的门几乎都关着，或许主人外出了，或许主人正在休息，因为他们不必再用什么招待客人，古朴、恬静——有这两样就够了。

但一走进城旁的绿洲，就听到淙淙的水声，一股凉气透人心脾，空气中弥漫着植物新鲜的芳香。200股泉水被沟渠或管道汇聚起来，2000多年来养育了这一方土地，至今还是25000棵椰枣树和5000村民的生命之源。一棵棵挺拔的椰枣树形成的浓荫掩映着一幢幢民居。在这季节，椰枣正开花授粉，橄榄一片青葱，无花果

托泽尔城内的大屋——电影《英国病人》取景点

刚露出嫩芽，桃花却半已零落，地上是绿油油的小叶菜。我曾向导游打听这片绿洲的面积，她说这里看重的是绿洲有多少株椰枣树，而不是它有多大。是呀！村民们既不会让泉水白白流过，但也得根据水的流量来控制椰枣树的数量。离开了绿洲，椰枣树无法生存；要是没有椰枣树，绿洲还有什么意义？

这次来非洲，从阿特拉斯山区的绿洲到尼罗河谷，椰枣是最常见的植物，无论是绵延数十公里的树林，还是荒漠峭壁上的孤木，它高大的躯干总是那么挺拔，舒展的树叶总是那么妩媚。从马拉喀什市场到开罗旧城，从五星酒店的餐桌到路边小摊，椰枣也是最常见的食品，无论是普通的干枣，还是形状和口味各异的椰枣制品，无论是作为主食，还是当成小吃，它们都是那么甜蜜，那么香醇。

考古证明，早在7000年前埃及人就在尼罗河流域栽种椰枣。在迦太基遗址的博物馆中，我看到腓尼基人近3000年前的工艺品上装饰着椰枣叶的花纹。在利比亚西南的古达米斯古城，考古学家确认5000年前就有人类居住，而他们的主食也是椰枣。在整个北非，还有我没有到过的西亚，椰枣和水一样，是人类生命的源泉。在古代，无论是原住的柏柏尔人、埃及人、喜克索斯人，还是作为移民的腓尼基人、希腊人、罗马人、汪达尔人、拜占庭人、阿拉伯人，他们的生存和繁衍都离不开椰枣。直到今天，椰枣还是一些生活在撒哈拉沙漠深处和高原荒野中的居民的主食。

椰枣具有惊人的生命力。只要有一定数量的水，不需要其他肥料，也不必人类照料，一棵椰枣树就能生存长大，年复一年地贡献果实和枝叶乃至树干。在水源充沛的绿洲中一般可以生长三层植被：最高的一层是椰枣树叶，中间一层是橄榄、柑橘、无花果、香蕉、桃、梨等果树，最低一层是各种蔬菜，但水量不足时就只能种椰枣。为了在干旱的土地上获得必要的水分，椰枣树的根可以深达地下4—6米，它的树干中密布着一根根输水管，将水分送到树干的顶部。为了减少蒸发，它的叶子由结实的叶柄和细长的叶片构成，每年只长十几片。即使不加修剪，等新叶长出后老叶也会逐渐枯萎，只留下一圈圈公开的"年轮"。生长良好的椰枣树每年可产100—150千克的鲜枣，70—100年树龄是它的盛产期，此后产量逐渐减少，但也有近200年的高龄树依然能够结果。干燥的椰枣叶是居民的主要燃料，也可以制作篮、筐等日常器具，或编成席子，围成篱笆。树干除用于架桥建房，还有特殊用途——水能顺着它内部的干纤维管流动，放在两条小水渠中就是天然的渡槽，当房顶上的水落管也正合适。

今天的椰枣既是大自然的恩赐，也是人类几千年来辛勤培育的产物。纯天然的椰枣树产量很低，果实又硬又涩，只能用于饲养牲畜。苏美尔人很早就发明了对椰枣进行人工授粉，不仅提高了产量，而且改善了果实的品质。3000多年前的埃及19王朝时期，埃及人通过《汉谟拉比法典》得知这种方法，逐渐推广。如今，人工栽种的椰枣树一般都按比例进行雄雌搭配，以便将一棵雄树的花粉用于给100棵雌树授粉。这也使椰枣农家的男孩从小练就了攀树本领。人类的创造力造就了形形色色的椰枣：紫红的、枣红的、橘黄的、淡棕的、深褐的、黑色的，软的、硬的、黏的、脆的，微甜的、辛烈的、蜜甜的,更不用说那些以椰枣为原料的产品。

　　一棵无比壮硕的大树吸引了我们,重重华盖般的树冠比一个篮球场还大,弯曲的树干和几道突起的树根宛如翻腾的苍龙,四五个男孩爬在树上时隐时现。我从未见过这样的树,更不知道它的名称,但面对它的苍劲茂盛和它经历的岁月风霜,不由得不肃然起敬。果然,这是200多年前村里一位长老手植的。如今,这位长老就安息在树后的小屋里,成为村民的守护者。

　　正在这时,一阵欢快的鼓乐声由远而近,一排马车满载盛装的男女村民向大树驶来。两位壮汉骑着英武的白马,旁边还有人举着摄像机。我们以为碰到了同行,但打听后得知原来是村民为

送男孩行割礼

两位男孩举行割礼。两位汉子各自抱着一个男孩下马,来到小屋前,一位妇女对着紧闭的门大声说了几句话,然后如花腔女高音般一阵叫唤。面对这样的场面,那个小男孩差一点哭了起来。但这里的仪式已经结束,男孩被重新抱着上马,鼓乐声再起,车队继续在村中游行。那位妇女的叫唤显然是向祖先禀告,或者是祈求保佑。割礼是男人一生中的大事,与结婚同样重要,也是村里的喜庆之事,但操办割礼要花不少钱,所以不是每家都能及早办理的,今天的两个男孩就相差好几岁。

鼓乐声渐远,村里又恢复了恬静。夕阳透过椰枣洒在果树上、菜园里,也洒在我们的心上,使我忘了正置身于沙漠之中,也忘了正在远离家乡的北非大地。

回旅馆后整理照片。晚7时至大堂,准备用晚餐。到后才知道7时半才开。返回房间,正好见海波与文靖在讨论解说词,旁听。7时半至餐厅,用自助餐,菜色很丰富。晚上继续整理照片,又写日记,拟致满志敏、朱毅、邹逸麟(本所教授)邮件。洗澡后睡,已经11时3刻。

托泽尔—舍比凯—泰迈格宰—米德—托泽尔

3月23日,星期日 阴

昨夜未开闹钟,醒来后还在床上躺了一会儿,忽然发觉已近8

时。立即起来，早餐后又将文件转到插件备用。

9时出发，与李兆波一车，阿丽亚娜、汪蒂雅乘另一车。出城不久就遇到大风，扬沙像波浪般漫过公路，稍远就一无所见，但旅游车依然一辆接着一辆。近边境，两位阿拉伯司机被警察查了很久。后来得知海波等都被警察盘问很久，因为他们仅带了一张批文，却没有带护照，又没有导游。

到舍比凯（Chebika），阿丽亚娜那辆车先回去，汪蒂雅来陪同介绍。这里的旧村毁于1969年大洪水，那年突尼斯全境遭受严重水灾，前所未有。新村建在旧村旁边。进旧村，见一座房屋内有水喉，是依玛目每天分水的地方。他先要拿着《古兰经》向真主起誓，必定秉持公心给村民分配每天用水，多余的水用于灌溉绿洲。阿拉伯人第二次迁移始于11世纪，此后才迁到这里，原来居住在这里的柏柏尔人则逐渐退到南部沙漠。村内都是狭巷，且相当曲折，据说是为了防止被袭击。而民居都挨得相近，万一有事马上能发觉，可及时互助。村外有200年前一位老人的墓，已被村民当作保护神，每年祭祀。沿小路登山，见周围山丘上水蚀切割岩石很深，还有像一线天般的狭缝。循坡而下，山谷间是一片椰枣树。到底下看到水源，泉水由石隙间喷涌而下，绿洲全靠泉水支撑。这个小绿洲只种椰枣树，数量受制于水量。

乘车登山，过泰迈格宰（Tamerza），到米德（Mides）。观赏由河水长期切割而成峡谷风光，像美国大山谷的袖珍版。河上游有两条支流，一条来自阿尔及利亚，另一支流出于突尼斯境内。据说洪水来时水势很大，而且相当突然，经常出事故。旁边也有一个绿洲，游人颇多。回到泰迈格宰，在路旁一家四星级宾馆用餐。宾馆外表像一片土屋，内部却相当豪华，还有游泳池和花园，可俯视河谷及下游绿洲。用色拉、烤肉。见有猪肉，十分惊奇，汪蒂雅说这山上有野猪，当地人猎取，但自己不吃，在这里供给客人，并不忌讳。餐毕返回，扎西等留下，随后拍摄。

下午2时半回到住处，继续写《君士坦丁的桥》一文毕，整理照片。汪蒂雅来电，得知海波已发出邮件，约定6时半一起出发。到时与汪蒂雅二人雇车到一个网吧，电脑装有Windows 2000系统，收女儿两封邮件，以英文回复，并发出附件。收周筱赟两封邮件，下载他的附件，告将另行回复。收吴滔英文邮件，想申请延期答辩，以英文回复。发出致满志敏等邮件，又发文章两篇及照片于《外滩画报》、央视及凤凰网站。8时归，直接至餐厅用餐。回房间写日记，其间海波来房间说拍摄工作情况。整理照片、写日记、拟致周筱赟及吴滔邮件，但不知何时可以发出。1时半睡。

沙漠旅馆

托泽尔—盐沼—马特马塔—梅德宁—泰塔温

3月24日，星期一　晴转雨，下午阴转晴

6时半起。8时出发，不久即到盐沼，其间两次停车拍摄。公路穿越盐沼达20公里，开始时路旁都是淤泥，看起来像平原，渐渐看见盐层。路两侧有水，大概是修路时挖深后蓄起来的。再往前，近公路处碧波荡漾，远处都是白色盐层，直到完全为盐层所覆盖。路间有咖啡室，又有制盐厂，成品堆积如山。湖中见到一个汽车壳，据说这辆车是20年前陷入湖中的。稍后见路边有批发椰枣的，停车后由我采访，并试味。主人很热情，送给我一串椰枣，并告诉我哪一种品质最好。每千克批发价自1至1.5第纳尔不等，视品质优劣而定。每树年产百余千克。10时余又出发，沿途景观单一，入睡。醒时已在下雨，至中午不停。

近12时至马特马塔（Matmata），停车于Sidi Driss旅馆前，中一个洞穴式建筑，原来是柏柏尔民居，与我国西北的窑洞差不多，也是《星球大战》拍摄处。我先于门前做概述，接着拍我进入，在洞前说明，又进一个窑洞观看。再登上洞顶，拍远景。雨虽然停了，风刮得紧，很冷。就在旅馆用午餐，一盘烧萝卜很好吃。

下午1时半发车，到一位柏柏尔老太家，她已84岁，世居于此，她的照片已被用于旅游介绍。由我采访，进了他儿子的房间，也由我提问。二层上有储藏室，要攀绳子才能上去，里面空空如也。原来将东西放进储藏室是妇女干的活，而老太与她的儿媳都

盐沼

老了，上下不方便，已经将储藏室移到底层一个洞中，又至那个洞拍摄，再拍了老太的卧室。门前有蓄水池，拍汪蒂雅向我介绍汲水的镜头。又登洞顶，介绍水汇集的过程，并与老太挥手告别。

由小路往梅德宁（Medenine），将穿过一条小河，路被淹没，虽不宽，但不知深浅。开始大家掷石子测试，不得要领，老司机赤脚下水试探，不深，车通过应无问题。海波也赤脚涉水而过，与扎西合拍车队通过的镜头。至梅德宁旁一座柏柏尔人建筑，扎西拍空镜，我们喝咖啡等候。到达前夕阳壮观，停车拍摄。

近7时至泰塔温（Tataouine），住Sango旅馆414室。旅馆沿山坡拾级而上，颇深远，灯光幽暗，差一点找不到路，带来的轻便电筒派上了用场。7时3刻至餐厅用自助餐，确定明天9时出发。回房间感到很冷，开了暖气。整理照片，制备份于移动硬盘。洗澡，写日记。写毕《在伊本·白图泰的故乡》一文。1时半睡。

泰塔温—切尼尼—泰塔温

3月25日，星期二　晴间多云

6时半起，写成《徜徉在绿洲》一文。8时20分用早餐。

9时出发，同去切尼尼（Chenini）一个柏柏尔村。据说是16世纪迁来，已属阿拉伯扩张后柏柏尔人的再次迁移。最高处海拔近500米，建谷仓于山顶，以便保护。每户一室，以石头垒成，也

柏柏尔村民居

有的用拱顶,有的以椰枣树干当房梁。中层为民居,外面有小院,筑有围墙,但所住地方是窑洞,大多已废弃,后来找到还在的一家。老太的丈夫外出,老太同意拍摄,但不能拍到她。她家有两间,一间起居,一间卧室。窑洞外有一间简屋,作为厨房及储藏室。这一带山上土石层叠加,窑洞大多在土层开凿。但也有较软的石灰岩,所以也有在上面开凿的。下层是水源,也有少量耕地。我在三个地方都出镜讲述。

12时半至旅馆旁一餐馆用餐。海波与阿丽亚娜没有回来,小强仍在家编辑。下午又至另一个柏柏尔村,建在半山,都用石头垒成,每家只有一间,很狭小,有的垒成拱顶,有的用椰枣树干做梁。如果子女成家一定要另建一间，或在旁边，或在顶上，所以有高达四层的，但越到上面房间越狭窄。据说该村最多时有千余人，自突尼斯独立后已逐渐迁出，最后一家也已在20年前迁走。

3时余结束。回到旅馆，海波约3时半去网吧。整理文件，与海波、易春去网吧，仍无法连接插件，收印度某邮件，求为他介绍北京接纳者，告诉他我现在非洲，6月中旬后方可联系。又收某邮件，都是乱码，以英文回复，告无法读，如有急事可发英文，或另发附件。女儿的邮件问何时去埃及，以英文回复。所内邮件，说我发去的文件无法打开，已在禹贡网开设专页，发布我发回去的文章。发英文邮件，告诉周筱赟：三个侯国的归属不应该改，吴郡的户口增长数出于梁方仲的书中。回房间后整理照片，制备份文件于硬盘。7时半至中午用餐处用餐。回房间写日记，整理照片，写《火热的马拉喀什》一文，完成一半。洗澡后睡，1时半。

泰塔温—杰尔巴岛

3月26日，星期三　晴

6时半起，整理照片。7时40分自带行李至餐厅，行李重，距离不短，差一点坚持不住。8时半出发，至旅馆门前一小铺，海波为汤文靖买盐沼等英文介绍两册，即发车。地势逐渐降低，近地中海时又见到了大片橄榄树。

杰尔巴岛上的清真寺

　　10时余至渡口，登渡轮，10时50分上杰尔巴岛。先到旧城街中转了一圈，海波等三人买了阿拉伯头巾。至城中心，在一家餐馆用意大利面及色拉。餐后易春吃冰激淋，我也吃了一个。餐后感到很疲惫，伏在餐桌上睡着，到大家离开时才被叫醒，大概是喝了啤酒的缘故。岛很大，到旧城前都是农田或荒地，到旅馆区就是成片的新楼豪宅，据说有百余家旅馆，还有高尔夫球场。

　　至Melia Djerba Menzel旅馆，拿到钥匙后去一个房间，前面的客人尚未离去。将行李放在海波处，至总台换至2156室。去海波室中取行李，他正在卫生间，说过一会儿打电话给我。到房间后用钥匙打不开门，到总台找人来才进了房间。一直没有等来海波的电话，再去他房间，正与两位女导游商议，告诉我今天下午拍犹太人婚礼只能去三个人，而且还得冒充美国华人电视台。取了行李回房间，不久许易春来电。和海滨一转，室外游泳池水还太凉，看室内游泳池，很小。

晚7时至大堂，许易春、闻小强已在，等李兆波来。其间海波等出门，与扎西、汤文靖三人去拍犹太婚礼，7时1刻去。我们四人去餐厅用自助餐，每人18第纳尔，菜色丰盛，鱼与鸡味道都不错。晚上看电视新闻，整理照片，写毕《火热的马拉喀什》一文，又开始写《海西有仙山》一文，未毕。洗澡洗发后睡，1时3刻。

杰尔巴岛

3月27日，星期四　晴

6时半起，写毕《海西有仙山》一文，配以照片。9时半出发，汤文靖、扎西、许易春、李兆波同去，汪蒂雅陪同。先到一个40余米的高坡，远观小城。近处有手工制陶作坊。又到一家陶瓷店，内有工人以手工制作表演，以脚踩动转轮。买了一个骆驼形壶，据说是本岛特产，可分别注入两种酒混合，3第纳尔。

又到一座犹太教堂，始建于公元前6世纪，有说明牌，已拍下。进去都要戴上帽子，女性要用头巾包头，穿短衣裤的也要用大头巾包裹，进正堂必须脱鞋。有两个人在轮流诵经，禁止摄影，

犹太教堂正堂前

但扎西拍摄得很详细。我到外面拍照,气候闷热,先到车上等候。

12时余见到海波,一同去超市,买了些瓶装水等。又到城里昨天用餐处,用意大利面、色拉,增加了两盘土豆煮肉。餐后海波与李兆波先回去,我与扎西、汤文靖、许易春由汪蒂雅陪同,先看了罗马桥,实际是此岛与大陆相连的通道,大多就在海上垒起石块,因为海水很浅,中间一段海水较深,建了一座小桥。据说是在罗马时代就建了此桥,但时毁时建,现在已无遗迹可觅。

下午3时,汪蒂雅如约见到一位犹太男子,将我们带到他家。先介绍他家的庭院、起居室、卧室，说犹太人最重视两个节日，一个是四月节，一个是10月椰树节，现在正粉饰家庭以筹备下个月的节日。拍摄他回答我问题的镜头，又拍我与他谈话。问他家的来历，说是世代居住此地，20世纪50年代有大批犹太人迁离，先迁往法国、意大利等国，再迁往以色列及美国。汪蒂雅要我少问些，因为他回答多了就要多收费，犹太人的商业意识如此之强！又问他做什么工作，说多是经商，不想当别人下属，所以都是自己开店，承包宾馆中的商店。领到他岳母家，见到他的妻子，抱着他13个月大的儿子。进去见到一位老妇席地而坐，说是他岳母的姐姐，年逾百岁。稍后他岳母出来，也是席地而坐。扎西稍拍了一会儿就停机，那人还很殷勤挽留，我们推托时间太紧就离开了。记得午间汪蒂雅要昨晚婚礼及今天采访的费用，海波给了250第纳尔，易春说在车里还听到汪蒂雅与那犹太人在讨价还价。又至问讯处要资料，仅有一份英文简介。至书店找，汤文靖亦一无所得。

回旅馆。稍休息，整理照片，写日记，看电视新闻。7时半至餐厅用自助餐。晚上开始写《北非谍影今何在》一文，先改陆灏所提供电影剧情介绍，未完。洗澡后看电视新闻，12时余睡。

3月28日，星期五　多云

6时醒，看电视新闻。早餐后续写《北非》一文，至近10时余毕。至闻小强房间看样片。12时与众人外出，只有小强留在旅馆。到一个网吧，海波与阿丽亚娜正在上网。但已无有时间，就到对面餐厅，用海鲜意大利面，等了很久，至下午2时才吃完。

到海滨建于15世纪的西班牙城堡，后被土耳其人所占。扎西拍毕外景后想进去，才知道今天下午已闭馆。又至服饰博物馆，也是闭馆。到市场，各人购皮面具、T恤衫等。我还剩下2.6第纳尔，买了一个小皮袋，像一顶小帽，可收纳硬币。途中因司机驶错方向，费时不少。

3时半回旅馆，去室内游泳池游泳。回房间洗发洗澡，稍后海波来电，去小强房间看样片，是伊本·白图泰那一集，从拉巴特访问塔兹教授直到抵乌季达边境。又看阿尔及利亚一集，尚未配词。海波发下在利比亚的日程。7时40分至餐厅用自助餐。回房间看电视新闻，写日记。在硬盘G盘上制作全部照片的备份，花了不少时间。近1时睡。

西班牙城堡

利比亚

杰尔巴岛—利比亚的黎波里

3月29日，星期六　多云

　　6时醒，以时间尚早未起。再醒时已近7时，急忙整理行李，幸未迟到。定8时出发，两位女陪同似乎有事，至10分方动身。由罗马桥离岛，10时余到突尼斯边境。稍前汪蒂雅与众人道别，说有车来接她去机场返突尼斯城。

　　至10时40分过境。当我们的车队从突尼斯沿着地中海旁的公路驶近利比亚边境时，首先见到的是利比亚领袖卡扎菲一幅巨大的画像。画像后面还有两条阿拉伯文的大幅标语，内容自然是赞颂卡扎菲。入境后见到已在等候的我驻利比亚使馆政务参赞马强、秘书张群，两位由利比亚外交人民委员会（相当外交部）派来的也在等候，是我们的全程陪同。较年轻一位名伊麦德，是来自利比亚南部的黑人。他虽不是阿拉伯人或贝多因人，但看来很受信用，另一位年长些的还得听他调度。这符合卡扎菲的观念——他被称为全非洲的领袖，所以利比亚是全体非洲人的家园，据说非洲各国人民都可以自由进入利比亚，成为利比亚人的一分子，何况是属于本国的南部撒哈拉黑人！伊麦德也忠于职守，从此每天与我们寸步不离。

　　当我们办完各种手续，在伊麦德等陪同下进入国门时，已过12时，大家饥肠辘辘，都想先找个地方用餐，或者赶赴的黎波里。但伊麦德礼貌而坚定地将我们引进了道旁的贵宾接待室，原来当地一

利比亚边检站的标志不是国旗,而是卡扎菲的巨幅画像。

男一女两位"人民委员"已经等在那里了。礼节性的介绍时我发现,我们已经被称为"中国新闻代表团"(以后每到一处也是如此,显然是对方有意的安排,我们不必也不可能纠正,只能"将错就错")。男委员介绍了利比亚的人民委员制度和该省的概况后,女委员着重介绍妇女的状况:"世界上一半以上的人口是妇女,只有妇女获得自由,人类才有真正的自由,可惜世界上其他国家都没有做到。""利比亚是唯一实现了妇女解放的国家,这归功于我们领袖的伟大思想。"幸而没有与我们讨论的意思,所以由黄海波简单表示感谢后就结束了,估计这是外国"代表团"入境后的必要手续。12时40分,等我们走入大门,一辆警车和一辆外事礼宾车已经发动,我们的四辆车随即跟上,浩浩荡荡驶往的黎波里。

利比亚时间比突尼斯时间快一小时,于当地时间下午3时半进城。先至旅馆旁一餐厅用餐,色拉自取,有蚕豆等,味尚可。主菜为鱼,味可。毕后至大饭店(城内只有两家五星级酒店,这是其中之一，尉健行来访时就住此处），遇到使馆办公室主任及会计，来为我国妇女代表团安排食宿，代表国也住此酒店，将于6时余到达。拿到341室钥匙，海波说将去旅游公司，可一起去，但要等他联系结束后才能收发邮件。进房间，看CNN新闻，稍休息。海波来电，改约在他办事回来后，另外去网吧。续写致家中邮件，写日记。8时1刻到大堂，稍等人到齐后登车，至附近一家餐馆用餐，菜也可以。吃了午、晚两餐，利比亚的饭菜不像来以前听说的那么差。回旅馆后由张群送至附近一家网吧，有XP机。试用我的硬盘，显示其中之一，但准备发出的文件都在另一个盘上。收周筱赟、满志敏、刘景琳、《外滩画报》高某及女儿邮件，只是给家里及给周筱赟的邮件的备份在G盘，无法发出，其余均以英文简复。又有一邮件无法读出，以英文回复。发6张照片给《外滩画报》。将回时已收到女儿邮件，得知她已收到，简单回复。11时余回房间，读刚才下载的邮件，洗澡，看电视新闻后睡，12时3刻。

的黎波里—古达米斯

3月30日，星期日　晴间多云

6时半起。原定8时出发，阿丽亚娜等又稍迟才办完退房手续，实际8时18分方起程。除我们自己四辆车外，伊麦德二人与张群另有一车。

离城不久就进入半荒漠，稍后就少有人烟。途中见到我国工程队驻地及施工场所。11时余过纳卢特（Nalut），将到时公路盘山而上，升至海拔600余米处。当汽车爬上一个高坡时，护坡墙上出现了巨幅卡扎菲绿皮书语录和一幅巨大的绿色利比亚地图，上面用黄线画着已经建成和将要建设的人工河系统。这就是被利比亚领袖卡扎菲称为"继世界七大奇迹后的世界第八大奇迹——大人工河"。据介绍，这项工程将耗资300亿美元。对这个总人口只有600多万的国家来说，平均每人投资近5000美元。

在一个古村旁停车，进入村内，发现空无一人，居民早已迁走，已经废弃，但因为还没有辟为旅游景点，所以保持着原始风貌。建筑物都在山顶，应该是村民储备粮食与橄榄油的地方，大陶罐半掩于地下，还闻得到油味。又有榨油的场所，有巨石磨盘，旁边放着大椰树干，是用来压榨的。附近有一座废弃的清真寺，前面有几间房屋，里面空无一物，是教徒进清真寺等候或自己做祷告时用的。因为闻小强不想在这里拍摄，各人陆续返回。12时余继续行车，下午1时到一个加油站旁的餐厅，已经预订，所以坐下后就吃。2时余开车，途中经过两个绿洲，其中一个有座小古城，旁边有我国工程队的驻地。

5时半到古达米斯城（Ghadames），先拍了路旁一片古墓，没有墓碑，也没有封土，只在每座墓前竖了一根不规则的石条。

对古达米斯，有关资料是这样介绍的：一支商队跋涉于浩瀚的撒哈拉大沙漠，在一个地方埋锅造饭。第二天，有人发现将一口锅遗忘在昨天做饭的地方。为了找回这口宝贵的锅，他骑着马赶回原处，果然那口锅还在。干渴难忍的马却不肯离开，而是在取锅的地方不停地刨着，突然地下涌出清泉，而且越来越大。从此这里有了这被称为马泉的清泉，有了两支部族，有了古达米斯，有了这里的历史和文明。现在已经无法查清马泉究竟是谁发现的，发现于哪一年，甚至我们也无法肯定这故事是否完全属实。但考古证据表明，早在公元前3000年时这一带已经有人类生活，罗马帝国曾在这里建立城堡，拜占庭人曾经把它当作重要据点，而公元638年始建的清真寺就在旧城中心。

进入老城，先在几条街巷转一回，来到那个小泉源，已经废弃，正在施工整修。阿丽亚娜解释以前如何分水，说得很费力，我们也只大致猜测而已。城内已经没有居民，但他们的房屋和院子、菜园都还在，所以怀旧的老人经常会回来，就在那里聊天，消磨时间。城里的房屋都连成一片，连巷子顶上也一起封闭。巷子又窄又弯曲，既能阻挡飞沙，又利于通风。巷子都像密封在地下，每一二十米间有一个小天井，以便通风采光。据说妇女只能在规定的时间内才可以在街巷行走，所以每家的阳台及屋顶都相连，以便妇女在平时行走或来往。

近7时到旅馆，就像国内县里的招待所，这是至今住得最简陋的地方。7时半用晚餐，等候很久，到9时才结束。马上到接待室，当地市长等来会见，是张群通知后过来的，礼节性地座谈一会儿。海波来，让人与小强、阿丽亚娜去见当地导游。见面后其实很简单，就约定明天早上9时出发。回房间整理所摄照片，洗发洗澡。准备再写，已很累，12时3刻睡。

古达米斯城外的古城遗址

古达米斯

3月31日，星期一　晴

6时余起，写《托泽尔旧城》一文，成千余字，将完成。8时20分用早餐，9时出发。先与当地一位导游见面，他原来是技术学校教师，教空调专业，数年前改做导游。他还带着10岁的女儿，原来就有这样的安排。先一起来到主要的水源，还请来一位曾经管水的老人，由我采访他们，并做评述。

我们见过的绿洲一般有两种形式，一种是沿河谷分布的；一种是以地下水为水源的，可以分布在沙漠深处。河谷型的绿洲自然依靠河水的滋养，但在干旱地区河流的水量本来就不多，又集中在雨季，其他季节往往干涸断流。而且河水的蒸发量和渗漏量都很大，能够利用的水非常有限，所以这类绿洲只限于离水源不太远的地方，或者流量相当大的河流旁。撒哈拉沙漠几乎没有降雨，由于蒸发量极大，降水还没有落地就已蒸发殆尽，河流也无法存在。但由于地质构造的特殊性，撒哈拉沙漠下蕴藏着丰富的地下水，只要能找到泉眼，就能获得优质而稳定的水源，古达米斯的马泉就是其中之一。千百年来，马泉供养了无数古达米斯人，也供养了无数过往的客商和旅人，使古达米斯成为撒哈拉沙漠东北一个重要的交通枢纽。一位73岁的老人告诉我，他年轻时的马泉还是一个9米深、上百平方米的大水池，那时根本没有缺水之忧。

对这样一个生命之泉，古达米斯人自然呵护有加。同时，当地也形成了一套独特的管理和分配办法。居民的饮水可以自由汲取，但灌溉用水却需要严格管理。在马泉的周围有六个出水口，分别用渠道通向每家的土地，而每家都有一个单独的进水口，可以自由启闭。全城的居民每年都要选出德高望重的人负责水的管理，并根据传统和实际需要，确定每家的用水量。用量一旦确定就不能改变，只能相互间调剂或购买。而控制流量却是依靠一种相当原始的计时方法：

每天月亮升起时（当地习俗一天的开始），值班的管水人就来到广场旁一个仅供一人席地而坐的半敞开的龛内，他的面前是一口井，从下面开始的渠道连通着每家每户的进水口。他的身旁放着一束草和若干大家公认的草标（如麦秆、草棍等）。他的工具不是钟表或流量仪，而是一个像普通水桶一样的铜器——"嘎杜兹"，所不同的是它底下打了一个孔。当他将"嘎杜兹"盛满水从井底提起，挂在墙上的铁杆上，里面的水就开始从底下的孔流出，水全部流尽所需要的时间就是一个"嘎杜兹"。每家的供水量是用若干个"嘎杜兹"来计算的，在供水开始前，他会将一个草标扔入井中，草标随井下的渠道流到哪家门口，那家就打开自己支渠的闸门（或者就是一堆泥沙）。管水者每流完一"嘎杜兹"，就在一根草上打上一个结，等打满规定的几个结时，他再扔下一个草标，当这个草标流到那家门口时，主人就该关闭闸门，让水流往下一家。给我们演示用的"嘎杜兹"流完水的时间大概是3分钟，由于水渠的流速基本是固定的，这时间就决定了用水量。时间的长短可以通过孔的大小来控制，所以当年在使用前，都会对这个孔的

分水处

大小做反复调整。如果发现时间太短了,就将孔焊小一些,如果时间太长,就再锉大些。

　　听完介绍,看完演示,我们还是有不少疑问:一年之内管水人从不间断吗?万一他们不在怎么办呢?管水人会不会不公正,弄错了"嘎杜兹"的数量,或者管理不好?如果用水户与他们发生纠纷由谁来解决?用不完的水怎么办?水不够时怎么办?人口增加了用水量要不要调整?每年选举管水人时大家意见都一致吗?会选不出来吗?有的问题连这位导游和老人也回答不清楚。不过仔细一想,这些都是我们站在现代人、局外人的立场上自己

利比亚　147

把事情复杂化了。这项制度之所以能够延续千百年,正是因为它适应了当时当地的条件,它存在的基础就是当地人在艰难的自然环境下长期形成的生存哲学和基本道德规范——水是生命之源,不能浪费;大家都有用水的权利,合理分配是天经地义。正因为如此,用水者和管水者之间、用水者之间,都会自觉约束自己。否则,任何周密的安排或精确的计量都会无济于事。而这样一项原始的制度能够亘古不变,甚至在钟表和先进的计量仪器问世后还能维持相当长一段时间,还在于这里的地下水长期稳定,并不缺乏,居民的生活用水(主要是饮水)不受限制。据那位老人回忆,在20世纪60年代前从无缺水之虞。一旦这些条件发生变化,这项制度就失去了存在的基础。

果然,随着人口的增加、耕地的扩大和人们对现代生活的追求,"嘎杜兹"越来越不适应人们的需要。用水纠纷逐渐增加,传统的管理办法显得无济于事。旧城的居民开始感到生活上的不便,最大的困难还是水——取水路太远,家里无法洗澡,不能用抽水马桶。年轻人更觉得旧城限制了他们的发展,希望迁出旧城,去过现代人的生活,进入更宽阔的天地。

导致古达米斯旧城最终被遗弃的决定因素,还是马泉的衰竭,但这不是自然界的变化,还是人们藐视自然规律的结果。二十多年前,为了获得更多更清洁的水,当地决定对马泉进行"整治",将它淘深挖大。谁知贸然行动的结果是破坏了地下水的来水脉络,堵塞了泉眼。如今我们看到的马泉只剩下一泓静水,但还是不时见到的一串珍珠般的水珠从地下冒出,使我们能想象它昔日清泉喷涌的壮观。古达米斯旧城也结束了它的辉煌，作为一件遗物静静地陈放在沙漠之中，要不是联合国教科文组织将它列为世界文化遗产，并且在近年资助修复，它大概会像其他荒城废墟一样，在茫茫沙海中逐渐湮没了。

接着由导游带着他女儿回旧城中的旧居，实际上因为他家的旧居已经毁坏，只能另外找了一间。但这一间正在修复准备作为旅游景点开放，所以布置得过于繁复，甚至有点艳俗。他在屋内做了介绍，他女儿在"家"里做了表演。

又到旧城内一个小广场，有几位老人坐着聊天。其中一位是退休公务员，1930年出生，一直住在城里。问了他一些情况，小强特别提议让我诱导他讲点故事，可是再三问都没有收获，实在不可强求。

从900米和1300米深的地下开采的地下水供养了古达米斯新城，使旧城的居民不必像他们的先人那样背井离乡，寻找新的水源。他们没有忘记旧城，那位73岁的老人和他的旧友几乎每天要来旧城看看，坐在城中心的广场旁，坐在长巷的天井中，享受那特有的宁静。每家都保留住自己的旧房和祖祖辈辈传下的园地，水渠中的水（尽管已经不是来自马泉）还是像旧日一样，分别流进各家，只是不再需要用"嘎杜兹"来控制。就是年轻人也会骑上自行车在巷子间转一圈，或者看看来了多少外国游客。联合国教科文组织正与当地人民委员会合作，实施修复古城的计划。马泉也恢复在望，将作为人类文化遗产的一部分，永远滋养世人。

12时海波等过来，一同去旧城用午餐，实际就在刚才拍摄的地方。此前我在广场见到一老人在售卖工艺品，有一条手编的粗毛挂毯，要价20第纳尔。地陪说如果想买就得快去，因为游客一走老人就收摊了。向阿丽亚娜借钱，由地陪领到广场买下了。

用餐后又与教师导游一起到分水的地方，拍摄由我问他水渠及控制办法，又随他到村旁有水渠的地方处，模拟开闭自家小水渠进水口的办法，又进园拍水流入的镜头。不久园主人来了，很奇怪怎么园中的小渠中又有水了，而另一位青年却过来问为什么自家田中水忽然停了，可见分水的办法还能起作用。

因下一节妇女舞蹈要下午4时才开始，不可以早去，我随陪同回到用午餐的地方休息。进了巷内顿时觉得凉爽，与室外不啻天壤。张群随我进房间，其他人就留在巷内。稍后来叫我们去另一处，在巷内已听到鼓声。从狭窄的楼梯登楼入室，见有两位中年妇女在指挥，其他妇女分为两组，一组有几个人在击鼓，围着一位跳舞的妇女，都包着头。另一组坐在旁边，穿着盛装，拍着手合唱，起身跳舞时也都包上头巾。问她们原因，说年轻人可以不包，年长的一定要包。果然有一个女孩始终没有包头，但只是伴坐着拍手，或者只旁观不跳舞。

拍完后来到广场，男子将在这里跳舞，正在巷内准备。等祷告完毕出场，也分为两组，一组在地上铺了毯子，坐着奏乐，有一种乐器很像唢呐，有几个人击鼓，很热闹。另一组六人，都是黑人，随着音乐跳舞。李兆波试穿上舞衣，舞者邀请大家加入，小强等先跳，又拉我也参加。正式开始后先跳迎宾舞，跳完后小强想结束。阿丽亚娜说下一节舞是本地特色，很精彩。于是接着

古达米斯旧城广场上准备跳舞的当地男子

拍,是表现农事的舞,换了衣服,表演农作,的确很好。海波又让扎西攀到高处拍最后一节。结束后小强与扎西等去拍空镜头。

我随海波回旅馆,在咖啡室饮果汁。至总台买邮票,利比亚革命一套面值1600迪拉姆(每1000迪拉姆为1第纳尔),前天在路上看到过要价5000,这里只要3000,但仅此一套,品相稍污,以2000买下。又借了阿丽亚娜5第纳尔。回房间洗发洗澡,写了一张明信片待发,原额200迪拉姆,另补邮票200迪拉姆。7时半用晚餐,牛排太老,只吃了一角。海波等去网吧,怕这里的网速太慢,未去。回房间整理照片，其间去易春房间，本想将硬盘上其他人的照片留在海波电脑上，并下载我自己的照片，到时他正为小强翻译，没有桌子可用，即返回。写日记，至11时余已觉得很累，即睡。

4月1日，星期二　晴

3时半醒，近6时起。补全日记，又写《马泉》一文，完成大半。8时20分用早餐，餐后问今日安排，小强等上午去导游家，我可不去。回房间继续写，近10时海波来告将于10时半往发邮件，即拟致满志敏、周筱赟邮件。到时候一起去老城，到一家网吧，阿丽亚娜已在。开始试用一台电脑，无法用。后转到一台XP机，能够接入硬盘，但速度奇慢。收《外滩画报》高某邮件，发去三篇文章及两张照片，并发至央视网站、家中及所内。收上海市海洋学会张青邮件，正式邀我在7月的国际会议上做报告，以英文回复，问需要多少时间等。有女儿31日邮件，未能打开。发《北非谍影》一文于陆灏，告诉他将另发照片。已12时余，只能停止。其他人已等在路对面餐厅，赶快过去。餐桌上决定晚6时出发，到司机阿里的姐姐家用餐。餐后乘车回旅馆，海波为每人买了一份小全张邮票及4枚200迪拉姆面值的邮票。

已下午2时，感到很倦，睡下去却不能入眠，就起来看海波送来的利比亚画报。近3时送回画报，海波意思可告诉小强，让他留意一些画面。用海波的铱星电话给家中打电话，妻女都在，得知凤凰卫视的酬金已经到账,市委宣传部催交文章,流感没有什么影响,谣言很多,因为官方还没有正式公布。回房间继续写日记,又整理电脑上旧文,因女儿提到市委宣传部催交文章,准备以"上海人口战略"为题合成一篇。有敲门声,原来是油气管道工程特意派人来迎接,来找张群。5时余海波来通知,因天转阴,不能再拍日落,改8时出发。

与张群外出,先到新城市场,进工艺品商店看看,没有什么可买。又走到旧城,有两座清真寺,后一座是此处年代最早的,据称建于先知时代,铭牌上标志公元683年建。正好遇到本地陪同,他说此寺的建造早于凯鲁万,凯鲁万的寺是以后从这里迁过去的。今日光线不强,虽无蓝天,拍照效果很好。小张还想带我去总督府,一时没有找到。经过城边一家旅馆,外观比我们住的好,进去转了一下,里面的设施也比我们的强。街上遇到阿里的车,就搭回旅馆。阿里说今晚就去他叔父家用餐,所以忙着准备,车上放着准备的新席子。

回房间后海波来,交给我一个防蚊面罩,预备着南下时用。又要我明天穿黄色衣衫,因管道工程公司将举横幅欢迎,明天上午8时半出发。继续写《马泉》一文。晚8时与张群至大堂,好久没有见他人来。到海波房间,阿丽亚娜也在,说是8时半出发,海波通知错了,所以其他人都没有出来。他问阿丽亚娜,我们与旅行社的合同上规定,必须安排我们住当地最好的旅馆,为什么不订那一家旅馆?她承认那一家旅馆的确比我们这一家好,但被一批法国游客订满了。我说那也是你们的责任,为什么不早订?即使真订不到,也应该主动向我们说明，并且应给我们一定的补偿。要是今天我不发现，不来问你，岂不就这样蒙混过去了吗？她无言以对。出来告诉张群，再回房间也难做什么事，就一起在咖啡室看电视，播的是阿拉伯语，请张群稍做解说，内容讲的都是伊拉克战局。8时半后大家都到了，却没有见到汽车，海波很不高兴。但今晚是阿里请客，不便多说。近9时车到，接至阿里亲戚家，阿里、其他司机及其友人还在忙乱中。先用饮料、色拉、炸鱼等，等了好久，全羊才烤熟。羊肚子中放了米饭，味道不错。餐后用水果、饮茶，歌舞作乐。11时余方告辞，回旅馆洗澡后睡，近1时。

古达米斯—的黎波里

4月2日，星期三　阴间多云

6时半起，整理行李，补日记。8时半出发，司机昨夜睡得很晚，稍迟到。管道公司来接人，宋某等一辆车前导，驶过公司的一个营地（来时曾停车于其旁）时停车，宋某等留言。又驶过纳卢特，12时余到公司另一营地，员工列队欢迎。总经理葛书义迎接，一起进会议室，稍座谈后用午餐，非常丰盛，只吃了一半。餐后告辞，随公司的车去施工现场。今天与许易春、汤文靖同车，去工地时因张群搭乘的利比亚官方的车无法去，上了我们的车。途中谈到海波、小强面对公司方面的热情欢迎和盛情接待却态度冷淡，都很不以为然。车辆行驶的道路都是施工时所开，两旁分列油气管道，预先开挖两条沟，将管道放在旁边，焊接后用四辆吊车吊入沟中。我于现场采访葛总，又采访一位电焊工。小强告诉我已布置他讲一个故事，问他，只是上个月来到这里后得知他妻子生了个儿子，其他就问不出什么了。停机后问小强，原来安排的并非此人。扎西去拍现场爆破，我们等候很久。正好路旁有一群骆驼，拍照消遣。小强等回来后，由我采访工程合作方意大利代表，又拍了吊管入沟的过程。拍完后驶往梅利塔主营地，近8时方到。到葛总办公室，拍摄由我采访他。到临时布置的餐厅用餐，开了两桌，饭菜极丰盛，饺子就有四种，布置的鲜花是特意从的黎波里买来的。李兆波等喝了白酒。餐后又与厨师及职工合影。

　　9时半告辞，近11时到的黎波里，改住海门饭店。阿丽亚娜已

早期清真寺

在下午3时先回来，据说因为政府开会，大饭店没有空。但等了一段时间后还是拿到1248室的钥匙。这是五星级酒店，但进房间后台灯上没有灯泡，立灯不亮，没有一个杯子可用。等行李送到后洗发洗澡，又看电视新闻。1时半睡。

回来途中伊麦德接到通知，原定明天拍摄卡扎菲被炸住宅的计划有变。1986年4月15日凌晨2点，美国出动大批军事飞机突然轰炸了位于利比亚首都的黎波里兵营中卡扎菲的住宅。这座建筑受到严重破坏，卡扎菲在襁褓中的养女不幸丧生。从此，这座建筑就作为历史的证据被保留下来，供来访者参观，接待过包括江泽民主席在内的各国政要，也曾被不少传媒拍摄或报道。不过由于卡扎菲经常住在同一兵营的帐篷中，并且在此举行重大国务活动，所以有重兵把守，进入兵营拍摄非经特殊安排不可。我们早就向利比亚方面提出了拍摄计划，并商定了具体时间——4月3日。现在不知能否拍成。

的黎波里

4月3日，星期四　上午多云，下午转阴，有阵雨

6时半起，写毕《马泉》一文备用。8时40分用毕早餐，想回房间，总台却找不到刚才留下的钥匙，找到时已近9时。

马上出门，伊麦德的车照例陪同，先到绿皮书研究中心。卡

扎菲的著作都以绿色为封皮，所以被称为绿皮书。绿皮书研究中心是必须参观和拍摄的内容，当我们提前到达时，中心的外事负责人还没有到，因为原来约的时间是10点。按惯例，首先得听取介绍，一位分管出版的负责人给我们介绍卡扎菲著作出版的情况，但没有实际内容。我问到目前为止绿皮书共出版了多少册，他没有回答，只说已翻译成了50种语言，包括中文在内。正说着，外事负责人来了，不知是嫌我们对他不尊重，还是他必须履行职责，他毫不犹豫地从头说了一遍，我们只能洗耳恭听，再受一次卡扎菲思想的教育。我问："作为利比亚最重要的绿皮书研究机构，请问有多少研究人员？"他的面色不大自然，摆出一副听不懂我问题的样子。我只能再说中心有多少专职人员，他说有五十多位。我又问利比亚的小学至大学是否开设学习或研究绿皮书的课程，他说大学社会学等专业有这门课，其他学生都靠他们自觉学习。

　　估计再问不出什么结果，我们立即开始拍摄。大厅中有一幅利比亚地图，上面标着设有绿皮书研究中心的地点，几乎覆盖了每一个城市。玻璃柜中放着50种文字的绿皮书，中文版是在北京出版的。宽敞的阅览室中读者不多，我采访了一位女青年，她是大学一年级学生，在那里做作业。我问来这里是否准备看绿皮书，她说不是。另一桌的一位男青年是经济学硕士生，正在写论文，他说在这里找书很方便。我问他是否读绿皮书，他说经常读，其中有很多与经济学有关的内容。

　　伊麦德接到新闻司的通知，司秘书（司长）要会见我们。但等我们到达时，他一位下属等在门口，说我们可以先拍摄其他内容，

绿皮书中心的读者

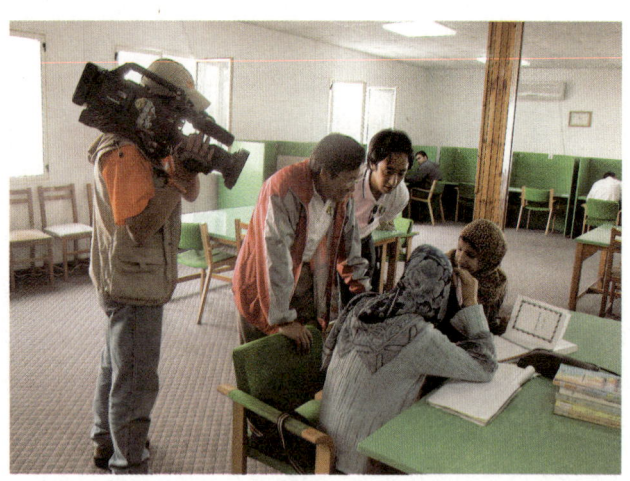

采访读者

等待进一步通知。伊麦德留下等消息,由于他没有手机,又留下了张群的电话。

我们三辆车往城中摄外景,先至海边,离新码头颇远,海波与小强为选点发生争执,相互指责。张群建议往海门,与阿丽亚娜意见相同,就一起去。这是一座罗马凯旋门,2000年修复。建造时面对大海,现在已离海有一定距离,它的外面又有了土耳其人所建的清真寺。转入旧城,路上车很堵。又转到九一广场,到博物馆前拍摄。张群接到伊麦德来电,得知拍被炸住宅已安排到明天。原定明天下午拍博物馆,因为上午闭馆,临时决定马上去拍。

该博物馆利用的是一座旧建筑,自罗马时代起各代都在此改建,现在的建筑是墨索里尼所建。入内后见规模很大,但电梯停驶,好几个展室关闭。自下而上,有史前、希腊、罗马……依次直到"九一革命"各个专题展厅,又有自然、生物等展厅。展品丰富,特别是罗马展厅,展品之精之美,令人应接不暇,丝毫不比罗马、米兰的博物馆差。扎西在罗马展室拍摄,我在拍完照后到各展厅参观。

出来后转至一家餐厅用餐,近下午3时回房间等候下一步安排的消息。写致陆灏及家中邮件。近4时到楼下网吧,收女儿、周筱赟、吴滔、刘景琳、韩昭庆、陆灏、央视曹某、《外滩画报》高某邮件,回复家中、陆灏(附照片三张)、吴滔(告收到)、周筱赟(发去附件)、满志敏(发去附件)、《外滩画报》高某(补发照片三张)、韩昭庆(英文,要她与满志敏、历史系主任吴景平等商议,国际会议的筹备仍按原计划进行),又发《托泽尔古城》《马泉》

二文于后方及《北京晨报》。至6时，回房间看收到的邮件，整理照片。

7时半出发去大使官邸。其间发现伊麦德的车还是跟着，张群与他联系，告诉他不能进我使馆，但他说按利比亚外交人民委员规定，必须全程陪同，不能进使馆就在门外等。官邸位于郊外，主楼二层，罗大使夫妇陪同参观。大使是四川仪陇人，夫人是北京人。入乡随俗，有两个客厅，分别接待男女宾客。旁边有一个多功能大厅，由国内建筑队来施工装修。至宴会厅，招待员就是那天到边境迎接我们的司机，他本系钓鱼台国宾馆17号楼的招待，所以今天的宴请很正规，桌上放了席卡和菜单。马强参赞、张群作陪。大使介绍利比亚"五多"及江泽民主席来访时的"六个意外"，后来易春告诉他以前就听过，不知说了几遍。得知卡扎菲前天已接见中国妇女代表团。下午已开始下雨，到我们告别时雨还不止，大使一行送至门口。

回去后钥匙打不开房门，到总台找人来才进去，所洗衣物已送回。看电视新闻，美军逼近巴格达。日记未写完就睡，1时。

的黎波里—塞卜拉泰—的黎波里

4月4日，星期五　晴

6时起，洗澡洗发，补全日记。早餐后回房间，继续改《上海移民战略》一文。至9时23分易春来电,方记得今日出发时间为20分,而误记为30分。即下楼,幸而伊麦德还没有到。他办事可谓尽心尽力,唯一的缺点是经常稍迟到。大概是他顾及外交官的体面,随时都要西服领带笔挺,皮鞋锃亮,每次出发前都得花些时间。

10时前到我使馆,门前竟是泥路,高低不平,如是雨天肯定会泥泞不堪。路口一段已铺装硬化,据说是在路旁的阿联酋使馆自费。随张群进使馆大厅稍坐,馆员陆续到。使馆楼对外办公,但平时仅住四人,其他人或住官邸,或住在另一处。稍后大使夫妇、马参赞等陆续到,年轻馆员将野餐用具及食品搬上车。

10时半后出发,车队浩浩荡荡驶往60公里外的塞卜拉泰(Sabratha)。这也是公元前7世纪腓尼基人首先建造的,公元46年被恺撒的军队占领,罗马人又大兴土木,到2世纪末已经成为北非地中海南岸最繁华的城市。6世纪成为拜占庭帝国的属地。随大家一起到罗马剧场,使馆人员以此为背景拍"向祖国人民拜年"镜头,请海波带回国内,交央视备用于明年春晚。毕后进剧场参观,这座可容纳五千观众的环形露天剧场的外墙虽已残缺不全,但巍然屹立,气势不凡,拍了不少照片。就在走廊采访罗大使,小强已要求尽量精练,但他还是讲了很久,内容则还是"五点",我不便制止,只能洗耳恭听。结束后向海滨走去,景色壮观,可惜无法穷尽,离海还远。折回入口处,左面有一座石塔,是拜占庭时代建的,与罗马式不同,也只能远距离拍照。使馆原定在这里野餐,因风太大,决定返回官邸。得知使馆王师傅的车与利比亚人的车相撞，虽无大碍，也需要留院观察两小时，所以伊麦德留了下来。回到官邸，在二楼男会客室采访大使，小强请他只谈中国承建的油气管道项目一点。大使夫人招待用茶。结束后到大厅，用烤羊肉、凉拌面、黄瓜等，与马参赞等闲谈。

刚离开大使官邸，准备返回旅馆，张群接到新闻司司长直接打来的电话，要我们马上做好拍摄准备。张群告诉我们20分钟后到，司长说需要再请示。张群又打电话给伊麦德，还在医院，来不及赶到。待我们回到旅馆，马上通知海波与文靖下来。司长朱玛·艾布赫利已经等在大堂，他说我们只能去一辆车和拍摄组的七个人，立即出发。但我们还有拍摄器材，经过协商，他同意我们去两辆车，张群也获准陪同。司长解释说，今天是休息日，他临时接到通知，连正规的服装也来不及换，就由他儿子开车赶来了。

我们的车紧跟他的车来到一片普通的住宅中，但路旁是一圈范围很大的围墙，筑着岗楼。转过弯，就是一座紧闭的铁门，门前的岗亭和好几位穿着迷彩军服、戴贝雷帽、荷枪实弹的士兵。在司长做了说明，并送上一张小纸片后，三辆车进入大门。里面是一个很大的停车场，前面有第二道装着铁丝网的围墙，大门开着，门前站着戴另一种颜色贝雷帽的士兵。我们的车停在第三道铁门前，墙上不仅装着电网，还斜挂着布满钉子的铁架。我们下车等待，扎西照例举起摄像机，朱玛和士兵立即阻止，说明进入现场后方可拍摄。过了几分钟，铁门打开了，我们八人跟朱玛走进大门，五位虎背熊腰的士兵持枪紧随。这是一个非常宽大的院子，望不到尽头，附近就是那座被炸的两层建筑，附近和远处有不少帐篷。来到建筑物的正面，朱玛宣布可以对着建筑物拍摄，但不得将镜头对着其他方向。

拍完外观，朱玛陪同我们进入内部，里面都保持着被炸时的原状，但在正房内陈列着不少美军的钢盔、被击落的美机的螺旋桨、F16战机的副油箱、未及引爆的炸弹、武器残骸等。据朱玛介绍，这些都是被利比亚人民缴获的，是美国侵略暴行的罪证。正中的桌上放着一本很大的题词本，用一块废弹片做镇纸。朱玛告诉我们，江泽民主席来参观时，就在这张桌上题词。

隔壁的一间房当时是儿童住所，卡扎菲的养女就是在这里被

美机轰炸后的卡扎菲住宅

炸身亡的,一张黑白照片留下了这个无辜的幼儿离开世界时的惨状。其他房间都保持着当时的破坏,天花板脱落,玻璃窗粉碎,室内一片狼藉。

拍摄完毕后,朱玛允许我提两个问题。我问:"我第一次听到你们领袖的名字时他27岁,现在他已经61岁了,他有没有考虑他的接班人呢?"朱玛回答:"我们的国家一切属于人民,领袖会根据人民的意愿做决定。"我又问:"外界传说领袖会培养他的小儿子为接班人,是这样吗?"朱玛说:"这也应该由人民来决定。不过领袖的儿子的确不同于常人,我们都很佩服。"他问我们还有什么要求,我说本来我们准备采访卡扎菲,朱玛笑着说:"我早就知道你们的计划,但领袖太忙,以后再有机会吧!"我说我们还准备了绿皮书请他签字,黄海波拿出了大家备好的绿皮书。朱玛爽快地说:"你们把书都留下,我替你们找机会,到时通知你们使馆来取。"

五位士兵还是将我们围着送出了这道围墙,客气地与我们挥手道别。听说有时卡扎菲会突然出现在来访者面前,但今天奇迹没有出现。

返回房间后马上写了一篇报道,又改定《上海移民战略》一文,晚6时半至楼下网吧发出。《外滩画报》高某以英文问照片题目,以英文答复。收王勇邮件,还是希望与我通电话,告诉他到埃及后设法联系。收教育部重点研究基地主任会议通知(附件)、后方邮件,想发照片给陆灏未成。正准备付费时海波到,问其中有公事,就由他付了,但说今后还是不要在这样贵的地方收发邮件为宜。实际这里每小时2.5第纳尔,而一般网吧也要1.5第纳尔。

7时半至第一天用餐处,海波已订了意大利面,李兆波不悦,与他言语冲突。回旅馆后,海波召集众人到李兆波房间开会,说明近日事情烦琐,点餐时未征求意见,表示歉意。议论时我指出他与小强事先应加强沟通,对外界要求与内容选择应该折中,小强应注意对外态度。汤文靖也指出,前天在管道公司时小强与海波态度欠妥。许易春要求到埃及补衣服,天气越来越热,没有夏装换。海波说后方的衣物寄到驻埃及使馆后被拒收,此前已改由蓝天旅游公司代办,详情还不知道。开完会回房间,汤文靖送来插件,拷入全部报道及他的照片,送回他房间。稍后海波送来埃及日程,录于电脑,备告家中。整理照片,洗澡后睡,1时半。

的黎波里—大莱普提斯—兹利坦

4月5日,星期六 晴

8时半出发,先到一所女子高中,等候学生进校。9时进学校操场,学生列队,齐声朗诵,唱歌,升国旗,听校方训话,学生代表诵读《古兰经》,为伊拉克战争死者默哀。

稍后我采访一位教师,她介绍这是每天要进行的活动,约半小时,上午有四节课,但另一位教师插话,她每周上六节课,每天上两节课。又告诉我,该校有学生800人,教师230人。我对教师之多感到惊异,她解释因为在利比亚人人都可上大学,也都可以就业,而大学有任职标准,所以没有获得硕士学位的就来中学任教。另有一所小学、一所初中及一所高中,都是该校管理的。我问:"这么多教师,有那么多课上吗?她们的工作量是多少?日常工作怎么安排的?"她回答:"保证人人有工作,是领袖的规定,所以学校不能不接受愿意求职的教师。她们的具体工作由校长安排,没有安排到工作的人,每天也要来上班,参加集体活动,自己学习,听听讲座或开会,没有什么事可以早些回家。"我注意到,操场集会时没有任务的教师都坐在走廊里聊天,或围成一圈说笑,手里都提着包,有的还挽着外套,显然她们没有自己的办公室。我又问,如果学生早上迟到,会怎样处理。她说一般不会有人迟到,如真有,就责令她打扫卫生。再采访在集会时诵经的学生和她的老师,这是从学生中挑选出来的优秀生,还要经过清真寺的培训,是学生最高的荣誉和奖励。问这位学生毕业后打算,她说还没有决定。学生都穿军装式校服,因为今日天气凉,有人套上了自己的外衣。将离开操场时被学生围住了,以英语交谈。一位女生说最喜欢学英语,另一位称喜欢学化学。有学生问我的名字,并主动告诉我她的名字。气氛热烈,出乎意料。

上二楼,一位年轻女教师领我到学生会办公室,她担任着学生会主席,经常来这里活动的有150人。女教师成群等候于楼梯下,校长是一位中年男子,厉声训斥,令她们赶快上楼,竟在一位教师背上打了一下,还骂了粗话。楼上的图书馆有讲座,内容是批判犹太复国主义,很多教师在听讲。还有少数人等候在走廊,或者自己拿来椅子，围坐一起聊天，或者靠边站着发呆。到办公室采访校长，他旁边一个人经常插嘴，海波要他不要靠近镜头，还是制止不住，不知此人与校长是什么关系。校长再三称颂领袖卡扎菲和利比亚的教育制度，他介绍本校有学生850人，都经过严格考试才录取，都已分了科，如医学就学解剖学等，还分了文科、理科。不分科的高中就可以自由入学，不需要经过考试。我问他男生学校的情况怎么样，他说大致相同。我问他早上在操场有活动是规定或者强制参加的吗？如果学生不愿参加政治活动怎么办？校方会如何处理？他愣了一下，说从来没有遇到这样的情况，因为学生都已经过挑选，所以不会发生这样的事。问他学校与家

女子高中的晨间活动

长如何联系，说每年开三次家长会，听取意见。我问教师为什么要那么多，他说这正是利比亚教育制度的优越性，毕业生都能就业，而且国家特别重视教育。同来的人想上厕所，上上下下都找不到男厕所，只得来问校长。他说唯一的男厕所正在修理。我问他那七位男教师如何上厕所，他说大多数人的家就在附近（不知道是否包括他自己，我不好意思问他自己在哪里如厕）。将离开学校时又被学生包围了，纷纷要我们签名。一位女生送我一把卷笔刀，我手头没有其他东西回赠，就给了她一张我的名片，结果随带的名片被全部要光。汤文靖将帽子送给他们，大受欢迎。有学生取来相机，反复与我们合影。

离校后马上去阿丽亚娜的公司，又遇到了麻烦，因为伊麦德声称批文上只容许我们七个人外出采访，没有阿丽亚娜和张群的名字，这意味着他们两人不能与我们一起离开的黎波里去外地了。后来知道是因为他的上司打电话给我使馆，说张群干预采访，或者就是昨天伊麦德没有能陪同拍摄被炸住宅的缘故。海波等进公司，我们停车等候。想到刚才在学校找不到厕所，赶快进公司解决了小便。出来后又走到附近旧城拍照。回来后知道问题已解决，立即出发。

行驶120公里，午间到达大莱普提斯遗址。第一辆车已驶过了头，车上三个人都睡着了，没有人告诉司机。张群的车追到前面招呼，这辆车才折回来。在入口处一家餐馆用午餐，餐后会见一位导游，能说英语。因持有批文，门票免收，但摄像机和相机还须收费。

  与塞卜拉泰古城一样,大莱普提斯城也是由腓尼基人创建的,但时间更早——在公元前8世纪。腓尼基人的选择也离不开航海的需要,从修建港口开始,用于贸易、渔业,逐渐发展成一座城市。

  尽管大莱普提斯也曾由努米底亚王国征服,并统治过一百多年,但使这座城市在北非称雄一千多年还得归功于罗马人。公元前46年,恺撒的军队占领莱普提斯,此后此城成为罗马帝国非洲行省的橄榄油出口和贸易中心,并被命名为大莱普提斯。公元初,大莱普提斯大兴土木,先后建成了维塔斯广场、利泊尔·帕特神庙、维塔斯教堂和圆柱拱门等气势宏伟的建筑物和街道、市场、下水道等市政设施。该城的地位也节节高升,公元74年成为自治市,109年罗马皇帝图拉真将其升格为罗马殖民区。为此,该市特意为图拉真建造了一座高大的拱门。193年,出生于大莱普提斯的塞普蒂米乌斯·塞维鲁登上罗马皇帝宝座,使这座城市的地位达到巅峰。塞维鲁给自己的出生地确定了特殊法律地位——永久性地豁免了该城居民的全部赋税。感恩戴德的居民在市中心建造了颂扬皇帝功德的四面拱门,又有财力建起更宏伟的大会堂。从284年起,大莱普提斯顺理成章地成为的黎波里塔尼亚省的省会。

  大莱普提斯的厄运开始于365年,当年发生的一场大地震使城市遭受巨大破坏,以后一直没有恢复元气。439年后,汪达尔人、拜占庭帝国先后成为它的主人,642年又成为阿拉伯帝国的疆域,但史料和考古发掘都没有发现这座城市有过复兴的迹象。奥斯曼帝国于16世纪占有大莱普提斯后,罗马时代留下的大理石构件和雕塑被大量拆除,成为新建的清真寺中的装饰品。法国人在17世纪重演故伎，将城内留下的精美雕像、石柱运回本国。

不幸中的大幸，是这座古城的过早衰败使它提前成为一片废墟，基本被数米至十余米的流沙所覆盖，从而避免了被彻底破坏。20世纪以来，法、意、英、美等国和利比亚的考古学家对该城进行了持续的发掘，使遗址逐渐重见天石，一些建筑的轮廓骨架大致修复，并于1982年成为世界文化遗产。

我们先经过那座著名的四面拱门。公元193年，146年出生于大莱普提斯的塞普蒂米乌斯·塞维鲁登上罗马帝国皇帝的宝座。203年，大莱普提斯在城中两条主要大街——卡尔多大街和德古玛努斯大街——的交叉口建造了这座四面拱门作为纪念。现在遗址已埋在沙土下5米，所以仅在它的一端清理出了原来的路基。它本来应该在城中心，如今却是靠近参观入口，说明已经发掘和恢复的遗址只是古城的一部分。拱门搭着脚手架，正在维修，但丝毫不减它青春年代的绰约风姿。

在此前参观过的罗马古城中，公共浴池从未缺少，但相比之下，大莱普提斯的一座是保存最完整的。看过以后，你不能不叹为观止。可以这样说，不了解罗马时代的公共浴池，就无法理解罗马的社会生活。且不说浴池建筑和装饰的雍容华贵，就其结构和设施而言，放在今天也毫不逊色。从大门入内，依次有像标准室内游泳池般的凉水池、稍小些的温水池和热水池，最后的一间是当时的"桑拿浴室"。残留的墙壁显示，四周的墙壁都是用管道状的方砖砌成，由地下引下的热水沿这些密集的管道在室内通过，将池中的水和室内的空气烤热。走廊旁的一个小间设有类似阀门的装置，可以调节水量和水温，保证浴客的需求。在浴室附近，我还看到了残存的大型公共厕所，一个个以大理石板凿成的蹲位下面，都有引水冲洗的水沟。

后面有一条大跑道，旁边是竞技场，时间不够，来不及拍了。至海滨拍摄，由我讲罗马建筑大多建于海滨的原因。

行驶至兹利坦，住兹利坦旅馆（Zliten Hotel）。晚8时于旅馆餐厅用餐，回房间续写致家中邮件，整理照片，洗澡后睡，12时半。

兹利坦—大莱普提斯—苏尔特

4月6日，星期日　晴

6时半起。8时半出发，9时至大莱普提斯遗址入口，与导游会合。先来到一块巨石前，是从20公里外港口一艘沉船上捞起来的大理石坯。我出镜，说明是建筑所用大理石来自罗马的证据。

遥见一座大理石建筑，导游告诉我是当年的市场。穿过宫殿般的大门，首先看到的是鱼市。半人高的大理石板被雕成活泼的鱼形，成为一排摊位。上面搁的石案板已荡然无存，但我们还是可以想象，上面陈放着由地中海内捕捞来的鱼正供顾客挑选。再往前是一座正八边形的建筑，很像一个大型的中国亭子，这是纺织品市场。旁边是粮食市场，还留着几个"标准秤"——在石头上挖的圆洞壁上划有刻度，将粮食倒下后就能显示其分量。中国从公元前3世纪的秦始皇时代就统一了度量衡,不知罗马帝国的度量衡是否已在全国范围内一致。

与这里的剧场相比,塞卜拉泰那座就只能算"小巫"了。不仅是规模大——可容纳1.5万名观众,是前者容量的三倍,而且舞台更加开阔,演出和观赏效果更加完美。巨大的塑像、精致的纹饰、挺拔的立柱,使剧场本身成为一件杰出的艺术品。登上五十多级的半圆形看台顶上,蔚蓝的海水就在眼前,就像舞台后一道天幕。歌榭舞台,人去楼空,只剩下残柱断垣,诉说当年的繁华。

据史料记载,大莱普提斯最繁盛时有8万人口。如果同时有1.5万人观剧,数千上万人洗浴或在浴池娱乐,数千人在市场购物,再有数千人在神庙礼拜,这些公共设施竟能容纳一半以上的居民同时活动。这还不是在罗马帝国本土,这座城市也算不上帝国最富庶发达的地方。

继续参观新市政广场和大会堂,我发现了部分答案。这座广场的一侧是高耸的看台,加上大会堂内,足以容纳数万人聚会。该城的重大事项,就是在这里用罗马式的民主方式决定的。而在残存的码头遗址上,沿着石砌的海堤往前走,可以看到石板上用来系船的一百多个圆孔,还有神庙和灯塔的遗迹。在灯塔的指引下,在神的庇佑下,这支庞大的船队将橄榄油运往帝国各地,又运来了大理石等建材和居民的生活用品。大莱普提斯的兴衰都离不开这样的政治和经济基础,这是我参观后的深刻印象,对着镜头发表了一些看法。

已近中午,返回入口。遇到海波,他上午留在旅馆办手续,

大莱普提斯遗址新广场上的雕塑

刚过来。上车驶至港口,与导游及张群入内,到了望塔遗址,对面就是灯塔遗址。当年的水道已被沙填淤,但规模还能看出。旁边建有驳岸,石基尚在,上面的系缆孔不下百余处。扎西等在外面拍海景,没有进来,我们出门上车后他正好拍到车队经过海滨的镜头。稍前面还有北非最大的竞技场遗址,恐怕已没有时间,未去。回到入口处,才知道1时半才用午餐,想再去,导游说需要另外购票,看海波没有反应,就算了。

午餐后出发,傍晚至苏尔特,是卡扎菲的故乡,住El Meharee旅馆。8时用晚餐,餐后看样片。回房间后整理照片,洗澡后睡,12时半。

苏尔特—班加西

4月7日,星期一 晴

8时半出发,先到一座规模很大的海水淡化厂。

在利比亚176万平方公里的国土中,95%以上是沙漠和半沙漠干涸平原,中部的塞卜哈是世界上最干旱的地区之一,北部沿海地带年平均降雨量也在100毫米以下,只有一条狭长的绿色地带适合农业生产,聚集着利比亚的大多数城镇和人口,也是利比亚的主要农产区。但利比亚的石油资源极其丰富,储量超过300亿桶,天然气蕴藏量达14000亿立方米。饱受缺水之苦的利比亚一度以油换水——建造海水淡化厂。

厂长自豪地向我介绍，他们采用的是世界上最先进的蒸馏设备，代表20世纪末的水平，每生产1立方米淡化水耗油7.8升。工厂的产量足以满足当地的需要，而全厂管理和生产人员只有50人。他还说离子膜透析法耗能更少，但维修成本高，所以他以为这套设备还是世界最先进，建议中国采用。但自从人工河的水引到苏尔特后，这个厂已经停产，现在只作为紧急情况下的备用。至于有哪些紧急情况，厂长说无可奉告，这是管理部门的事，比如说管道维修或其他特殊情况，他只负责按命令启动设备。因为事关国计民生，这座厂并不是赢利机构，所以他的50位员工现在还照样拿工资上班。我问他既然有了这样先进的设备，为什么还要开挖人工河引水。他说对此无法置评。又随他到海边看引水口，拍了与他交谈的镜头。因为小强事先并未告诉我拍摄要求，不知道从何处入手，而海波又喜欢现场指挥，应付不迭。

因为厂长没有名片，随他回办公室，请他写下姓名和厂名。伊麦德已在催促，立即告辞。

来到一所小学，是卡扎菲曾经就读的学校，如今是革命博物馆。在扎西做好准备后，我走进校门，与一位老人会面。他出生于1939年，1950年就与卡扎菲（出生于1942年）同时入学，在同一个班级，现在是这个博物馆的馆长。进入教室，有十余人的课桌椅，桌上都有名牌，第一排右侧就是卡扎菲的座位。我问卡扎菲旁边的那位同学现在哪里，老人说在外地。他让我坐在卡扎菲的座位上，我问他当初卡扎菲有什么与众不同的地方，老人说没

采访革命博物馆馆长——卡扎菲的小学同学

有,不过是一个普通的贫家子弟。不过他虽然年纪小,却乐于助人,并且疾恶如仇,不畏强暴。我请他举个具体例子,他说譬如有同学受欺负,卡扎菲会挺身而出伸张正义。老人又告诉我,当时这一带很荒凉,只有这一所小校,所以很远的地方都有学生来上学,他印象中卡扎菲家也离校很远。因为来访者很多,另一间房间中专门放了签名簿,上面有尉健行的签名。我代表摄制组签名,并注明"到此拍摄"和具体时间。

伊麦德带我们到行政中心,有多幢建筑,范围很大。据介绍,卡扎菲曾将政治首都迁来此地,所以已成为全国人民代表大会驻地。至主楼前，礼宾官来迎接，引入大厅，会见市人代会主任等四人。落座后，主任介绍情况，黄海波答谢。主任实际上还没有介绍完，被海波打断了，很不愉快。利比亚国家电视台与当地电视台采访我，让我谈此次访问观感，当然是以"中国新闻代表团"的名义。许易春翻译成阿拉伯语，我谈了约10分钟（含翻译）。结束后与主任闲谈，饮茶及咖啡，并备有各色点心。本来还备有宴席，一定要留我们吃饭。我向主任解释，我们的日程太紧，要尽量多拍些利比亚的实况。宴席只能他们自己享用，我们拍的片子可以让更多中国人民看到。主任听了，脸色和缓下来，表示理解。又与妇女秘书交谈，她能讲英语。另一人也能讲英语，告诉我她曾访问越南胡志明市。辞出后到会议中心，负责人在迎候。来到主会议厅，可容纳3000余人，具有多种功能，并且能分割为不同大小。负责人说，这个会议中心，不仅能满足利比亚全国性会议和集会的需要，又是为整个非洲设计建造的。卡扎菲一直醉心于当非洲领袖，自然希望这里就是非洲会议中心。在背景、灯光表演时，打在大屏幕上的一幅非洲地图，正好将闪着绿光的利比亚国土放在最显要的位置，从中闪现出越来越大的卡扎菲头像。扎西还拍了灯光、屏幕等设施的演示。离开会议厅时，负责人说还有四处各具特色的会议厅可拍摄，伊麦德也在旁边极力怂恿，我们告诉他另一个点在等着，执意告辞了。

20多年前，在利比亚南部勘探石油的同时，发现在撒哈拉沙漠底下竟蕴藏着丰富的地下水。于是"大人工河"工程开始分阶段实施，将南部的地下水引到北部沿海地区。这条"人工河"实际是埋在地下的输水管道，主干线长达2000多公里，使用的钢筋混凝土复合管直径达4米。在地面能看到的，只是主干线尽头几座用于储存和调节水量的大水库。在苏尔特附近就有两个水库，一个蓄水量为640万立方米，另一个达1540万立方米。由于这一带是沿海平原，水库完全是用人工筑坝的办法建成的。

  我们先到那个较小的水库，容量640万立方米，深12米，直径800米。来自主干输水管的水进入水库后，又通过大小明渠灌溉苏尔特市的农田。水库还连着从苏尔特到班加西的管道，必要时可以通过泵站将水回灌供应沿线用户。

  工程师已经等了很久。我们先拍了挂在架子上的工程地图，然后我问他，已经探明的地下水储量可以供应多少年？他说地下水取之不竭，可以长期使用，但管道的设计寿命是50年，所以到时要更换管道。我又问他，如此大规模使用地下水，建造这样的水库，会不会对环境造成不良影响？他告诉我，非但没有造成环境的破坏，而且改善了自然环境。例如水库起了调节小气候的作用，这一带夏天的气温有所降低。水库旁引来了鸟类，附近的农田得到灌溉，经常保持一片葱绿。我问他，露天水库蒸发量是否会很大？他说在夏季每天有3000吨。但水源充足，影响有限。我问，既然已先建成了海水淡化厂，为什么还要建大人工河？他说这不是我该知道的。另一位工程师介绍，曾比较过几种方案，如海水淡化、从欧洲运水，最后还是选定了"大人工河计划"。我与工程师一起走到水库边缘，海波让我对着镜头喝水，我告诉他刚才已介绍过这是灌溉用水。

来到那个大的艾季达比亚水库，但见一道十多米高的大坝拔地而起，围成一个直径达1182米的圆形，深度达16米。旁边有所用水管展览，最大的直径4米，长7米，钢结构，内外两层都敷设水泥及防水层。由我在管前、管内介绍，又将车驶入管内拍摄。

又驶了一大段路，下午2时余才在路旁一家餐馆用餐。3时余出发，途中经过一个管道维持工厂，又遇到装运水管的车队，载着7米长、4米口径巨型水管的载重上车行驶在与公路大致平行的专用道路上。有时还能看到已经挖开的明沟和即将铺设的管道，显示这项雄心勃勃的大工程还在继续进行。

晚上8时半才到班加西，先至一餐馆用餐，毕后至Tibesti旅馆，五星级，是此城最好的，面对湖。进房间后看电视新闻，想洗澡，发现开不出热水，打电话招来服务生，又招来修理工，搞了半小时多还无法解决。要求调房，稍后一位服务生推来行李车，帮我移至812室。服务生是埃及人，会讲英语。洗澡后已11时半，又看电视新闻，稍补日记。12时半睡。

班加西—昔兰尼—贝达

4月8日，星期二　晴

6时半起，续日记。8时半出发，午前到达昔兰尼（Cyrene）古城遗址。昔兰尼始建于公元前7世纪，古希腊人渡海来到这里，建

昔兰尼古城遗址

造了阿波罗神庙、民居、市场、水库、喷泉等。公元前321年，托勒密埃及又将昔兰尼纳入其统治范围。在此200多年时间里，昔兰尼兴建了博学苑，培养出了杰出的诗人和学者，包括著名诗人卡利马科斯、著名科学家埃拉托斯特尼等。公元前1世纪，罗马占据昔兰尼，并持续统治数百年，兴建了广场、凯旋门、神殿、大会堂、公共浴室等宏伟建筑，但大多毁于365年的大地震。

与阿丽亚娜及当地导游在高处观察遗址概貌，与小强商定拍摄主题。经过古墓区，驶至宙斯神庙。建于公元前6世纪，完全仿照雅典的那座，只是规格稍小些。据说当年希腊人在雅典一带已经感受到资源不足，连水都不充裕。宙斯神给他们启示，渡海到北非发展。希腊人第一次到昔兰尼，没有找到水源，难以生存。在宙斯神的启示下，他们再次到昔兰尼，这次找到了阿波罗泉水，以后建起了昔兰尼城。不远处的阿波罗泉水，至今日夜喷涌不息。扎西拍完神庙内外的空镜，我出镜谈古希腊建筑柱子的特点。

就在旁边一家餐厅用餐。下午由本地导游介绍，先到公路旁拍远景。然后到墓地，我们都认为这是昔兰尼最有特色的部分，要做重点拍摄和介绍。这些墓最早是希腊人修建的，但罗马人来了，往往就清空了墓，供自己继续使用。到了二战期间，一部分的墓室，特别是洞穴墓室又成了当地人的防空洞。有的墓室前后被不同的人使用了二千多年，这在世界上可谓独一无二。独立的墓室大多建成神庙形，远看就是一座座小型神庙。在墓门和墓道中，罗马人往往加上了立柱、雕像、马赛克装饰和小件雕塑。在一座有雕像的墓室前，我出镜介绍，又走进墓道、墓室，由扎西继续拍摄。又拍了其他几个墓。登车驶至入口，入内拍摄阿波罗泉水的水源，据说发现三千年来从未枯竭。又拍了阿波罗神庙，始建于公元前6世纪，再建于前4世纪，罗马人建于2世纪。还有阿波罗妻子的喷泉，旁边有她孪生妹妹的庙，很小。

下午4时余结束，驶至贝达，住Gaxer El Beyda旅馆214室。稍后海波来约一起去发邮件，与他及文靖、易春步行，途中先找了今晚用餐的地方，因海波嫌阿丽亚娜介绍的地方都是质次价高。转了一圈，海波忘了网吧在哪里。折返旅馆，遇到地陪，由他带去，6时半方到。收女儿、朱学勤、周筱赟邮件，发出回复女儿的附件，以英语回复周筱赟。以英语致吴滔，嘱他继续将论文发来。收安徽大学徽学中心邮件，大概就是会议通知，因上次所收邮件无法读出。以英语回复，说明6月中旬方能返回。又收女儿邮件，朱毅要我的博士论文，说是申报项目所需，以英文回复。又收到她邮件，大概正在网上，当即回复。7时半由车接返，8时至旅馆对面小餐馆用餐。天气很冷，回房间开了电热汀。洗澡，洗衣。拟回复女儿、周筱赟的邮件。整理照片，未毕。12时3刻睡。

贝达—图卜鲁格

4月9日，星期三　晴

6时半起，早餐后日记。9时出发，12时半至图卜鲁格（Tobruk）。

盟军墓地大门

先到餐馆午餐，然后到El Massira旅馆前，留下行李，由海波等送入房内，我与小强、易春、扎西、兆波随阿丽亚娜和伊麦德就出发。

先至海滨德国士兵墓地，建于1954—1955年，外貌似一个古堡，内部分四室，分据东西南北，中庭放置一具雕塑，四周有回廊相连，墙壁上刻着死者姓名，收葬于此者7000余。死者的遗骸全部安放在地下室，钥匙由德国驻利比亚使馆掌管，新发现的骸骨随时放入。管大门钥匙的人其先人曾帮德国人建造基地，就住在墓旁，现在已传到后代。伊麦德拿来题词簿，我翻了几页，都反映了人类共同的心声。我写下了：人类只有记住战争的损失，才能争取持久和平。整个墓地内敛、低调，平时不开，事先联系才有选择地开放。我们离开时，大门就关上了。

利比亚

又往另一处，车开了很久，问阿丽亚娜，才知道将去离此一小时车程的英国人集中营，有当年他们所作的画。立刻制止，告诉她今天就到附近的墓地。折返至法国军人墓，实际离开不远。墓园中葬有戴高乐将军率领的自由法国军400余人，有碑记载他们的事迹。又到盟军墓地，葬千余人，有澳大利亚所建碑，因为这一带牺牲了不少澳洲军人。读了一些墓前的碑文，相当感人。有五人合葬的墓，估计当时已无法区分。

近晚6时回旅馆，住217室。此饭店号称五星级，设施却相当陈旧。看电视新闻，美英联军已攻占巴格达，伊拉克人欢庆，但不知萨达姆生死或下落。写日记，至晚上补全。8时在楼下餐厅用餐，等候很久。餐后稍整理照片，即感疲倦。近日有点感冒迹象，幸而未扩大，仍以小心为要。12时睡。

埃及

图卜鲁格—埃及马特鲁港

4月10日，星期四 晴

5时50分起。早餐时问阿丽亚娜，能否将我余下的几个第纳尔换成埃及镑，她说不行。7时出发，作为最后一次，伊麦德等还是迟了10分钟。这里往边界还有160公里，于8时3刻到达。蓝天公司的三人与埃及新闻中心一位官员已在等候，出利比亚边境还顺利，于9时40分到达埃及边境。与张群、与伊麦德等告别，临行叮嘱张群回北京后别忘了给我寄走托他带回去的信件。

入境后开始还顺利，海关检查摄像机等，于11时10分放行。到车辆管理所前，因埃及规定外来车辆均需更换牌照及另办保险，索价每车800美元。海波打电话给我驻埃及大使馆，得到的回答称这是埃方的规定，必须照办。忽然海关又来找麻烦，命令车队退回，除了核对摄像机外，又要开箱查行李。许易春去交涉，找来了他们的负责人，方免去。我很生气，用英语批评他们。但海波不让易春用阿拉伯语交涉，对我出面发表意见也不乐意，不知什么缘故。我问海波，蓝天公司方面为什么不事先做好安排，他说已经打点过有关人员，可是此人换班，今天不在。至近下午1时尚无音讯，公司给我们买来盒饭充饥。海波来车上取现金，说不想让阿丽亚娜知道他身边有钱。等了很久海波才回来，得知他已付了3200美元，并且没有收据。问他为什么不做交涉，他说已经给纳赛尔打了电话，也联系了使馆，都无济于事。又等了好久才返

由利比亚进入埃及

回车管处，又等办换牌照等手续。正好一位官员过来，我过去用英语指责他：这不仅仅是对我们个人不礼貌，实在是对中国不友好。旁人译给他听，他笑着说"不可能"。我又说我们此行是经两国政府安排的，而且你们的大使和旅游专员都邀请我们尽量多拍，你们这样做是欢迎的方式吗？把我们当难民吗？旁人不敢译给他听，其实他也明白我的意思，悻悻而退。此前易春也问他：钱交哪里去了？为什么不给收据？

由利比亚入境的汽车很多，但基本上都是埃及牌照，不需要办任何手续。因为利比亚的油价太便宜，即使开很长的路去那里加油也合算。

到4时40分才开车，7时35分到达马特鲁港（Mersa Matruh），住Beau Site旅馆456室。海波定7时半于旅馆晚餐。到时下楼，才知道旅馆餐厅的晚餐每人索价16美元，已改到外面去吃。上车驶往城中，至一家餐馆用餐，意大利面极差，汤也没有味道，只有烤肉还能吃。阿丽亚娜说埃及的蔬菜都不干净，劝我们不要吃色拉。回房间后写日记，感觉发冷，很累。为防感冒，喝了不少水，看电视新闻后就睡，11时半。

马特鲁港—阿莱曼

4月11日，星期五　晴间多云

6时余起，洗发洗澡，补全日记。8时半出发，至阿莱曼，沿途都是沙漠。

先至意大利墓园，范围甚大，并且还有陈列室。作为法西斯战败国，为一支侵略军建那么张扬的墓地，与德国的墓园适成鲜明对比，实在出乎意料。或许与利比亚1912年沦为意大利殖民地，1943年被英法军队所占的历史背景有关。墓园边上还有安葬了百余人的利比亚军人墓，应该是二战期间意大利军队的一部分。

德国军人墓也建在海边，规模、形式与在图卜鲁格见的那座基本相同,只是这里放了一些石棺,并非葬于地下。门厅旁有留言册,翻阅所见,自3月底至4月5日,来参观的大多是德国人,又有英国、法国、荷兰各一人。德国人有三人题词,其中两条是英文写的,一是"愿此类惨剧不再发生于任何国家",一是"要和平,不要战争"。我告诉小强,认为值得拍摄。正好遇到一位德国老人,问他的观感,知道他愿意接受采访。拍摄他与我的谈话:"德国人都必须牢记二战的教训,反战求和平,所以这一次我反对对伊拉克的战争。"我又介绍留言簿上内容,并用英语读了这两条题词。

再到盟军墓地,有八千余人安葬在这里,规模最大。小强要我选出三处碑文,由我做介绍,但清真寺午祷的时间到了,易春说时间会很长,我们等不及,只能由扎西拍空镜。

近下午1时出墓园,海波等已在门前,立即登车驶入城内,到一家小餐馆,发现这家店很不卫生,问阿丽亚娜,她说是海波定的。海波订了烤肉两千克,让易春议价,大家都不愉快。我向阿丽亚娜借了二十埃镑,到旁边一家小店买芝麻饼。海波见后,说他本来就要给大家买小吃,坚持要由他付款。回到餐厅,我吃饼,喝啤酒当午餐,声明正好感冒尚未消退,不想因为食物不清洁致病,实际是为了避免使海波难堪。大家颇有怨言,说如果这样下去必定会抵制海波。

餐后出发,驶往二战期间的布雷区。十余公里后到一个小村,有一位七十岁的老人,由我做采访。老人说1942年他九岁时不慎中雷,双目失明,两手都有手指被炸掉,眼睛旁边及手臂上至今

二战布雷区帐篷里的父子

还留着弹片。幸而真主保佑,现在有四个儿子及孙子。他一个孙子就在旁边,我想问他,他显得怯生,依偎在祖父身上。再问老人,他说这辈子从来没有看见过子孙,都是凭感觉区别是谁。又与一位老人走在路上,由他讲二战时的情况及他的经历,他谈到就在两个月前,十五公里外还有人触雷而死。问他是否知道死者姓名,他说不知道,只听说此事。又采访民众保护委员会一名成员,由他介绍雷区及军方排雷情况。稍后被采访老人捡来一块弹片,由扎西拍下。已近6时,小强还想拍博物馆外景,到那里已关

埃及　191

门。虽然里面还有人,却不能再放人进入了。

直接开到阿莱曼旅馆,地处海滨,景色优美。住212室,有阳台面海。稍后海波来叫,到汤文靖房间,还有小强、扎西、易春及阿丽亚娜,商议在埃及的日程。小强意见按原定不变,我的意见如果减到七天就太短,扎西未置可否。文靖虽表示反对,但没有什么具体理由,海波就决定按原日程不变,但表示致纳赛尔的传真仍将发出,并嘱咐阿丽亚娜通知旅行社,给埃及旅游部通报我们摄制组有缩短日程的打算。我向海波提出到阿斯旺时请假一日,自费去阿布·辛拜勒,并请阿丽亚娜了解航班情况,如可能就请她代办,二人都表示同意,阿丽亚娜就开始用电话联系。因为最新日程已删去阿布·辛拜勒,我认为不去如此重要的世界文化遗产实在可惜。回房间整理照片。8时用晚餐,主菜是鱼,量足,味亦可。还有啤酒(5%酒精)及水果。餐后看电视新闻,写日记。到12时40分睡。

阿莱曼—开罗

4月12日,星期六　晴间多云

近6时起,洗澡,补写致女儿、周筱赟邮件,又看满志敏发来的美国西来大学的材料,拟致满的邮件备用。

8时半出发,近9时到战争博物馆。尚未开门,先在院中拍军车、飞机、坦克等，各国都有。进入展厅后，按小强意图先问讲解员如何解说，试听了录音。小强的意见是请讲解员用英语讲解，但讲解员说此事需要经负责人批准，因为这里是军事单位。问什么时候可以确定，他说正在请示中。这才知道为拍摄的事海波与陪同正与博物馆负责人交涉，因为批准采访的单位为新闻部，而此馆隶属于国防部，所以批文无效。好久没有结果，我自己在馆内转了一圈，开始是综合厅，其余意大利、德国、英国、美国、协约国各一个展厅。小强说不拍也可以，就由海波借出一本画册，翻拍了上面的照片，后来知道馆方也收了25埃镑，每人门票照收5埃镑。陪同的新闻官本来要搭车到亚历山大附近，但将离开时海波与蓝天公司的都说拍摄已结束，将从这里直驶开罗，不经过亚历山大了，将他留下不管了。

军事博物馆

出来后经过阿莱曼城区，驶入沙漠，访问一位老人，由我采访，埃及陪同以英语翻译。1965年时他25岁，有一天在沙漠中做午餐，引火时引起爆炸，双目失明，一个手掌被截去，另一只手只剩下两根手指。当时结婚刚一年，幸而妻子在家里，没有殃及。由友人送到医院，政府方面没有什么救助。后来生了五子五女，但都是依赖长兄照顾，本人只能自己饮食而已。

结束后就驶往开罗，过亚历山大旁，折入往开罗高速公路。稍后停在路旁一家餐馆，实际是个游乐场，有动物园，服务生牵来幼狮供玩弄拍照，还有狮子、豹、猩猩、鹤类等动物供观赏。用烤肉、面饼，海波因点菜与阿丽亚娜发生争执，阿负气离席。海波谈到扔了新闻官的事，颇为自得，我不知所以然。蓝天公司经理来见海波，约定餐后驾车与我们一同往开罗。

4时3刻到Meridien金字塔饭店，住522室，窗外即吉萨金字塔。文靖住隔壁间，有阳台，坐在他房间的阳台上照相，又拍金字塔，可见到二大一小。将照片移到电脑，补全各邮件，告诉王勇此处电话。7时半到大堂，海波等都没有到，电话询问，说还在商谈安排。稍后到，一起步行往附近一家餐厅，易春已被他友人接去，没有回来。主菜是炸目鱼条及鱼块，饮啤酒。回来路上问海波上网的事，他说就在饭店发，今后也可这样办。到商务中心，得知所用电脑都是Windows98系统，但可以用自己的电脑。马上回房间取来，连接后直接以中文收发，这下方便多了。收女儿邮件，知她已拿到赴印度的旅游签证，回复，并发已备好的附件。她正在网上，往返发了好几次。知道朱毅要的是我的博士学位证书，但后来没有再来电话,大概问题已解决。收市海洋学会张青邮件,国际会议7月中旬举行,要求5月前发去论文。当即回复,说明不可能,稍后可能拟一个提要。收韩国王韶华邮件,回复,马上被退回,不知何故。发致周筱赟附件。发附件函于满志敏。曾军(报刊编辑)索稿,告之在国外,待返回后联系。下载朱学勤邮件及徽学中心会议通知。致邮件于王勇。《外滩画报》高某嘱今后邮件发至报社邮址。《明报》某通知,我的《地图》一文已刊出,问样报寄到哪里。又约稿,说见到网上非洲之行的文章很好。回复告家中地址,网上文章可自选刊载。用了51分钟,速度不慢,收费很贵,50埃镑。回房间洗澡洗发,洗小件衣物,大件明天可送洗衣房。写日记,移照片于硬盘,整理药品等。1时睡。

开罗

4月13日,星期日 晴

6时余醒,稍拖延,再醒时已近7时,即起。自助早餐很丰,回房间打电话让服务生来取走要洗的衣物,录音笔换电。

8时半出发,去新闻部。途中听说,后方要求将全部素材寄回,由后方编辑。汤文靖说已定了,但要求留下他已经开编的几集。又听说昨天海波在阿莱曼将新闻官留下一事已引起新闻部不满,所以事先要求我们今天到新闻部后不要多说话。进入市区,过尼罗河,眼前出现的俨然是一个现代大都会,但没有什么特色。到新闻部大楼前时,我们被挡在安检口,到边门联系,里面来人带入。到二楼新闻中心,一位女官员引到一区,介绍一位官员,就是我们在开罗地区的陪同。他见到海波就说,希望不要将我扔在路上。女官员就昨天发生的事指责海波,海波解释,说是因为在边境有了如此不愉快的经历,所以全队人都感到气愤,而且不知道埃方有新闻官必须随队的规定,才产生这样的误会,现在正式道歉。女官员态度稍为缓解,引海波到另一办公室去见她上司。海波回来后,要我们每人填一张采访表,交2张照片,与护照合并,由阿丽亚娜留下办采访证。海波与蓝天公司的人到另一处交拍摄费,并办许可证。其间我问小强,是否已确定将素材交后方制作,如真如此,那么我出镜时就要讲得尽可能详细,否则后方不了解全貌会不便剪辑,他说尚未最终确定。又告诉他天气转热后我没有其他衣服可换,只有平时穿的,如果节目有要求,就得为我制备。又商量了金字塔一集我应谈的内容,我的意见是塔旁那家中餐馆不过是做生意,如果拔得太高就不真实,但如果如实介绍又没有吸引力,采访骆驼夫等也有这样的问题。

我们出来后先回旅馆,扎西留下摄像机,乘两辆车由新闻官陪同去金字塔。购票入内,每人门票20埃镑,加车费2埃镑后,车可以驶入,只是入门时检查很严。我们后面一辆车里有三脚架忘了留在旅馆,又被盘问好久。想购票上胡夫金字塔内(40埃镑,不得带照相机),限额已满,下午1时才可以。驶至最高处,小强、易春与新闻官谈采访对象,我等拍照。这里地势高,可见到大小

金字塔

狮身人面像

六座金字塔，而以胡夫塔等座为主。埃及人多喜欢要钱或强销，有人将一叠明信片放在你手中，说是送你的礼品，然后再要美元，从一块加到五块。幸亏我们有准备，坚决拒绝。一位旅游警察问我从哪里来，告诉他中国，他竖起大拇指赞扬，要我为他拍张照，拍好后要了一美元。驶至狮身人面像前，远处拍好照后进入口，需要验票，看门的知道我是华人，要了一盒清凉油。后来又遇到强售者，而汤文靖等用以劣质电子手表（据说仅人民币10元左右）换得旧币、旧邮票一套。

　　出来已近下午1时，海波也已经到了，领到入口旁一家餐馆，用炸鱼及蔬菜汤，25埃镑。餐桌上提到希夏姆（纳赛尔的同事，与我相识），海波问他是否住在金字塔附近，我说不知道，而且至今未与他联系过。海波意思不妨先谈谈，就用他的手机打过去，一直无人接听。稍后海波的手机电用完，陪同新闻官与蓝天公司的人都说手机没电了。餐后返回旅馆，整理照片，很倦，小睡，却未入眠。查阅资料，开始写《人工河》一文。到汤文靖房间闲谈。晚7时半出门，到唐城饭店。8时海波来，稍后使馆文化处某也到，芜湖人，对安徽师大情况颇熟悉。与他谈及我们的采访计划，他表示事先不了解，否则不应有什么问题，也不至于收费。店主是宁夏人，回民，做的都是清真食品。返回旅馆后到海波房间，问他是否还需要联系希夏姆，他说可由小强决定。打电话问小强，说不必了。用海波的手机打电话给希夏姆，告诉他这里的电话，约定再联系。回房间续写文章，洗澡，至近2时睡。

4月14日，星期一　晴

　　6时半起。写毕《人工河》一文，并选定照片。8时半出门，海波留在旅馆。交通不畅，9时35分方到开罗国家博物馆。

　　开罗国家博物馆是由被埃及人称为"埃及博物馆之父"的法国著名考古学家玛利埃特于1863年在开罗北部的卜腊设计建造的，是世界最著名的博物馆之一，也是非洲最大的博物馆，收藏的各类文物有30多万件，陈列展出的有6万多件。而我们的拍摄时间

开罗国家博物馆

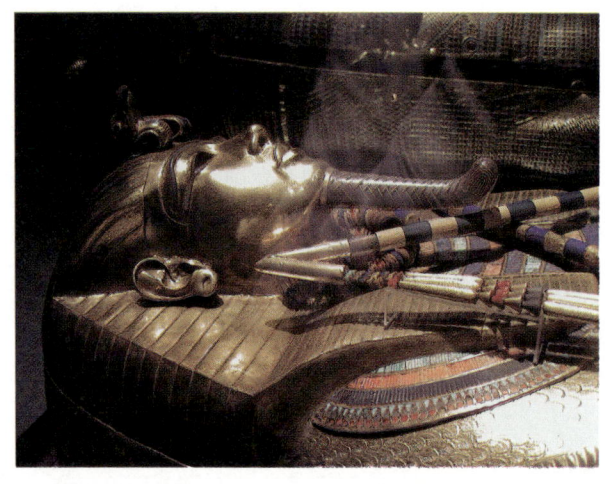

图坦卡蒙

只有两三个小时,而且并不具有专门拍摄文物的条件。再说这方面的专题片已有很多,不需要也不可能由我们来锦上添花,弄得不好只能画蛇添足。所以事先商议好,只是从一个普通游客的角度选拍其中最具有震撼力以及在中国绝对看不到的若干件,其他就随机跟拍。

　　新闻官在途中上了前面一辆车,到后问我们要采访证,说昨天已交给海波了,但我们四个人都没有拿到过。又向我们要拍摄证,也在海波那里。蓝天公司的陪同给海波打电话,要他马上送过来。等了很久,10时35分海波才到,办妥手续后进馆。我们直奔二楼的图坦卡蒙墓出土文物展区,尽管事先我看过这里大多数文物的照片或录像,读过更多的记叙和描述性文字,不止一次做了功课,刚才还在准备出镜时要说的话,但当我的目光接触到这些瑰宝时,还是意外地震惊。要不是亲眼所见,谁也不会认为这些无与伦比的精品竟是3300多年前的旧物,因为它们就像刚离开工匠的手,或者刚被这位不满19岁的国王用过。我找不到更恰当的形容词或赞美的话,除了形象、色彩和画面以外,任何言词和声音也是多余的。扎西在仔细地、贪婪地拍摄,我和汤文靖到底层参观木乃伊馆展厅,拉美西斯二世的木乃伊就安放在里面,但不许照相,扎西更无用武之地。

在博物馆的二楼,有一间专门的纸莎草纸展览室,墙上和橱中陈列着各种古老的纸莎草纸文书和图画,其中最早的已有4000多年历史。当然,在传世的10万多张纸莎草纸文献中,这只是沧海一粟。目前所知年代最早的纸莎草纸发现于开罗西南郊一座第一王朝大臣的墓中,距今5000多年,最早的载有文字的纸莎草纸是第五王朝一个账本的残片,也已有4500多年,比中国夏朝建立的年代还早。

新闻官推荐拍摄底层雕像,扎西等随他而去,我们自由观赏,拍照。

午后近1时出来,驶至旧城旁一家路边小馆用餐,仅有烤肉,苍蝇飞舞,令人厌恶,只吃了一个饼、一小块肉。餐后进入旧城,边拍摄边购物。海波确定了每人可花50美元的标准,给每人买了4个铜盘、一大张纸莎草纸画,准备用海运寄回国。各人又自己买了些东西,我买了2套棉桌布(埃及的长绒棉闻名于世,棉制品质量很高)、2本皮面本子、1个布包和一些小工艺品。1个小铜盘是拍摄时买的,实际是当时的道具。拍完后我觉得不错,就买下了。

因昨夜换的30美元已花尽,与蓝天陪同再换了10美元。

5时回旅馆,小强等往开罗塔拍全景。稍休息,拟致家中、朱学勤、朱万曙的邮件。晚8时余到旅馆旁餐厅,用意大利面。本来还点了一个鸽子,海波忘了,后来才补,用完餐时才送来。到商务中心发邮件,汤文靖先收他的邮件,接着我收了女儿、韩昭庆、朱学勤、周筱赟的邮件,都马上回复。并发出致朱万曙的邮件,又发《人工河》一文于后方网站及《晨报》,共用一小时。回房间写日记,洗澡,查阅《中国大百科全书》(光盘)上"开罗会议"条目及有关纸莎草纸资料,看电视新闻。等候家中来电,因女儿邮件中已提及。1时余果然打来,以前用海波的手机不便多说,这次可以畅谈。结束后睡。

4月15日,星期二 晴

6时余醒,看电视新闻,7时起,洗发。早餐前过汤文靖房间时,他向我借电脑,今天他不外出。回房间取来,告诉他注意事项。早餐时海波认为我穿衬衫不妥,回房间换了T恤。

8时半发车,准备去尼罗河滨的纸草博物馆,路上很堵,9时余发现第三辆车迷路,幸而对讲机还能联系,折返至动物园附近,才见它赶到。海波认为再去的话拍摄时间太短,想改拍新城。新闻官答允,但还得去新闻中心,因为需要申请许可。等到10点过了,他出来说可以。又开车往新城,实际没有什么可拍。驶过萨达特遇刺的检阅台,转到它对面那座纪念碑,前面有礼兵守卫,

纸草博物馆

拍照。11时半到会议中心,这是中国援建项目,杨尚昆主席来访时曾为它剪彩。先会见办公室主任,海波略谈拍摄要求,主任赠送我们礼品(一幅纸莎草纸画,中文介绍若干种)。

12时余如约到旅游部部长办公室,见部长Mamdouh El Eltagui博士,先与他商定采访内容。我以英语提问,他以英语回答。我问他从去年五一开放中国公民团体旅游有何意义,埃及方面采取了哪些措施,对中国游客有什么希望。他提到已在埃及驻中国大使馆中派驻旅游专员纳赛尔,下一步还将设立埃及旅游办事处。结束后我告诉他,我女儿来埃及旅游时认识了纳赛尔,我在上海接待过他,现在我们都成了朋友,这次我们来埃及他也提供了帮助。我又向他表示,如果遇到麻烦希望能及时解决,他问我有什么麻烦,海波告诉他收拍摄费的事,他听后用阿拉伯语吩咐下属,此类费不应该收。又以英语对我们说,如果其他部分要收拍摄费,应该由旅游部代付。告辞后到附近一家肯德基店用快餐,后即驶往纸莎草纸博物馆。

在开罗旧城的工艺品商店中,在金字塔附近的纸莎草纸画店中,各种纸莎草纸画琳琅满目。还有小贩向路人兜售,最便宜的小片一二埃镑(1埃镑约相当人民币1.5元)就能买到,是价廉物美的旅游商品。而在专门店中陈列着手工绘制的纸草画,标价数百至上千埃镑不等,仿古精制的纸草画更是珍贵的艺术品。

纸莎草(Papyrus)是大自然赐给古埃及人的宝物,是一种多年生的绿色长杆草本,在尼罗河三角洲的沼泽中自生自灭。古埃及利用这种草制成的纸,是当时主要的书写材料,也是重要的出口物资,希腊人、腓尼基人、罗马人,直到阿拉伯人都曾广泛使用,

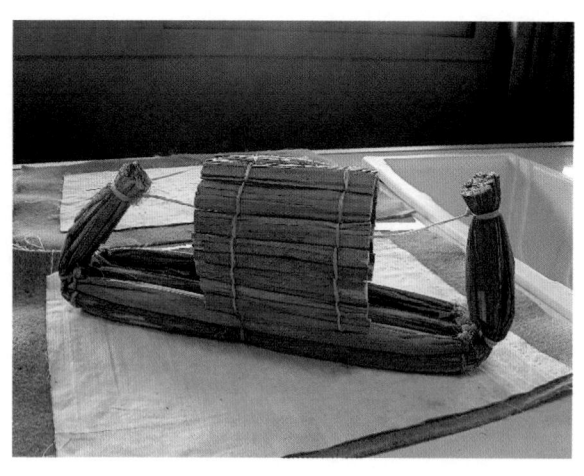

纸莎草船模型

历三千多年不衰。但从公元10世纪后，纸莎草纸逐渐退出市场，纸莎草纸的制作业最终消亡。由于古埃及人并未留下纸莎草纸生产技术的记载，尽管当年随拿破仑军队来到埃及的法国学者曾根据收集到的实物悉心探求，却一直没有能复原出制造方法。直到当代的拉加卜博士（Dr. Ragab）才揭开了这个奥秘，使失传千年的纸莎草纸再生。

早就见到过对拉加卜博士纸草博物馆的介绍，但来到尼罗河边这座博物馆内后却大失所望。不知什么原因，底层全部是纸草画和工艺品的陈列和销售，只在墙边发现一张工作台，但也没有人表演制作过程，接待的一位小姐也说不出所以然。一种书上说到博物馆后"首先见到的是一艘纸草船"，可我转了一圈都没有见到，后来突然发现工作台上有一个纸莎草纸扎的小船，但长不盈尺，简直是个玩具。

我们问陪同的埃及新闻官，他说在法老村可以看到纸莎草纸制作，不过要收1500美元的拍摄费，比埃及博物馆的收费标准还高。幸而当地陪同告诉我们，金字塔附近有一家纸莎草纸画店一直有纸莎草纸制作的表演，可以免费拍摄。

这家"吉萨纸莎草纸店"的店堂里设有两张工作台，老板听说我们来拍摄，立即招来一位能用英语和阿拉伯语讲解的青年，还再三叮嘱我们不要忘了拍一下店门前的招牌。当然他绝口不提收费，尽管工作台旁用英、法、阿文写着"禁止摄影"，还有日文"撮影禁止"。

台旁一个水桶中插着一把一米来长的绿色纸草茎，很像芦苇秆，但顶上长着稀疏的线状短叶。这些都是野生的，割下后要浸在水中，使用时间不能超过两天。青年取出一根纸草，割下三四十厘米长一段，用小刀将外面绿色的硬皮削去，露出浅色的内茎，又将它切成一片片薄片。但那时的薄片很脆，用手一折就断，而一个小水槽中浸泡着的薄片颜色已变为浅黄，拿在手里可以任意弯曲。他告诉我们，由于新鲜的纸草茎中含有糖分，必须浸泡六天，才能消除糖分，成为造纸原料。接着他表演第二道工序，从水槽中捞出浸透了的薄片，先用木槌敲平整，再用一根像擀面杖一样的圆棍挤尽水分，然后将这些薄片纵横交错地叠成一片。最后一道工序是将它放在一台铁板压中压紧，放置满六天后就成为纸草纸成品。他将叠在一起的薄片放入压机后，将铁板转紧，两分钟后取出薄片，但见相互间已经粘在一起。可以想象，六天后是什么情形。果然，接过他取来的一片成品，用两手抖动就哗哗作响，可以随意折叠，透过光照，可以看到纵横的纤维，厚薄虽不太均匀，薄处成半透明，但已浑然一体。不过，古埃及人制作时还没有这些机械，特别是最后一道工序，当时是将薄片平摊在两层亚麻布中间，然后用石头或其他重物压紧，需要的时间更久。

　　扎西拍了制作过程，由我在现场发表观感：纸莎草纸是古埃及人对人类文明的伟大贡献，是历史上最早、最便利的书写材料。正是纸草纸的发明和推广，才使人类可以不再用泥、石、木、陶、金属等材料记录文字或图画，也使古代大量信息得到传播和保存。但纸莎草纸也有自身的缺陷：它的原料单一，只能使用尼罗河流域的新鲜纸莎草，使它的产地只能局限于埃及，限制了它的推广。它的制作也比较复杂，成本较高。所以，当公元751年怛罗斯之战中被阿拉伯人俘虏的唐朝工匠将中国的造纸术传到阿拉伯世界后，纸莎草纸的制作就相形见绌。从公元2世纪开始，中国的造纸术就可以利用破布、渔网、麻片等各种废旧材料，并逐渐发展到可以广泛使用竹、木等植物纤维，原料广，成本低，产量大，价格低，而且成品多样，可以适应不同的用途，也可以在各地生产。正因为如此，中国的造纸术才最终完全取代了纸草造纸术。就像我们发掘其他古代技术一样，拉加卜博士复原纸莎草造纸术不仅再现了古代的人类文明和埃及的历史文化，也使纸莎草纸重现辉煌。作为一种生产技术和文化用品，纸莎草纸早已退出了历史舞台，但作为一种文明遗存和工艺品，纸莎草纸还方兴未艾。对于拥有发达的古代文明和丰富文化遗存的中国，拉加卜的贡献值得我们学习，也应该引起我们的深思。

拍了两遍才完成。正好有德国游客进来，拍了他们听讲及参观的情况。又到门口拍了我进门的镜头，扎西特意对着店招拍了个特写，满足了店主的要求，也作为对他慷慨允许拍摄的感谢。

海波来电通知，开罗会议会址改在明天去拍。因为还没有准备好，返回路上小强想拍些镜头，但没有发现什么，就直接回旅馆。到汤文靖房间取电脑，他用来发邮件未成功。回房间不久，海波来电通知晚7时3刻出发去唐城餐馆。两次断电片刻。整理昨天所购物品及准备海运寄回去的东西，送到李兆波与扎西的房间，他们给我包上胶带，并在上面写上姓名。回房间写日记，看电视新闻。写《纸草纸》一文,未完毕。7时半出门,到唐城用餐。今天吴老板的合伙人王先生在,他也是从宁夏来。回来后到那商务中心收发邮件,今天本来不必去,因为汤文靖、许易春要用我的电脑。收韩昭庆邮件,告诉我国际会议筹备情况,美国仅一个人报名,看来已受到中国SARS爆发的影响。先离开,交汤、许继续用。汤文靖刚归还电脑,又来叫,说他们与汪蒂雅在俱乐部饮酒,没有人能沟通。到后见除了黄海波、许易春,大家都在,聊了一会黄海波也来了,到11时才散。黄海波本以为饮品都是免费的,签单时才知道只有6—7时的Happy Hour才免费,其他时间都要收费。昨天夜里他们也来过。回房间看电视新闻,洗发洗澡,查阅《大百科》有关材料,很倦,1时睡。

4月16日,星期三 晴

7时半就出发,先到金字塔入口,等新闻官等到后才进入。驶至塔旁的沙丘,以金字塔为背景拍车队经过。今日穆巴拉克总统夫人将来,所以警卫特严。又驶至最高处,经交涉后方同意驶至塔后沙丘,拍摄车队。

回到第三塔,导游纳赛尔已在,拍了他接待游客的镜头。一般参观者能购票进入的金字塔只有两座,胡夫塔还限制人数,那天去晚了只能望塔兴叹。今天我先进塔,沿着陡峭的石阶往下走了70多级。个子高的人固然得随时注意弯腰俯首,就连我这样身高才一米六五的人腰也不敢伸直,而且汗流气喘不止。下面有小洞，又沿着走廊往前，有梯子下去，经过几个小间才到尽头。多数人进来后会感到失望，因为除了一切都是由石头构成的台阶、过道、房间，其他都只能任导游介绍或靠自己想象。不久前举世瞩目的一次考古现场直播，就以机器人不得其门而入告终。

以往有人将金字塔看得神乎其神，甚至一些考古学家和学者也认为金字塔不可能由人力建造，他们推测是出于外星人之手。但近年的考古实验证明，依靠简单的工具完全可以将重达数十吨的巨大花岗石垒成一百多米高的塔身。最新的考古发现还推翻了流传已久的说法：金字塔是由奴隶建造的。因为从一些遗址的遗物看，至少其中一部分是普通工匠。不过有一点可以肯定，要是没有大自然的恩惠，金字塔是绝对建造不起来的。造金字塔的花岗岩产于阿斯旺，正好有尼罗河流经，可以通过船舶将这些庞然大物顺流而下运往开罗。由于那一带植被稀少，花岗岩都已裸露，不仅遍野皆是，而且由于阳光炽烈，昼夜温差极大，岩石易开裂破碎，也便于用原始的方法开采和加工。

扎西等分别参观后返回，由我采访从塔中下来的游客，一对匈牙利夫妇带着子女，态度友善，谈得很得体，其余都一般。海波也采访了一批。再回到最高处，由我采访赶骆驼人，有一位老人已赶了55年，他说世代干这活，他的子孙也赶骆驼；但其他人说他们的孩子都上学了。干这活也需要领执照，并且得随身携带，老人拿出来给我看。驶至狮身人面像旁出口，海波等随纳赛尔到他家的墓地拍摄，我在车上小睡等候。

12时余至米纳花园，即今早所经入口旁。海波等返回，留下小强、易春、扎西与我进去拍摄。

在吉萨金字塔入口旁,有一道长长的围墙,摇曳的椰枣树与扶疏的花木围绕着一座典型的白色建筑物,这就是著名的米纳宫。早在苏伊士运河开通典礼时,这里已是接待国宾的场所,一百多年来冠盖云集,很多国家的元首政要在此下榻,不少改变历史的重大国际会议在此召开。对中国来说,米纳宫有其特殊意义,因为第二次世界大战结束前的开罗会议就是在这里举行的。1943年11月22日至26日,美国总统罗斯福、英国首相丘吉尔和中国的蒋介石讨论通过了中美英三国《开罗宣言》,经苏联领导人斯大林同意后于12月1日公布。《开罗宣言》规定,日本侵占的中国领土,包括满洲(东北)、台湾、澎湖列岛及所有附属岛屿必须无条件地归还中国。

今天的米纳宫是一座集旅馆与赌场于一体的豪华饭店,当我们来寻访开罗会议旧踪时,发现饭店的大多数人对此一无所知,或许是因为毕竟已过去了60年,或许是会议对他们并没有什么直接影响。接待我们的公关经理由于事先接到通知,才知道当初的会议厅就是一楼的大餐厅。在长长的走廊尽头,她打开餐厅的大门,因为还没有到用餐时间,里面只有两位侍者在整理桌布。餐厅中间是一块下沉式的正方形,四面有几级台阶,开会时在中间布置了一张大的圆桌。由于会议厅是临时设置的,会后就恢复为餐厅,所以当时的用具都没有保存下来,餐厅内也找不到任何与会议有关的物品。

正在失望之际,公关经理告诉我们,饭店里还保存着罗斯福和丘吉尔住过的套间,但罗斯福套间正有客人住着,我们可以拍摄丘吉尔套间。我问有没有保存蒋介石住过的套间，她说没有听说过。这也在情理之中，蒋介石在埃及和世界的影响自然无法与罗斯福、丘吉尔相提并论。再说，二战结束后不久蒋介石的结局以及新中国与埃及的友好关系也决定了在埃及的首都不可能再保留这套间以纪念蒋介石。不过今天再看这段历史，这不能不是中国人的遗憾。

在二楼左侧走廊的尽处就是丘吉尔套间，房门的两侧墙上分别钉着英文和阿拉伯文的铭牌。入门就是丘吉尔的客厅兼办公室，墙上挂的三张照片立即引起我一阵惊喜：第一张是罗斯福、丘吉尔、蒋介石三巨头的合影，第二张是三巨头加宋美龄的合影，第三张则是他们四人和与会人员的集体照。进门的长桌上还放着一本米纳宫的历史书，翻到第二次世界大战一章，不仅有关于开罗会议的记载，第二张照片也赫然在目。在办公桌后面的墙上挂着丘吉尔那张神态毕现的标准照，大概也是事后布置的。沿着左侧一道门入内，先后是餐厅、过厅、浴室和卧室。卧室的落地窗通向一个面积很大的阳台，正对着吉萨大金字塔。公关经理说，套间里的家具大多已不是原物，但基本布置没有改变。用今天的标准看，这套间已算不上奢华宽敞，但由于它的历史意义和名人效应，据说宾客不绝。

在丘吉尔的办公桌前拍照留念后，我又来到这三张照片前。照片上的蒋介石一身戎装，气宇轩昂。宋美龄作为唯一的女性更显得光彩照人，作为蒋的夫人和译员，她是会议的正式参加者。这不仅是蒋宋二人政治生涯的巅峰，也是中国的荣耀。蒋介石当

米纳宫门前

丘吉尔套房卧室墙上的开罗会议照片

时既是中国的军事委员会委员长，也是盟军中国战区的统帅，这是鸦片战争以来中国的首脑首次与世界其他两位巨头平等商谈，也为中国取得了应有的胜利果实。尽管中国没有完全雪洗国耻，尽管斯大林支持所谓"外蒙古独立"和独占"满洲（东北）权益"的阴霾笼罩，毕竟使被日本侵占的国土得以光复。

如今三巨头早已作古，只有现年105岁的宋美龄健在。虽然米纳宫中没有留下蒋介石套间，但现存最重要的历史见证人却正是这座套间的女主人宋美龄。

出米纳宫已近下午2时，司机穆罕默德说海波安排去旧城用餐，大家都不乐意，让他去麦当劳。餐后驶至爱资哈尔清真寺、旧城及新街拍摄。4时半回旅馆，很累。想写完《纸莎草纸》一文，发现电脑开后无法进入文件，叫来汤文靖，问他昨夜用时有何异常，他说那时打开电脑后就这样，所以是用写字本模式的。打电话给许易春，已睡。后来重新启动电脑，居然恢复正常了。海波通知晚上有新闻中心的宴请，8时半出发，宴会9时开始，他与我、许易春三人去。估计我们向旅游部部长告状起了作用，新闻中心的宴请带有道歉性质。续写文章，将完成时死机，再开机后又如此。至近8时方写完，下楼发给《外滩画报》。汤文靖不在房间，匆匆发出。收女儿一份邮件，回复。

8时半出发，晚间路上同样塞车，9时1刻才到喜来登饭店。到二楼餐厅，新闻中心主任及公关部几位在，蓝天公司经理等作陪。我旁座是公关部负责人，告诉我这次实在是没有人通知拍摄项目，所以才会闹出收费的误会。他与纳赛尔熟悉，说纳赛尔早已通知我们要来拍摄。我说因为日程难以确定，他说其实日程没有关系，只要有拍摄项目就可以了。我告诉他这都是领队黄海波掌握的，我也不知道。10时半表演东方舞，海波与易春应邀共舞。又来拉我，坚辞。11时半告辞，阿丽亚娜坐经理的车先走了，我们的司机不认识路，停车打电话求援，穆罕默德来接回。1时半妻、女来电，没有什么事，只是因为知道我明天将离开罗，以后不方便打电话了。我告诉她们已发了邮件。整理好行李，2时余睡。

开罗—沙姆沙伊赫

4月17日，星期四　晴

6时听到闹钟铃声，又睡，到7时余才醒，幸而行李已整理好。洗澡，7时3刻留行李于走廊，下楼早餐。8时半出发，三辆车同行。因新车不能入境，只能仍用原来的车，但两位司机需要留下办签证，所以与阿丽亚娜等都得等办妥手续后方可出发。

出开罗城区费时一小时余，由此往苏伊士有一百多公里。但离开城郊不久，就可以见到公路沿线军事设施不绝，一些路口军警林立，荷枪实弹，远处还停着军车。离隧道还有二十多公里时就有一处稽查很严的关卡，对车辆和人员一一核对，进隧道前这样的关卡至少又过了三道。这是可以理解的，苏伊士运河是经济命脉，西奈半岛是战略要地，连接着中东最敏感的地区，也是当年中东战争的战场。11时38分，当公路的海拔高度终于下降到零时，汽车完全进入隧道，2分多钟后从另一端驶出，已在亚洲大地。

出苏伊士运河隧道，通往沙姆沙伊赫的公路就折向东南，不久左侧见到了红海，以后的旅程中或近或远，经常与红海相望。因距离、光线或海水深浅的不同，海水或蓝得发亮，或蓝绿相间，或成灰蓝色，却从来没有看到一点红色。大家不禁通过对讲机讨论红海的得名，我只能根据正宗的说法提供答案：红海的局部地区因海藻大量繁殖而呈绛红色，因而得名。但现在却完全无法证实，相反其他说法或许更有吸引力：因红海水中某些微生物会发光，晚上在航行时有时能看到一片红色。在古希腊的地图上，南方的大海上就标着红海。

红海位于非洲与亚洲之间，从苏伊士湾至曼德海峡长约2100公里，向南经亚丁湾通向印度洋，面积约43.8万平方公里。红海的北部分为苏伊士湾和亚喀巴湾两支，这次我们所经过的，只是苏伊士湾东岸从苏伊士城至沙姆沙伊赫一段，然后乘船绕过穆罕默德角，穿过古巴尔海峡，到达红海西岸的古尔代盖，自然难见全貌。

至下午1时余停车午餐，用意大利面及蔬菜汤。有烤肉，我未吃。又出发，车里的人都睡了，我也小睡片刻。

西奈半岛的景色十分单调，除了红海，就是一大片沙漠和几乎见不到植被的砂石山，只有经过城市时才能见到人工栽种的椰树和花木，以及以白色为主的建筑物。城市的范围一般不大，以旅馆和其他旅游设施为主。但驶近沙姆沙伊赫时却看到了连绵不绝的白色建筑物，一座座豪华旅馆沿着海边的悬崖伸向远处，夹

红海一瞥

有中间的码头上停满了白色的游艇,有的还游弋在海面。驶过海滨的街道时,不时经过挂着"潜水俱乐部"一类招牌的地方,也见到一群群游客从码头返回,有的手里提着潜水用具和脚蹼。大海、阳光、黄沙、潜水、游泳、钓鱼等都是沙姆沙伊赫吸引游客的亮点,潜水无疑最有吸引力。

　　成片的旅馆过尽,车队还在沿着新辟的公路往前,直到进入一片新建的旅馆区,看来当地的旅游业还在不断扩大。4点半到达我们住的梦滩(Dream Beach)旅馆,住2805室,虽然是在底层,也有对着海面的阳台。梦滩是五星级，一式两层小楼，大多数房间有阳台面海，游泳池、网球场、健身房等设施一应齐全。不过多数游客还是喜欢在海滩游泳，其他场所显得有些冷清。西方游客唯恐阳光不足，我却已经受够了非洲的太阳，等到5点半太阳下山才跳入游泳池。毕竟好久未游，明天还要下红海，我没有完成1600米的定额就上了岸。回房间洗澡洗发，补日记。7时半晚餐，就在旅馆用自助餐。

至总台问上网，说今天有故障。许易春邀一同去上网，说已备了车，就与他及汤文靖进城。8时半至网吧，只有九七机，无法下载中文。许易春留下来用，我与汤文靖走到附近商店，买了5张明信片，文靖买了一件T恤，15埃镑，我借给他20埃镑，店主找不出零钱，我也买了一件。又走到旧市场，也很整洁，远胜开罗，只是商品有限，没有什么东西可买，有些物品虽好，却无法携带。9时半一起回来。到小强房间，借回一本英文书，介绍西奈、红海及沙姆沙伊赫。日记未记完就感觉倦了，躺在床上看英文书，更来睡意，11时就睡了。

沙姆沙伊赫—尤兰达礁盘—沙姆沙伊赫

4月18日，星期五　晴转多云

以为7时半出发，6点50分就去餐厅，遇到阿丽亚娜才知道是

7时3刻。早上起来就打电话给洗衣房，到出门时尚未来取，只能留在室内，让总台转告。给女儿寄出明信片。

　　如火的骄阳已经开始发威，本想早些出发，但因为我们今天是单独包船，必须等保护的警察到后才能动身。警察到8点才来，随我们车一起驶往码头。由于我没有参加出发前的集训，所以没有将我安排在潜水的名单中。能够潜水的只有两人：黄海波和车队长李兆波。海波主持过云南抚仙湖水下考古的直播，而他们两人都参加过潜水培训。临时增加显然不可能，我只能玩一下Snorkling——不需要专门训练和准备的浮潜。所谓浮潜，就是戴上一副防水眼镜，将眼睛和鼻子一起罩住，嘴里衔上一根能浮在水面的塑料管用以呼吸。入水后，人利用救生衣浮在水面，可以像自由泳那样通过脚蹼前进，用手划水掌握方向，同时将头半潜入水中，透过防水眼镜观察水底的景色，通过嘴里衔着的塑料管呼吸。1998年4月我在澳大利亚凯恩斯外的大堡礁做过一次浮潜，但能在红海试一下，至少能比较一下两地的差异，也多少能弥补没有能在红海潜水的遗憾。途经潜水公司的管理室时，我和扎西选了合适的脚蹼，许易春没有选，他不准备下水。海波和兆波则由工作人员协助，将全套潜水设备装上汽车。

　　码头上已经熙熙攘攘，热门非凡，大小船只纷纷启动待发，各种车辆正将游客、教练、工人和食品、器材运来，最显眼的是一个个氧气瓶。大的船可载客上百人，以游览为主。中号的可载二三十人，大多用于潜水。还有的船更小，供玩水和钓鱼。一眼望去，全是金发碧眼、深目虬髯的西方人，看不见一个亚洲面孔，我们这几个中国人又扛着摄像器材,显得特别引人注目。跟着教练来到我们订好的船前,却见有警察守卫,要求我们出示护照。看来埃及对旅游的安全的确煞费苦心,以求万无一失,同行的全陪和地陪居然没有一个人事先提醒一下。只能让易春回旅馆去拿,总算警察变通了一下,让我们先上船,但得等护照验过后才能开船。

这是一艘两层游艇,底舱有休息室、淋浴室、厨房,后舱是下海的准备区,放着潜水器材,挂着潜水服、面罩、脚蹼等用具,船尾有一块可以放入水中的舱板,便于下水。上层的前半部

码头

是露天平台,后半部是一个敞开的休闲室,可以凭栏观海。这样一条船上只有我们摄制组五人,加上三位陪同、警察和几名教练,显得十分宽敞舒适。这样的船包上一天,加上潜水费用自然不会低——大约六百美元。

9点左右,几十条船先后驶离码头。一色的白船像一群栖息在码头的海鸥,渐渐飞入湛蓝的大海。码头和背后白色的建筑没入水天一色间,只留下右侧高低错落的沙黄色岩岸在提醒我们,这是在红海,因为寸草不生的岩岸和溶洞直逼海水正是红海的特色。刚要拍照,随行的警察示意禁止,说附近有军事设施,过了这一段岸线才能照。其实我什么也没有看见,要真有什么军事设施,一定会索然无味。但想到西奈半岛一度被以色列占领,沙姆沙伊赫曾经是双方谈判的政治军事重地时,我也理解了埃及警方的苦衷。

大约一小时后进入尤兰达礁盘,由于海水变浅,四周又有礁石环绕,海面顿时风平浪静,水波不兴。海波和兆波准备下水,教练忙着辅导他们穿衣戴帽,调节氧气阀,告诉他们操作要领。海波将小DV装入预先备好的防水盒,做水下拍摄的准备。由于扎西不下水,水下的镜头就靠这台小DV了。兆波必须配合好,要不海波就只能拍海鲜了。弄得不好,观众还以为是从资料片上剪下来的。可惜我们帮不了他们的忙,连替补也没有。扎西的任务是拍他们下水的全过程,只有易春今天没有什么任务,可惜他说脚上皮破了不能下水,白白辜负了这良辰美景。我的浮潜至多只是今天拍摄的花絮,再说我也关心他们潜水和拍摄,所以不忙下水。

一切准备停当后,"两波"按要求挺直身子跃入海中。海水很清，可以看见他俩在下面的动作，扎西的镜头一直在紧紧跟踪。但等他们的影子与水族混淆并消失在深蓝色中，扎西就改拍我下水前的准备了。我的准备比想象的还简单，换好游泳裤，穿上救生衣，戴上防水镜和脚蹼就行了。本以为像在凯恩斯一样，需要穿一身塑胶防水服，教练却说在红海根本用不到，他们也从来不准备。红海的水全年温暖，不像四月的大堡礁海水，得靠防水服保暖。唯一的麻烦是船上的防水镜不带近视度数，而我平时用的400度近视游泳防水镜又无法套在里面，欣赏水族时肯定会打个折扣。

正准备下水，却见"两波"先后上来，原来他们遇到了一些麻烦：由于水压大，防水罩与小DV贴得太紧，有些钮按不动了；两人的动作也没有完全协调，影响拍摄。待他们经过一番调整重新下水，我也跟着跳下海中，想跟在他们后面看他们在水下的表演。因为只有我一人，陪同教练成了我的私人警卫。

我平日都游蛙泳，不会自由泳，戴上脚蹼后很不自在，一不注意，就会以蛙泳的动作蹬腿。离上一次浮潜已五年，自以为会的动作却生疏了，不禁有些手忙脚乱。加上防水镜中进了水，眼睛睁不开，心一慌，嘴里也喝了一口水。这水咸得发苦，我想起红海的平均含盐量是世界海洋中最高的，大概这一带又是红海中最高的。我怀疑是自带的游泳帽的带子影响了防水镜的密封性，就游回船边，将帽子扔到船上，重新戴好防水镜。教练提醒我入水后将身子放平，头尽量没入水下，嘴里的换气管咬紧不要松。这些要领其实我都知道，定下心来后两腿上下摆动脚蹼，身体平稳地向前游去。

埃及

睁开眼睛，防水镜已不再渗水，"两波"不知潜到哪里去了，一个海底大千世界却展现在眼前：一群银白色的小鱼刚过去，又游来一群蓝色的稍大些的鱼，下面还有几尾彩色的大鱼似乎动也不动，几尾像鱼缸中常见的金鱼却游得飞快。当我游近一条懒洋洋的大鱼时，禁不住想与它零距离接触。它的眼睛似乎是盲的，对我从正面接近它的手毫无反应；但感觉却异常灵敏，当我的手靠近它的身体就立即调头离去，使我只触到了它的尾鳍。游着游着，我似乎也成为水族中的一员。我想，在它们看来，或许不过是遇到了一个不熟悉的同类。

最精彩的还是那五彩缤纷、千姿百态的珊瑚，不仅颜色鲜艳得无法形容，而且形状的丰富也超出了想象，绝不像平时看到的珊瑚（都已丧失了生命，留下的只是它们的尸体）那样呆板，完全依靠人们的雕琢摆布。还有各种不知名的水族，虽然大多是低等动物，却比鱼类更会争奇斗艳。你可以看到火树银花，硕果累累，柳条轻拂，麦浪翻滚，一枝独秀，繁花似锦，即使没有鱼类水族，也足以使人陶醉。珊瑚丛和珊瑚礁还在海底形成了的丰富的"地形地貌"：有平原、沙漠、高山、峡谷，有黏土、黄沙、花岗岩、大理石、云母、水晶、钻石。还有深邃的岩洞，可惜我始终浮在水面，只能远观，无法深入探访。红海的珊瑚果然名不虚传，比大堡礁毫不逊色，或许更胜一筹。

有的珊瑚已接近水面，我只顾往下看，却没有注意已经逼近一枝珊瑚，待要避开，两个膝盖已经触及珊瑚的表面，那美丽动人的外表下坚固而锐利，当时我虽不觉疼痛，回到船上却发现已经留下不小的伤疤,还在渗血。抬起头来,见离船已远,就招呼教练往回游。"两波"也已上船,根据所携氧气量,他们每次潜水的时间不能超过30分钟。别看兆波那么大的个子,也说潜一次很累。如果我有机会潜水,每次的时间肯定更短。

淋浴后,船员已在底舱备好自助餐,有鸡、鱼、茄子、色拉、米饭和意大利面,还有冰镇啤酒、可乐。我们取了食品和啤酒,坐在上层慢慢品尝。阳光下已如酷暑,遮阳棚下有海风吹拂,还相当凉爽。在海上的时间不足一小时,皮肤一下子又黑了不少,

行告别礼的海豚尾巴

还隐隐感到灼痛。怪不得洋人们出海前都在涂防晒膏,我却没有这个习惯,早上破例抹了点,就觉得黏糊糊的不舒服。

我们的船离开礁盘往岸旁驶去,忽然有船员高呼,要我们赶快回头看。一幅难以置信的景象出现在我们面前,海上出现几只海豚,有的已竖起尾巴,有的还离船不远,等不到我对好镜头,海豚排成整齐的队形,一一竖起尾巴,离船而去。船员说,这是向我们告别,他们经常会遇到。由于船速很快,海豚们稍纵即逝,检查刚才拍的照片,只有一片波涛。尽管如此,海豚友善的模样给我留下了深刻的印象,要是人类与动物都能建立这样的关系,地球一定会更美好,未来一定会充满希望。

船泊在离岸百来米的海中,海波和兆波下水游泳,后来又潜水拍摄了一次。二位陪同和教练也下水游泳,那位教练是潜水员出身,浑身肌肉匀称而发达,游泳的姿态也极漂亮。我膝盖上的伤痕不能再接触海水,只能在船上观赏。远处是著名的卡迪角,赭红的、土黄的山岩和礁石直逼海面,只留下一片狭小的滩地,上面也是卵石累累,一派苍凉粗犷,海水却似一匹软缎,虽因深浅不同而呈现出不同色彩,但清澈见底,几条"大鱼"与小鱼的游动尽收眼底。

下午3时,岸旁山岩慢慢后退,我们又回到沙姆沙伊赫的码头。上车前,我又回头在海上搜寻,向我们告别的海豚会再来吗?

3时余驶回旅馆。稍休息,洗今天用的衣物。查阅圣凯瑟琳修道院材料,整理电脑上磁盘,因近日死机次数极多,担心这电脑能否支撑到结束，但C盘仍然没有能整理。补全日记。7时半用晚餐。汤文靖想去上网，许易春找司机，阿里说不认识路，而奥马尔不在。文靖还是想去，要我回房间取电脑。稍后去文靖的房间，建议今晚别去了，正好易春打来电话，说奥马尔还没有回来，只得作罢。回房间洗澡，继续写《访开罗会议会址》一文，电脑仍屡出问题，不得不停止。整理行李，11时半睡。

沙姆沙伊赫—圣凯瑟琳—沙姆沙伊赫—古尔代盖

4月19日，星期六　晴，下午转阴，沙暴

4时3刻起，5时20分将行李放在走廊，就去用早餐。放在大堂，很简单，因为是专为我们提前准备的。

6时出发，驶出沙姆沙伊赫城后，就进入了一望无际的沙漠。不到一小时，地势逐渐升高到几百米，一座座沙丘取代了荒漠，除了偶尔见到几棵孤立的椰枣树，就是几丛不知名的野草。一阵微风都会扬起一片沙尘，迎风的坡地上都是黄澄澄的流沙，有些地方流沙已与山峦相伴。千万年的风沙将一座座山峰雕镂得千姿百态，有的像高大雄伟的城堡，有的像玲珑剔透的假山，有的像张牙舞爪的雄狮，有的像亭亭玉立的少女，更多的还是难以名状的奇山怪石，虽然色彩单调，却令人意气盎然。公路修得相当平整，尽管有些路段覆盖着流沙，开车时得十分小心，但车队的平

均时速还能保持在100公里。唯一的遗憾是因为车速快，坡道和弯道多，所以很难将看到的景观拍摄下来。

海拔高度超过1200米后，公路两旁又显得相当平坦，只有远远绵延起伏的山峰提醒我们，这里已是西奈山的边缘。偶然可以见到一群骆驼在悠闲地游荡，却见不到主人，大概主人完全不必担心它们会走失，而且在这片贫瘠的土地上，骆驼不得不长途觅食方能果腹。忽然司机们相继停车，并且纷纷下车往沙地深处走去。我以为他们到了祈祷的时间，却见他们俯身采摘，不一会儿，阿里拿着一把草往回走。我问他这草有什么用，他把草放在我的鼻子前，果然有一股特别的气味，他说这是西奈特产，点燃后可以驱蚊。

远处扬起了沙尘暴，刚才还清朗的蓝天变成灰蒙蒙的，前方的西奈山隐藏在霭霭的薄雾之中，更显得神秘莫测。在停车时我想拍一张西奈山的照片，却只见到淡淡的景象，当然更不会见到那座深藏在西奈山的神秘的修道院。

终于登上海拔1500米的高地，公路的一边指向"圣凯瑟琳城"，显然是因修道院而发展起来的旅游点；另一边就是进入圣凯瑟琳修道院的道路。此时路上已是车水马龙，各种车辆络绎不绝，从不同的方向汇成一路。不久就是一处高山环抱中的谷地，在四周赭黄色的岩石间出现了小小的一片绿色，旁边是一圈与岩石几乎浑然一体的高墙，遮蔽着修道院的大多数建筑物。

公元324年，一群基督徒来到西奈半岛的最高峰西奈山下的谷地，他们请求君士坦丁皇帝的母亲海伦娜皇太后让他们在那里建一座小教堂，因为他们声称这里就是摩西所见灌木燃烧的地方。

这座得到皇太后资助的教堂于334年建成。两个世纪后，由于罗马皇帝查士丁尼一世的干预，教堂进一步扩建，到565年终于形成了一座由高大的围墙封闭的堡垒式的修道院。这座修道院的名称则来自一位4世纪在埃及亚历山大殉道的修女，据说她的遗体被一位天使运至修道院附近的西奈山，在7—9世纪间被发现，她的灵柩至今还供奉在修道院内。一千多年来，这座地处沙漠深处的修道院历经天灾人祸，特别是从公元7世纪以来已为伊斯兰文明所包围，却似鲁殿灵光般地岿然屹立，这不仅是基督教史的奇迹，也是人类文明史上一段佳话。

正面的院墙外已经站着很多游客，基本都是清晨从数百公里外的各地赶来的，但院内今天要做礼拜，平时9时的开放时间要推迟到10时。

我们不想在外面空等，我建议先登上院前的山岗，以便拍摄修道院的全貌。前后的山峰都在2000米以上，西奈山的最高峰海拔2285米，从海拔1570米的修道院出发得攀登两个半小时。我们只是稍为爬得高一些，但走不了几步就气喘吁吁。而且由于岩石上光秃秃的，除了岩缝中偶然长出一棵椰枣树外，几乎寸草不生，阳光显得格外强烈。尽管刮着不小的风，我还是汗流浃背，站定一会儿后才会感到凉意。

我们从数十米之上俯瞰修道院，就像立体沙盘上一方精致的盆景。而在目力所及的范围内，除了院旁那一片树木外，简直看不到生命的迹象。而那片树林和周围的几幢建筑物，也是近代才出现的一座小旅馆，为来访者提供住宿。在悠远的岁月中，修道院是没有任何邻居的。虽然我没有任何宗教信仰，但不得不对当年筚路蓝缕创建这座修道院、一代又一代保持它长盛不衰的教徒表示由衷的钦佩。可以想象，在现代交通工具产生之前，要维持这座僻居沙漠深处的修道院，必须付出多么艰辛的努力，甚至是生命的代价。1312年的大地震使修道院损失惨重，仅外墙和图书馆幸存。但经过三百多年的积累，终于在1661年完成重建。而在此前的1540年，一位名叫法布里兹的圣徒开始了徒步穿越西奈沙漠的壮举，32年后他终于到达修道院，次年去世。在以毕生的精力找到了最后的归宿后，他的遗体至今长眠在院内。我们今天对这漫长的32年会感到无比惊奇，但对这位圣徒来说，花多长时间穿越沙漠其实已无关紧要，因为即使他提前到达修道院，等待他的也是更刻苦的修行，与他在沙漠中的艰巨跋涉并无二致。而如果他在沙漠中步行更长的时间，甚至就此葬身沙海，他也会心安理得，视死如归。

　　这不是我的凭空想象，就在修道院高墙外的一座小教堂内，我看到了一幕更加惊心动魄的景象：透过门上几道铁栅，在昏暗的光线下见到的竟是一大堆头颅骨，大概有数百个。嵌在墙上的几个小龛中也放着几个头颅，墙上的两排搁板上则分别整齐地放着两层头颅，地上的一个柳条筐中也放着三个头颅。地上还有几个大小不等的木箱，不知里面放着什么。没有见到任何其他遗骨，显然这座修道院对教徒的遗体都做了特殊的处理，要等到它们只剩下一具髅颅后，才将头颅骨安放在这里。每个头颅都代表着一个曾经存在的生命，或男或女，或少或长，在来到修道院前或贫

修道院的高塔

或富,或世代信教,或到本人才皈依,其中绝大多数人应该出于自愿,或许也有人并未了断尘缘。但无论如何,他们都找到了共同的归宿,正是这数百上千条生命奉献给了这座修道院,写成了修道院的历史。只是他们在身后也受到宗教戒律的束缚,所以连头颅骨的安放位置和方式也有所不同。

我终于跨进了与高墙相比显得相当小的正门,院内狭窄的过道已被来客挤得水泄不通。沿着一道木梯登上平台,我随着人流进入展室。主堂前有圣凯瑟琳遗体,安放在白色大理石棺内。还有几口其他教士的石棺。大多数房间都显得低矮简陋，就是主展室也不过稍为高敞，却没有任何装饰。但展品却琳琅满目，令人应接不暇。最多的是圣像和人物画，还有各式法器和法衣。最珍贵的无疑是早期的手抄文书，其中最早的一件属于公元4世纪中期，相当于中国的东晋十六国初期。由于禁止摄影，我只能将这些瑰宝的形象记在心头。惊叹之余，我才知道，这里公开展出的只是修道院全部收藏中极少的一部分，而这个修道院竟然是世界上仅次于梵蒂冈的基督教文书和艺术品中心。它所收藏的数以千计的珍本秘籍、绘画、手稿称得上是无价之宝，如那份公元4世纪晚期的文书就是当时希腊文的《旧约》《新约》原件的复制品。其实这座修道院本身就是一件珍贵的文物，各种有历史意义和艺术价值的建筑物和部件触目皆是，触手可及。在跨入教堂大门时，我被一段雕花的旧门框所吸引，那质朴而黝黯的花纹渗透着岁月沧桑。果然在旁边的说明牌上注明，这是公元4世纪后期用黎巴嫩雪松制作的原物。院内的文物几乎全部是从外界输入的，连这些建筑全部构件和大部分材料也来自遥远的地方，可以想象当年仅仅依靠人力、畜力运输穿越这片不毛之地的艰难。但是在这些文物和建筑材料的原产地，它们的同类早已不复存在，修道院成了它们唯一的藏身地，这正应了"礼失求诸野"这句古话。就像中国不少稀世之宝和古建筑精华往往只保存在贫穷落后、交通不便、环境闭塞的地方一样，圣凯瑟琳修道院能够保存这些硕果仅存的瑰宝，无疑得益于它所处的特殊环境，西奈半岛的大沙漠使它与外界隔绝，在多数战祸中幸免于难，也使劫掠者望而却步。

循着台阶登上一层层平台，发现自己已处于外墙的上部，这才想起这座修道院也以酷似堡垒、拥有高墙闻名——最高处达20米，最低处也有8米。一位保安陪我走到墙边，但眼前的墙还有一人多高，所以看不见墙外的景物，也无法判断我们所站的位置与地面间的距离。这时，那位保安将我带到墙上一个向外突出的木板小间，不过1米见方，高不足2米，地面铺着木板。他让我稍稍退后，然后拉起地板上的一块翻板，原来这是修道院的一处备用进出口。一旦发生紧急情况，高墙上仅有的门立即紧闭，必需的人员出入和物资运送用吊篮装载后通过这个口子上下。就连这样高高在上的口子也只在使用吊篮时才打开，用毕后随即盖上，还用铁锁紧闭，以防万一。为了拍摄的需要，我再次打开翻板，一阵劲风吹来，望着墙外地面上蠕动的人群，两腿不寒而栗。保安一把将我拉住，要我小心，我也赶紧将翻板盖上，结束了这组"行动"镜头。虽然我没有见到原来的吊篮，但从翻板的大小可以推测，它至多只能容纳一两个人，大概无法满足修道院的日常需要。果然，在走下一段台阶后，一个巨大的绞盘赫然在目，碗口粗的绳子通向一座更大的板屋，凸出在高墙之外。屋底是一块更大的翻板，我们两个人才能将它翻起。站在小屋中的感觉，就像在一座简易电梯，不过当初还没有电力和电动机可以利用，只能依靠人力转动绞盘将人员和物资提上放下。显然，这个绞盘连接的吊篮才是修道院的主要出入口。

不过如果仅仅靠深山高墙的严密防范，是无法做到万无一失的，至多只能暂时抵挡在沙漠中游牧的贝都因人的偶尔袭击。如

奇观——修道院内的清真寺

果真有大兵压境,或者异教异族的统治者决意要加以破坏以致毁灭,毫无武装的修士教徒就只有束手待毙。可是这样的破坏却从来没有出现在这座修道院,公元7世纪,伊斯兰教崛起并迅速扩张,属于异教的修道院一度受到威胁,但在625年,穆罕默德亲自颁布敕令,保护修道院中的教徒。据说,这道敕令至今还珍藏在修道院中。作为回报,修道院中破天荒地修建了一座清真寺。在此后的一千多年间,无论是在阿拉伯势力的包围之中,还是在奥斯曼帝国的统治之下,直到中东战争期间西奈半岛一度被以色列人占领,修道院一次次逢凶化吉,始终安然无恙。公元2000年教皇保罗二世的来访,更使修道院迎来了空前的辉煌。

穆罕默德要保护这些异教徒，或许只是出于某种权宜之计，但我更将此举视为他对异教的宽容，对其他文明的尊重。不过如果没有修道院一方的积极回应，在此后漫长的岁月中，在纷纭复杂的宗教冲突和文化对抗中，这种状况难免不受到破坏。在修道院中破例建一座清真寺既需要勇气，也不乏智慧。要将这座清真寺保持一千多年，更需要博大的胸怀和圆融的策略，还离不开宗教的容忍和宽恕。

在湛蓝的天穹下，一座洁白的清真寺与教堂的钟楼比肩而立，比高耸的西奈山更高，比天上的云更白，在这片赭黄色的沙海和童山峻岭中格外夺目。这一举世无双的奇观体现了人类的宽容、博爱，体现了不同文明间的共存共荣，至少是一种双赢的结果。尽管这座清真寺建成后，从来没有一位穆斯林进入并使用过，但即使只是一种象征，也是弥足珍贵的，人类需要这样的象征。

如果当年不建这座清真寺，或者以后在罗马教廷的干预下拆毁清真寺；如果穆罕默德没有发布这道敕令，或者后继者不容忍异教和异教徒的存在；这座修道院大概早已像绝大多数同类一样烟飞云灭，荡然无存了。

那位保安礼貌地用英语与我告别，我忽然注意到他是贝都因人，一问果然。或许他的祖先曾经参与袭击、劫掠这座修道院，正是当初的防范对象，如今双方却已"化敌为友"，使他们成了修道院的卫士。无怪乎高墙、吊篮已成历史陈迹，只供游客观赏，或供考古、历史学者研究了。

新闻官说12时游人散去后有可能进教堂拍摄，到时却又开始做祷告了。海波提着小DV悄悄进入，扎西却没有办法进去，大门已经关上。出来后，阿丽亚娜与海波又发生争执，还是为了拍摄项目的安排，她说具体联系应该通过使馆，她与旅行社没有责任。

12时半离开，开到镇上，只有几家小店，就在一家餐馆用餐，蔬菜汤加饼、炸鸡腿米饭。近2时发车，由西道折回红海边的公路，4时余到沙姆沙伊赫。先到船码头，得知5时才能进去，在市内路旁咖啡座休息。我与扎西等向海波提出安排上的混乱，他为阿丽亚娜辩解。我说如果真离不开阿丽亚娜，也应该抓大放小，不要老是在用餐等小事上与她争执。问为什么不安排由开罗直接到修道院，他说因为轮渡七天才有一班，所以只能这样安排。

5时到码头，所有的外国旅客都得核对护照，检查行李。我们的拍摄器材本来已经不少，加上各人外出一百天的行李物品，一辆行李车和三辆越野车的后备厢塞得满满的，真要逐一检查不知得花多少时间，事后还得花更多的时间整理。不知是我们拥有的埃及新闻部的拍摄许可证、采访证和中国中央电视台、香港凤凰卫视的牌子起了作用，还是陪同人员的小费显了神通，检查的警察在象征性地看了一下各车后备厢后就同意登船。

渡海的航程只有两小时。在船上曾问船员，得知轮渡每天有两班，告诉海波。后来他解释，阿丽亚娜给他看的旅行社传真上写着每周一班。但当我们要驶出古尔代盖码头时却不那么容易了，几个警察带了几个工人非要将行李逐件送到检查室去。经过交涉，一位负责的警官来了，说这是警察的责任。我们问他，既然登船时已经过检查，抽查一下就可以了，为什么还要全部检查呢？再说，就是要检查，也得让旅客配合，怎么连招呼也不打就将行李往里搬呢？正说着，一名工人将我的背包扔在地下，里面装着移动硬盘、CD-ROM、记忆卡等各种配件，我平时都是小心翼翼地放在其他行李的上方。我大怒，厉声斥责："小心些，损坏了你赔得了吗？"又掏出旅游部部长的名片，对警官说："你们的旅游部部长欢迎我们来拍摄，这就是你们的欢迎吗？"警官立即用阿拉伯语大声说了几句，那工人赶紧将我的背包放上车，又将刚搬下的行李放回车上。警官做了一番解释，又在前面车上取下几件行李，让工人搬到检查室过个场，并未打开，就表示检查结束。尽管如此，从下船到出码头也费了差不多一个小时。

40分钟到Holidays Resort旅馆，住118室。候行李到后去餐厅，用自助餐，有味道不错的鱼，饮啤酒。决定明天自由活动。回房间准备洗澡，海波拉到文靖房间去看样片，是他所编的突尼斯一集，稍提了点意见，最大的毛病是缺乏历史文化观念，他们不以为然。回房间洗澡，整理照片，电脑仍经常出错，加上很累，12时看电视新闻，看完就睡。

古尔代盖

4月20日，星期日　晴

近6时醒，看电视新闻，国内SARS愈演愈烈。7时3刻至餐厅用早餐，毕后到海滨散步。9时余汤文靖来，约我与许易春一同去上网。走到附近一家网吧，要11时才开，与文靖回旅馆，易春进城去了。到闻小强房间，交给他肯尼亚蒙巴萨附近海岛的中英文资料。又谈对卢克索拍摄的设想，建议多与中国做比较，他表示赞成。用他的电话给家里打电话，想劝女儿放弃印度之行，无人接，留言也未成功。回房间整理照片，制备份。海波来招去海边游泳，稍后去，李兆波与他已下水，汤文靖稍游一会儿就上岸了，扎西则坐在沙滩上。我也下海游了，但水太咸，嘴里碰到很不舒服，所以游不了太久，起来又在游泳池游了几百米，回房间洗发洗澡。1时半午餐，海波等用自助餐，我与小强至餐厅用套餐，价格相同。我选了海鲜，配啤酒，有甜点及冰激淋，量大味足。签单时见每人价15欧元，啤酒另加。回房间写完《访开罗会议会址》一文，并配照片。

拟致满志敏等邮件，建议国际会议推迟：

志敏兄、朱毅兄并转历史系吴景平教授：

前接韩昭庆邮件，得知国际会议准备情况，虽经北京方面努力，国内学者报名者仍不理想，而欧美学者响应寥寥，深以为虑。尽管有多方面原因，但近期SARS病毒的传播以及外界对中国的恐慌，不能不是外国学者，特别是欧美人士为之却步的主要因素。目前疫情还未得到控制，美国政府已劝阻其公民前往中国，越南已关闭边界，欧美各国均采取相应措施，何时恢复正常尚难预料。据传，广交会等已取消，国内一些国际会议也推迟，不知学校与教育部、上海市对此有何指示？我建议，为避免会议受到过大影响，不如正式决定推迟，时间另行决定。当然如果上级规定不得改变或不宜推迟，我们也只能服从。如上级无规定，你们亦无异议，建议立即与清华大学陈争平教授联系，提出我们的意见，及早商定对策，并正式通知已报名者。

又拟致家中邮件。近5时往发邮件，不能接硬盘，但下载中文速度很快。收女儿邮件，以英文回复。收朱学勤17日邮件，李慎之先生病笃，他定于次日赴京，则应该已有结局。收苏新留论文，无法下载。阅网上新闻，SARS影响转剧。回旅馆后理发，收15美元。8时至三楼餐厅晚餐，用自助餐。阿丽亚娜的父母来了，过去见面。告诉他们汪蒂雅白天没有空，改约明日来。海波与香港联系，得知西线有4个人患疟疾。回房间整理行李，看电视，非洲纪录片，写日记。近1时睡。

古尔代盖—卢克索

4月21日，星期一　晴

8时出发，动作很慢，因为按规定，必须在9时到指定地点与警察会合。到达后见其他旅游车先后到，得知因为这段路程属于

卡纳克神庙

形势复杂地区，必须由前后各一辆警车保护，所以旅游车必须结队而行。因新闻官更换，新来的人要在卢克索会合，我们的车也与普通旅游车无异。

起程后公路两旁也都是沙漠，离卢克索几十公里处开始出现小河，一派田园风光，与此前迥然不同。近下午1时至卢克索，住Movenpick旅馆，位于尼罗河中的鳄鱼岛，离城4公里，住07号。稍后去餐厅用午餐，坐在室外，面对尼罗河。等候很久，饭菜平平。餐毕已过2时半，马上到大堂，与海波、小强、扎西等会见本地新闻官及导游，商定今天下午去东岸神庙现场体验实况，明天起拍摄。新闻官提及收费，海波不让我讲，说由他具体落实。我还是向新闻官说明，旅游部部长当面答允我们所有拍摄都不收费，如果需要收费就由旅游部代付。

3时半与新闻官、导游等出发,先到卡纳克神庙,各处转了一圈,听导游介绍,选择拍摄地点。商定明天早6时就来,因为这段时间基本上没有游客。又到卢克索神庙,也选定了拍摄地点。出来时正好见到极其灿烂的落日,有神庙的巨柱相衬,拍了好几张照片。

回房间稍休息,拟致满志敏及家中邮件。8时用晚餐,是自助,有很好的熏三文鱼。海波说旅游部所颁发的免费拍摄证已由蓝天公司从开罗送到。往大堂旁上网,只有一台电脑,连接硬盘还顺利,因为是Windows 2000系统,但发现实际没有连上,想下载附件也不成功,只见到女儿一封英文信及有苏新留论文附件。问管理者,他招来技师,称这里规定不能下载中文,也不能用自带插件。问他什么原因,说不知道,掉头就走。我向管理者说明,不能下载中文是对我们中国人的歧视,将投诉,并拒付今天的费用。在易春房间小坐,告诉他这件事。回房间洗澡洗发,看电视新闻,12时半睡。

卢克索

4月22日,星期二 晴

5时起。6时出发,先至卡纳克神庙,拍摄至8时余,导游相当配合。回旅馆用早餐,毕后见值班经理,投诉昨夜的事,他答允了解情况后给予答复,并解决收发邮件的困难。

出发去帝王谷,阿丽亚娜的父母等也随行,顾虑会添麻烦。在尼罗河上游几公里处过河,又往下游行驶,左转弯到一个山坡,就是帝王谷。先到图坦卡门墓,虽然有旅游部的批文和新闻官的联系,还是不允许拍摄。交涉再三,才同意在墓道口拍我与导游进入的镜头。各人轮流下去看一下,墓室内已空无一物,但壁画还是相当鲜艳。又到另一墓室,由与管理员熟悉的导游联络,并塞了钱,得以进墓道拍摄。墓道两侧画满了内容丰富的壁画,由于气候干燥,空气干净,加上发现后严格保护,这些壁画就像刚画好的一样,真使人难以相信是三千多年前的产物。有一位维护人员手持一支细毛笔在画上工作,我问他是否在修补壁画,他说对壁画绝对不允许做丝毫修补,毛笔涂的是专门研制的涂料,对壁画不会有任何损伤,他是用毛笔涂被壁画上微小的裂纹和空隙。由易春采访维护技工做背景,我大致介绍维护原则。将离开时李兆波拍照时不小心用了闪光,管理员惊呼制止,并说要报警。我们一方面对兆波严厉指责,一方面再三向他道歉,兆波也认错道歉,一场危机总算化解。出来后导游告诉我,海波交给他的200埃镑已经全花完了。

过哈特谢普苏特女王(约公元前1479—前1458年在位)为自己建造的享殿,是一座循地势高低分布的三层建筑,中间的通道逐级上升,两侧耸立着两条柱廊。不用说是三千四百多年前,就是放在今天也称得上是一座气势宏伟的建筑。但从公路进去还要走一长段路,上午时间不够,只是让扎西在路口拍了外景。

到王后谷，进入一座王子墓，墓道和墓室中也有壁画，中间有一口巨大的石棺，但木乃伊已被盗。旁边有他儿子的木乃伊，实际只是六个月的胎儿，他母亲葬在别处。回来路上经过两座巨大曼侬石像前，其中一座就是著名的会唱歌的石像。实际是因为如此巨大的石像是用石块垒起后雕塑成的，年深日久，石块间有了缝隙，风吹过时发出的声音就像音乐。后来罗马人进行修整，堵塞或改变了这些缝隙，就再也不会唱歌了。由导游介绍，我与他走到像前，小强还叮嘱我要做倾听姿态。结束拍摄，易春本想去中餐馆用餐，陪同说已订在城中，就直接去用餐。

回旅馆已下午2时余，室内稍休息。3时出发，到木乃伊博物馆，与海波、小强及陪同去见馆负责人，交涉再三，仍以此馆隶属文化部，旅游部的免费拍摄证无效为由，要索拍摄费2500埃镑。我与海波进馆看了，只有一个木乃伊，所谓"制作过程"只是在套连环画及制作工具。又叫小强与扎西进来，扎西认为光线不理想，小强也以为不值得，决定不拍。到卡纳克神庙，已快到4点的关门时间。又转到卢克索神庙，想拍内景，也觉得光线不佳。到尼罗河边拍完落日就回旅馆。

询值班经理，说可以在房间内上网。回房间后来了昨夜那位技工，又送来一条连接线，让接上电话线后拨8就可使用。拟致家中邮件，整理《访开罗会议会址》一文配的照片。

7时半海波来电，要我马上去大堂。到后又问我为什么没有穿外套，说将要乘船游河。事先我不知道，海波也没有通知。上车到希尔顿酒店，进里面的中国餐馆，央视陈某、魏兵、外事办张

哈特谢普苏特神庙

某及凤凰卫视网刘春已在。稍后点菜，老板自称高雄人，又说常住台中；厨师说是江苏人。我问老板面条是否自制的，说是，就点了碗海鲜汤面。菜极差，面也无味，而且并非自制，更没有一点海鲜。席间央视三位先后讲话，但都是空话，没有具体内容。他们都希望北线能多做节目，要超过三分之一。我提出现在工作量很大，对各人提出的加薪要求应该予以考虑，没有回应，也没有人响应。陪他们来的也是蓝天所派，中文名字王小龙，在希夏姆的系里学习的中文，与纳赛尔也熟悉。结束时已过10时，王小龙言太迟了,我们就谢绝了蓝天公司游尼罗河的安排。

回旅馆后在许易春房间内小坐,汤文靖、扎西等都来了,他们想直接与魏兵联系,由汤文靖打电话,邀我也参加。我的意见如果真要与魏兵商谈,应先与海波通气,以免发生误解,而且有利于把事情办成。回房间后屡次拨8号上网,都是占线。问总机,说没有其他办法。打电话给扎西,知道已约定明天晚上与魏兵见面。洗澡后睡,12时半。

4月23日,星期三 晴

4点3刻起床,5点半与黄海波、扎西登上旅游公司来接客的中巴,往卢克索城内驶去。为了弥补不能航拍的缺憾,今天将乘热气球拍摄卢克索一带的自然景观和古迹遗存。

我乘过各种飞机,包括有三四百座位的波音和空客巨型喷气式客机,也包括苏制、国产的伊尔、安型螺旋桨飞机,从一万多米至三四千米的空中俯瞰山川大地。我也曾登上国内外的名山和大多数"最高建筑",包括两年前被撞为废墟的纽约世界贸易中心,极目远望,观赏人间万象。但想到今天将要用另一种方式登高,昨夜还免不了在床上做了一会儿梦。

最早的热气球被用于探险和特殊运输,以后兼作体育运动。随着安全可靠性的加强和辅助设施的完善,现在已成为一种老少皆宜的旅游工具。不过,热气球要找到合适的升降地点却不容易。首先得有适宜的自然条件,最好无降水,无风,空中气流稳定,气温、气压变化不大，空气清新，能见度好，升降场地开阔平坦，周围没有障碍物。其次，乘客升空后要有值得观赏的自然或人文景观，才会感到不虚此行，物有所值。当然，如果安全没有保证，游客绝不会光顾。正因为如此，就是在旅游业素称发达的埃及，像卢克索这样大规模的热气球旅游点也屈指可数。所以乘热气球的价格也可想而知，不是一般游客所愿承受。我们只能采用最精简的方案，只上我与扎西，海波在地面拍摄。公司标价每人每次250美元，但答应稍给点折扣。

中巴在途中又上了两位女游客，驶至博物馆旁的码头。等我们登上轮船，见其他游客和气球驾驶员等已经在座，今天"同球"的游客共12人。驾驶员正当中年，穿着笔挺的制服，打着领带，一口流利的英语，稳重而有礼貌，显然受过严格的业务训练。轮船向尼罗河对岸驶去，船员取出预备的点心和咖啡，招呼我们用早餐。太阳刚升起，照在身上并不觉得热，却在河上洒满了金光，又被轮船犁出一道闪亮的银涛。我无心欣赏河上风光，不停地眺望对岸，想早些见到热气球的模样。搜索了几遍，却什么也没有见到。原来上岸后还得乘车，直到那两尊曼侬巨像旁。此时，四个鲜艳硕大的热气球悬挂在空中，有的已经饱满，正准备升空，有的还在加热，做升空前的准备；另有一个刚开始充气，半躺在地上，还没有竖立起来。场地上车来人往，五个气球的人员和车辆各得其所。驾驶员和辅助人员都训练有素，驾轻就熟，显得井井有条，忙而不乱。

我们一行在驾驶员的引导下来到将搭乘的气球附近，他说了几点注意事项，又做了简单的解释。此时，气球像一座几十层高的大楼般耸立起来，与下面吊篮间的缆绳已经绷紧。为了让扎西和海波拍得清楚，我第一个攀上吊篮旁的踏脚，爬进篮筐。吊篮是正方形，用铁架和木材、藤条制作，坚固而轻巧。吊篮四周分为四格，每格可乘五人，今天没有满员，每格乘三人。为了拍摄的便利，我与扎西分乘相邻的两格，以便保持一定的距离，又不受其他乘客干扰。吊篮上面是敞开的，内外侧以一米多高的栏板分隔，乘客站在中间，随时可以用双手扶住栏板，有安全感，也不影响俯视观景。中间是同样敞开的驾驶室，正中有一台发动机，四个喷嘴对着气球敞开的底部，驾驶员可以随时点火启动，往球内喷射，以保持球中气体的温度和体积，通过使用不同的喷嘴和喷气时间来控制气球的高度和方向。另外还有一根通向气球上部的拉索，可以在必要时释放出气体。

我抓紧时间，对着镜头谈了此时的感受，毕竟是平生第一次乘这玩意。一切准备就绪，驾驶员开始点火喷气，顿时一股热气袭来，声浪喧腾。地面人员解开固定缆绳，气球冉冉升空。我向海波招手作别，他穿的红色队服渐渐消失在沙漠的黄色中，连曼侬巨像也变成了小小的玩偶，气球升到400米的空中。由于喷火时噪音很大，加上热浪灼人，驾驶员只能利用停喷的间隙介绍地面的景色和热气球常识，并回答乘客的问题，问得最多的自然是负有采访任务的我。但他随时注意着高度表等仪器，不时启动喷火，操纵着气球在空中平稳飞翔，就像在蓝天白云间悠闲地徜徉。气球最高时曾达到海拔430米，但驾驶员一度让它降低到200多米，因为他有一段时间没有启动机器喷火,球内的空气温度降低,比重增加。等他连续喷火,气球又升到400米以上。但无论上升还是下降,站在吊篮里都没有什么感觉,相当平稳,这既归功于驾驶员娴熟的技术,也得益于良好的气候。

在气球上拍摄高度虽不如乘飞机航拍,但移动速度慢,高度稳定。扎西从各个角度不停拍摄,我也用数码相机拍了不少照片。气球从曼侬雕像旁起飞,在尼罗河西岸缓缓向上游飘去。首先见到的是哈特谢普苏特女王神庙,昨天从正面见识了它的非凡气势,今天从空中俯瞰,更体会到它的恢宏规模。这是由那位唯一像法老一样统治过埃及的女王所建的神庙,由她自己命名为"德埃巴哈利",意为堂皇中的堂皇。这座三千四百多年前的石建筑物呈规范的长方形,无论是它的色彩和质感都已与大地融为一体,高耸的山崖就像它一道坚固的后墙,"墙"后就是著名的帝王谷,以稀世珍宝令举世震惊的图坦卡蒙墓就在其中,至今还深藏谷中的珍宝肯定也不在少数。再往西南飘,经过一座座知名的和不知名的神庙、陵墓,有的依然完好,高墙深锁;有的已成废墟,从空中还能看出一个轮廓。在拉美西斯三世的神庙后又是较高的山峰,其中隐藏着与帝王谷齐名的王后谷,我仿佛见到了昨天见过的那些完好如新、精美绝伦的壁画。再往前,应该是图特摩斯三世的神庙和阿蒙诺菲斯三世的陵墓,还有许多不知名的建筑废墟。真有如在山阴道上行,令人应接不暇。

由于线路和风向,我们的气球一直处于尼罗河西岸,坐落在河东的卢克索城只能遥望,无法感受这座三千多年前古都的宏伟和壮丽。在世界上,很少有几个城市能拥有卢克索这样辉煌而悠久的历史——早在埃及新王国时期(公元前1553—前1085),这里就是它的首都维赛特,希腊诗人荷马的作品中被称为"百门之城"的底比斯就在其中。由于城中建有大片宫殿,阿拉伯人将它称为"卢克索",意思是宫殿之城。

根据当时的观念,尼罗河东岸是在世的人居住的地方,而西岸则是死者的归宿,两者的关系颇如中国东汉后的洛阳城和城外的邙山,但在时间上卢克索至少要早一千多年。由于新王国时期的主要建筑物都是用花岗岩和砂岩构成,虽历经千年风霜,如今还能找到不少大体完好的宫殿、神庙、陵庙、雕像,而比它晚一千多年的洛阳城,由于建筑物的基本材料都是土木,早已荡然无存。就连邙山上那些重重叠叠的帝王、贵族、官员、名流陵墓,除了屡经盗掘的墓室和断碑残碣,其余都已融入黄土,托体山阿。

气球的飘移方向大致与尼罗河平行,所以一直没有离开河西的绿洲。几千年来,尼罗河水滋养了一代代人民,也造就了不同的文明。它不仅沟通了上下游的交通,也为埃及提供了最便捷的运输手段,使产于阿斯旺的优良花岗石源源不断地顺流而下,运到卢克索、开罗,庞大的金字塔得以建造,巨大的方尖碑得以挺立。我们的脚下出现了一片农田环绕的聚落,还不时传来牛羊的哞咩,也传来了可亲的人间气息。绿洲的尽处就是望不到边的沙漠,隐约可见消失在沙漠中的道路,或许正是新王国时代通向撒哈拉沙漠深处的商道。其他四个气球或上飘在我们的后面,蓝天中形成一支红、蓝、黄、白相间的球队,十分壮观。

趁气球正在平稳飘荡，驾驶员喷火的间隔较长时，我对他做了采访。他说，这里的气候很好，冬天不冷，夏天气温虽高，但由于气球升在空中，气温比地面低，所以全年都能活动。我问他下雨怎么办，他说这里下雨的可能性很小，偶然下一次，一二十分钟就停了，就是在空中也不会有什么影响，就如淋了次浴。我用随带的GPS测得气球的时速为10公里，他告诉我，气球完全靠风力移动，最大速度可以到每小时25公里。风速再大就要停飞了，不过很少遇到这样大的风。那么球内气体的温度如何掌握呢？他的回答是，要根据载客人数和风力，通过喷火的时间和强度来调节。忽然我发现我的GPS上显示的高度是380米，而吊篮上方的高度计的数字要大得多，怀疑有问题。他笑了："我的表是英制，显示的是英尺。"

我还了解到我们十位游客，除了一位德国男士因陪同他的女友是第二次升空，其他都是首次乘气球，都感到很新奇，也觉得比想象的要平稳安全。不过他们都来自欧洲和美国，亚洲人就只有我和扎西。

此时其他四个气球已先后下降，我们的气球也已远离卢克索，飘到了沙漠上空，正在不断下降高度。在掠过一道高压电线后，我看见一大一小两辆卡车正停在下面，以为是迎候我们的汽车，但气球离地还有一定距离，继续往前飘去，显然这是等其他球的。看到下面停着的车，扎西突发灵感："要是将我们的车队调来，在沙漠上变换队形，从空中拍一组镜头，多美！"可惜事先谁也没有想到。我发现沙漠上还有两辆车在跟着驶来，那才是接

热气球上俯瞰——当年万千气象

埃及

我们这个球的。可是前面出现了一道河谷,地面的汽车无法通过,而我们的气球已经接近地面。驾驶员发出指令,让我们全部蹲下,手拉住吊篮壁。只有敬业的扎西没有服从命令,他必须拍摄我在吊篮着地时的情景。忽然我们被剧烈地晃动了几下,要不是预先有准备,肯定会撞在篮壁,或摔在篮底,又听到篮底与地面摩擦和碰撞的声音,因为巨大的气球还在往前飘动,由于地面不平,吊篮的一边已经着地,而另一边还悬着。幸而在驾驶员的操纵下,吊篮很快停稳在地面。抬头看扎西,他一直举着摄像机,无论如何摇晃,拍摄从未中断。我问驾驶员,这种情况是否属于正常,他说基本正常,但不是最好,如果地面平整,就不会出现这样的情况,气球安全下降的概率达99%。

　　接应车还没有到,驾驶员请大家在篮内等候。几分钟后,车还没有踪影,驾驶员让大家选择,或者继续等在篮中,到时可乘在车上运回,或者现在下篮,那就得步行一段路。为了方便拍摄,扎西爬出吊篮,我留在篮中。一辆大卡车终于绕过河谷驶来,几位工人从车上跳下,配合驾驶员操纵,利用气球的余力,将吊篮托上卡车。驾驶员告诉我,如果卡车到得及时,有时可以直接将吊篮降在车上,工人只要协助调整一下位置。驾驶员拉动操纵绳,球里的气几乎完全放尽,正好向左侧平铺在地面。动作利索的工人立即解开连接吊篮的缆绳,又将躺在地上的球体折叠得整整齐齐,捆扎成一个长方体。海波搭乘的另一辆卡车也赶到了,工人们将那件长方体搬上车,我们还是站在吊篮中,由大卡车运回。靠近等候我们的中巴时,我们才爬出吊篮,驾驶员与我们同车返回。8点半到达我们住的旅馆,驾驶员取出一张证明,在上面填上我的名字、日期和最重要的一项——气球在空中的时间1小时15分,再签上他的名字,我的一项新纪录就此产生。

回房间换了衣服鞋子,用早餐。9时出发,先到卢克索庙,由我在内庙谈四种文明(埃及、希腊、罗马、伊斯兰)的关系,因为站在这里,可以看到(拍到)古埃及神庙、被希腊人改建的殿堂、罗马式门柱和建在神庙顶上的伊斯兰建筑。又做中国与埃及历史、文化的比较。转到那块巨石前面,谈中国与埃及葬式的比较,并以残柱为例谈纸莎草茎状柱的意义。近11时回旅馆,发送邮件成功,发出致家中、满志敏邮件,收下苏新留论文。12时半至露天餐厅用午餐,只要了一份意大利面,也等了好久,已近下午2点。回房间小睡。

3时出门,到卡纳克神庙,拍我与导游沿着公羊大道走向神庙,由他做介绍。又拍了我与他在庙内交谈的镜头。相当顺利,4点半结束。

得知汤文靖等已约了魏兵今晚来,后海波来房间问情况,将各人的意见大致告诉他,他似乎不以为意。6时到河边拍落日,检索资料,准备写《椰枣》一文。8时至露天餐厅,用自助餐。汪蒂雅将于9时乘车回开罗,与她告别。阿丽亚娜父母明天起自己出游。其他人都先离开,以为他们是去见魏兵了。回房间收到女儿邮件,回复。收到天则研究所纪念李慎之征文通知,得知李先生已于22日逝世,享年七十九。回复,说明目前暂时不可能写。洗澡后睡,近2时。

卢克索—阿斯旺

4月24日，星期四　晴，气温超过40摄氏度

7时余起，近8时用早餐，遇汤文靖，得知昨夜魏兵没有来。谈及海波昨天找我，他认为这是海波的对策，意见很大。又认为我不该先将他们的具体意见告诉海波，我做了解释。回房间整理行李，继续写《椰枣》一文将完成。

10时1刻出发，车队驶至市内警察指定处登记，才10时半，实际11时才起程。来的路上有人建议海波到阿斯旺后开会，他就利用这段时间在路旁召集会议，稍谈了一会儿，气氛很僵。11时由警车护送出发，车中有几位持枪警察，路上还不时鸣警笛。至12时休息，路旁有几家小店，厕所每次收费1埃镑。汤文靖用礼品表换得一件衣服，海波为大家买了冷饮。半小时后登车出发，极热。忽然感觉车子剧烈震动，司机谢里夫立即刹车，靠我一侧的轮胎爆裂。警车转回来，说这里停车不安全，责令赶快开车。奥马尔的车也折回来，四位司机一齐动手，十余分钟换了轮胎，跟上警车。

下午2时半到阿斯旺，下车上船，到一个小岛上的餐厅用餐。用小罐鱼，味道重而适口。吃完还是上船，直接开到旅馆。所住的是新Cataract，它的旧楼就是埃及末代国王法鲁克住过的。我住314室，阳台面临尼罗河，当即拍了几张照。海波来找去他房间，会晤地陪努比及新闻官等，小强等也来，确定日程。商定下午先去一个努比亚村了解，我与汤文靖留下。致电总机，得知可以在

在这头小骆驼前我的个子不小

房间内以笔记本上网。看苏新留的学位论文，准备写评语，又准备将发去的邮件。地陪来电，通知6时半至总台集合去用餐，到时去了没有人。回房间时遇到汤文靖，也说未见有人，留在他房间聊天。稍后易春来，知道海波还留在村里。8时半下楼用餐，中间海波回来，说今天夜里有一场努比亚婚礼，定11时半去。餐后到海波房间开会，易春要我准备好录音笔，很为难，幸而事后他没有再提及。海波说已与钟大年通了电话，伙食费的确是每人每天30美元，而且包括杂费。他们几位都说钟大年在燕山饭店会上明明说的是35美元，并且没有明确包括其他费用，否则其他费用可以自理。我指出魏兵等来这里居然没有与他们座谈，实在不妥当。海波说魏兵本来就是来旅游，并不是公务。易春提出合同订立过程不妥当，没有充分体现他们的权益，仍要求加薪。海波称绝无可能，央视、凤凰两台领导的态度很明确，如果想回去，节目组就撤销，没有商量余地。11时半散会，海波等外出拍摄。稍后上网，发出《椰枣》一文及两张照片，又发致家中邮件，收吴滔论文及来信。今夜改夏令时，至近3时睡。

阿斯旺

4月25日，星期五　晴，下午转阴，风沙大

7时半醒，看电视新闻，洗澡洗发。8时半至餐厅用早餐，将用完时海波来，然后见扎西到。上午起写《亚非来去》一文，又阅吴滔学位论文。阿丽亚娜通知12时半至大堂，到码头上船，还是到昨天用餐的地方用餐，仍吃鱼。回房间想睡一会儿，无法入眠。起来后拟致吴滔邮件、致满志敏邮件、苏新留论文评语及给他的信。

傍晚6时与小强、扎西、兆波出发，由新闻官、努比等领到努比亚博物馆，很近。见馆方负责人，很顺利，同意自由拍摄。小强选定努比亚人日常生活蜡像，由我问努比，他概述努比亚人来历及简史。自行参观拍照，至二楼入口旁，见有木乃伊陈列。问管理人，都可以自由拍摄，马上通知小强，稍后由扎西拍摄，并加上我观察的镜头。有一具羊形木乃伊，是保护神的象征，其他地方没有见过。另外还有四具木乃伊，都是原物，是意想不到的收获。

出门时天色已暗。小强想取消明天菲莱岛之行，恐怕到大坝时间紧。我赶快劝阻，告诉他菲莱岛十分重要，而大坝并没有什么可拍。如果怕出发时间过早，可以改到6时半，用早餐后出发，让陪同安排6时早餐。

晚8时至楼下餐厅用餐，主菜也是鱼，这里餐食的分量都很足。回房间稍看电视新闻，洗澡。发出邮件，女儿仍在网上，笔谈了一会儿。妻准备来电话，告诉她明天出发时间、总机号码与房号。女儿发来家中照片，发出《亚非来去》一文及照片。2时余睡。

4月26日，星期六 晴，降温

5时起，因等家里来电话，结果未打来。6时下楼用早餐，在老饭店，过去后又穿过走廊，才到一个大餐馆。中间海波来，问起扎西，我说曾看见他在用餐。将发车时仍未见到扎西，海波打去电话，才知道他正起床。原来我早餐时见到的是地陪，因为穿了同样的衣服，将他误当成扎西。

等了近10分钟出发，车送至码头登船，一旁为低坝，不久就靠近了菲莱神庙所在的小岛。

努比亚的菲莱神庙，位于尼罗河第一瀑布的前端，正好在阿斯旺的南面。这座神庙占据了一个长不过一百多米、宽仅几十米的小岛，岛上全是带有廊柱的庭院和围墙，宏伟的塔式门楼上雕刻着诸神的像以及国王们发动战争或者参加祭祀的场景，柱子上花团锦簇，上面还有粉红色花岗岩雕刻的狮子、方尖石塔、祭坛以及圣堂。

公元前3世纪，此岛逐渐成为祭拜伊西斯女神的重要中心。这位司生育和繁殖的女神在古埃及的神庙中随处可见，努比亚人、埃及人、希腊人、罗马人以及沙漠游牧部落对她顶礼膜拜，并为她建立了菲莱岛神庙，他们将此岛视为天堂和圣岛，菲莱岛神庙成为朝圣者们向往的地方。来自众多种族的供养人都在菲莱岛神庙的墙壁上留下痕迹，上面不仅有祭司或者供养人所留下的字迹，而且还夹杂着数个世纪以来用各种语言文字写成的题字，其中包括埃及语、希腊语、拉丁语和科普特语（埃及古语），还有至今未解的麦罗维语，是伟大的努比亚古国麦罗维王国所使用的语言，该王国在约公元前590年至约公元350年数百年的时间里一直长盛不衰。

阿斯旺水坝使菲莱岛几乎终年淹没于洪水之中，只有每年的7月和10月之间才重新浮出水面。专家们选择了一个最为大胆的方案，菲莱岛上的全部建筑物将被一块石头一块石头地拆除，然后将其转移到阿吉尔基亚岛。尽管该岛距离菲莱岛只有几百米，但在大坝建成之后仍将位于水面之上。在联合国教科文组织的资助下，由一家意大利公司承建。设计工作始于1972年，到1977年3月29日，伊西斯女神圣殿的第一块石头以隆重的仪式安放在新址之上，抢救工作于1979年8月全部竣工。

因游客正在登岸，我们先拍了罗马式亭子。再来到神庙前，拍了导游向我讲解的镜头。这里最前面的残留神殿是埃及人建于公元前12世纪，后面的主殿是希腊式的，建于亚历山大后期，旁边则属于公元2世纪后的罗马时期，集三种文化于一体。然后入内参观，拍了不少照片。8时半登船驶回码头，从岛的另一侧经过神庙，拍了水上的景色。途中许易春告诉我，昨夜已与海波谈过，并直接给钟大年打了电话，去意已决。

　　到码头后登车，驶过旧坝，来到高坝前的水库管理处，新闻官邀请我们进接待室，等候很久，会见公关负责人，稍谈几句就告辞。到纪念碑前，碑身由5根高耸的莲花瓣状柱子构成，顶部有圆环相连，周围是水池。进入碑内，柱壁上镌刻着阿拉伯文、俄

阿斯旺高坝纪念碑

文的铭文，镶嵌着列宁和纳吉布（埃及首任总统）的头像。新闻官监视很严，甚至要看扎西的镜头。据说周围都是军事要地，所以拍摄纪念碑时只能对着正面，不得涉及两旁。到高坝上，说这里也不能摄像。乘车到坝中间，对着水库一侧，说左侧也是军事要地，只能对着右侧拍，这方向可以见到一座神庙。转到下游一侧，刚举起相机想拍，就被新闻官制止，说只能正对着下游拍。我们兴趣索然，登车让司机返回。新闻官说还需复印拍摄许可证交管理部门。

返回住处，稍后一同到城内一家餐馆用餐，也有鱼。回房间已近下午3时，易春与文靖来借电脑上网，睡了半小时。稍后去取回电脑，他们说今天一直占线，稍上即断。4时小强等外出拍摄努比亚船，我不必去。整理电脑上照片，看吴滔的论文。5时半到楼下游泳，回房间洗澡。8时至老饭店餐厅用餐，扎西穿着短裤，被服务生阻止，因为这里规定不能穿休闲装。今天用套餐，每人170余埃镑，作为给许易春饯行。我还是点了鱼，量很大，这顿饭吃了足足2小时。我曾劝易春与海波对外都声称因为家里有急事，这样对双方都有利，易春同意，但说要看回京后凤凰卫视的处理办法而定。

晚上拟致吴滔的邮件，要他发来论文的章节目录，以便我写评语。上网时女儿尚未睡，说今天早上起得晚了，所以来不及来电话了，问我明天早上几点出发，允发邮件告诉她。发邮件于吴滔，收朱毅邮件，告诉我校内近况，即回复。收阚耀平学位论文中一章及苏新留邮件。洗澡后睡，2时。

哈索尔神庙

阿斯旺—阿布·辛拜勒—阿斯旺

4月27日，星期日　晴

6时醒，看电视新闻。7时余妻女来电话，谈近况。8时至老饭店餐厅用早餐，8时半出发，驶往机场。候机时买了一个彩石小骆驼，50埃镑。又集体给每人买了个护照夹，据说是骆驼皮制的，10埃镑。9时55分起飞，我的座位正好在右侧，途中只能看到沙漠，下降时看见水库，坐在左侧才能见到神庙。10半到，出机场后登上大巴，候客人完全出来后才开车，到神庙入口。

这座神庙是古埃及新王国第十九王朝的拉美西斯二世在公元前1284年开始兴建，20年后才完成，被称为"受阿蒙宠爱的拉美西斯的神庙"，也是拉美西斯二世在位期间为他最宠爱的妻子奈菲尔塔利在努比亚建的六座神庙之一。在尼罗河西岸粉红色的砂岩悬崖上人工开凿，高30米，宽36米，纵深60米。门前四座巨型石质拉美西斯坐像，每尊高近20米，重约1200吨。在大厅尽头一间小石室供着四尊石像，从左至右分别是普塔赫神、阿蒙神、拉美西斯二世、哈拉赫梯神。只有在拉美西斯二世的生日2月21日和他的登基日10月21日的早上，阳光才会从神庙的大门射入，穿过60米深的庙廊，依次照在拉美西斯二世和其他两神的像上，而最左边的象征黑暗的普塔赫神却永远处于黑暗之中。阿斯旺高坝的建造导致的水位上涨，将使这座神庙完全淹没。从1964年开始，耗资4亿美元，以4年时间，将原来的神庙切割为1000多块，在原

拉美西斯二世像

址后面220米，升高66米的地方复原重建。神庙基本上保持了原有风貌，只是每年两次阳光照到拉美西斯二世像上的日子都推迟了一天。

会晤导游，随他来到水库前，他指示了神庙原来的位置，还告诉我，旁边那座较小的哈索尔神庙也是从那里移过来的。到神庙前，拍摄导游向我介绍概况，又到雕像前由他介绍迁移过程，特别指出巨像上切割的痕迹。因导游不能进神庙，又找了管理者，询问庙内情况。据他介绍，每年阳光照入的时期的确都推迟了一天，但原先这两天分别是拉美西斯二世的生日与登基日的说法于史无证，只是传说。我们沿着庙廊进入，直到四座雕像前，由我讲述有关情况。

扎西等去拍右边那座哈索尔神庙，这是拉美西斯二世为他的妻子奈菲尔塔利建的。我的任务已完毕，就在神庙前拍照。这中间误删去了已经拍好的几张照片，只好重拍，幸而尚未离开。又去拍哈索尔神庙。返回时仍走原路，为了能拍一张哈索尔神庙临水的照片。

到出口登车，返回机场不久就登机，下午1时10分起飞。仍坐在右侧窗前，但已经见不到神庙。半小时余回到阿斯旺，原车送回旅馆。稍等了一下渡船，到小岛上餐厅用餐，今天吃牛肉。

回到住处已3时余，交给海波43埃镑，请他换成美元，到苏丹后给我苏丹货币。回房间后整理照片，很累，借电脑给许易春。刚睡下，阿丽亚娜来敲门，起来后才知道是找海波，敲错了门。又睡，没有入眠，躺了近一小时起来。去取回电脑，已在汤文靖处，说也是不久就断线。看阚耀平的学位论文。海波通知晚餐后出行李，整理出乘船需要随身携带的物品，因为船上车人分离，行李随车。8时至楼下餐厅用餐，用炒鸡蛋加意大利面，甜食等了好久。晚上改完阚耀平的论文，拟了封信；又拟致满志敏的信，稍后一起发出，并看网上新闻。想写文章未果。2时睡。

苏丹

阿斯旺—苏丹瓦迪哈勒法

4月28日，星期一　晴

近7时醒，看电视新闻。8时余至楼下餐厅用餐，闻小强、汤文靖等先后来。9时余到许易春房间送别，以为他上午就出发，到后才知道是今晚9时。回房间补日记，未毕。11时至大堂，候车来，1刻才与阿丽亚娜及蓝天公司老板登车，海波与司机等已经先出发了。

到高坝码头，海波等在。有人代办出境手续，只要交给护照、船票就可以了。进码头，又等了很久。遇到两位俄罗斯青年，是莫斯科大学学生，说是考察文化，到苏丹后也将去肯尼亚。遇到一对苏丹夫妇，带着两个幼儿，态度友善，说在苏丹的中国人很多。

近1时登上"西奈"号，是一艘客货混装船，苏丹所有。底层是统舱，我们住在上层，是旅馆式的房间。除扎西与李兆波合住一间，其他人都是单间。房间内有一张双层床、一张小桌、一把椅子、一个橱、一台空调，一面有窗临水，虽然不大干净，还可凑合。稍为清理一番，喷上"雷达"，关闭门窗后外出。稍后开窗，扎西来拍我进房间安顿，又至后甲板讲述登船情况及下阶段旅程。试电插座，可用电脑，赶紧补日记，至下午3时完成。2时半船上送来餐盒，扎西又来拍摄。李兆波送来叉子与一包榨菜，试吃发现已变味，马上去他房间告知，让他们注意。等待装船的都是日常品与食品，原定3时开船，到时候码头上的货物还堆积如

由阿斯旺前往苏丹的"西奈"号船

山,我们的四辆车也还停在原来的位置,这些都得装上那艘挂在客轮旁的货船。从李兆波处取来所备的被单及枕套,睡了一小时,但嘈杂声不断,不过闭目养神。今日天气很好,晴而凉爽,但起来后阳光直射桌上,无法用电脑,看所带《读书》。近7时于后甲板拍我们在交谈。两个苏丹小儿在甲板上骑小自行车,其中一辆放的是中国乐曲,肯定是中国产品。到海波房间闲谈,他说在泰塔温一集中我的表现极自然,动作也恰当。谈及许易春情况,我声明只要不是我亲自告诉他的都不是事实,因为已经发现他们提出要求时是以我的名义。开始写追思李慎之先生的文章。9时余至餐厅用餐，中间开船。餐后与海波到甲板散步，远望还看得见阿斯旺的灯火，空中繁星密集，好久未见如此景象。整理电脑上的文件，制作近期所拍照片副本，至11时半睡。稍后汤文靖来敲了一下门，未应。

高坝码头位于北纬23度58.24分，东经32度53.78分，海拔192米。

瓦迪哈勒法

4月29日，星期二　晴

4时半被船上的宣礼声唤醒，稍后起身。过道遇到扎西，就一起到上面甲板，离日出时间还早。5时半又去，见残月如钩，与启明星交相辉映，罕见美景，拍了好几张照片。叫醒海波，三人等候拍日出。约6时20分日出，稍后就被山遮挡。小强也来了。回来问汤文靖昨夜有何事，因为缺了一条毯子，而与服务生语言不通。有点饿，用带着的巧克力充饥。将刚才拍的照片移入电脑，前面几张都因为抖动失效。9时余早餐，用煎鸡蛋及饼。查阅西奈资料，开始写《修道院》一文。

这次全部航程都在阿斯旺高坝后的纳赛尔湖上，平稳而单调。尽管这片水下曾经是努比亚人和他们的历史文化精华所在，也曾

在船上遥望阿布·辛拜勒神庙

有古埃及最重要的南界尼罗河第二瀑布,但而今已一无所见,只留下绵延数百公里的蓝色水面和两旁的濯濯童山。偶尔在无数金字塔般的山峰间见到一座建筑,或许就是幸存的某座神庙。我看到了不少金字塔般的山丘,我推测,古埃及的法老们正是从这些山丘获得灵感,才建造了金字塔形的陵墓。因为古埃及人都崇拜太阳神,高山之巅自然是最接近太阳的地方,所以金字塔应该是一座人造的山峰。之所以造成这样的形状,应该也是受了这一带山峰原型的启示。

12时余船驶过阿布·辛拜勒神庙,距离很近,便于拍照。从船上看去,神庙就像浮在两山之间。这是此行意外的收获,前天在飞机上没有看到神庙,根本没有想到还能在水面看到神庙。前天为了拍到一点水景,还专门走了一段路回到近入口的地方,才拍到一张带一角水面的小神庙。到过阿布·辛拜勒神庙的游客和摄影者中,能够再有机会坐船经过,在水上观赏和拍摄它的肯定屈指可数。

下午1时余经过一处,停船鸣笛,并无人上下,却有一条小艇停靠,我估计这里是埃及和苏丹两国的边界。近3时收拾行李,稍后将我们召至餐厅,有警察办理入境手续,一一核对前面所填表格,又在各人姓名后注上阿拉伯文。

近4时船停靠苏丹瓦迪哈勒法的祖法尔港码头,祖法尔是苏丹前副总统,在一次空难中遇难,以他的名字命名此港以作纪念。我看到有一位华人在等候,要海波赶快联系,果然是我国驻苏丹大使馆文化专员李景方。他三日前就由喀土穆动身,自己开车,在昨夜到达。他要海波将车辆的材料先传下去，以便由他及时填表办理手续。又等很久才登岸，与李景方见面，一辆卡车把我们接到候船室，由李景方陪同的苏丹新闻官员引到贵宾室，会晤港口公关主任，又有当地电台来采访。公关主任致辞欢迎，称我们为祖法尔港接待的最重要的中国代表。我在留言簿上题词。但码头和海关却毫无通融的余地，先听说因水位低，货船无法卸货，要等船位升高后才能出车，我们的车自然不能上岸；再听说海关已经下班，上了岸也出不了关。上百位旅客都在等候，出关手续极慢。至近7时还没有消息，我建议我们先去宿营地，留下司机等车。这时才知道今天肯定无法卸船，而地陪意大利人皮埃罗还没有见到。李景方说他已经到了，估计带人去搭帐篷了。李景方说曾要他将帐篷搭在镇旁，他说这样不安全，没有同意，因安全不许。稍后皮埃罗到了，原来他到码头里找我们的行李了。又发现我们准备的睡袋都装在车上，要没有睡袋夜里没有办法住帐篷。有人建议到车上去取，阿丽亚娜说帐篷里已经备有睡袋。

我们先乘李景方的车，由皮埃罗领路去宿营地，在离城几公里的沙漠中。到后见帐篷已经搭好，可是里面只有一张垫子，并没有睡袋。空地上放了一张折叠旅行桌和几把帆布椅子，以汽灯照明。皮埃罗带来的厨师已经给我们准备好晚餐，李景方带来一瓶二锅头，还有花生米、香烟、罐头等物，还有啤酒一小罐。想不到厨师在野外能做出如此正宗的西式晚餐，有汤、色拉、主菜，味道也不错。此时离上一顿饭已有整整12小时，有这样的餐食和李景方的烟酒真是不幸中的大幸。风很大，吃完饭就觉得很冷，加上一天下来都已很累,马上钻进各人的帐篷和衣而卧。但至多带了一件外套,我只有一件衬衫,只能将船上用过的一条被单盖上。来苏丹前准备最多的是防暑防蚊,想不到这第一个夜晚是如此冷,气温降至12摄氏度。11时听到阿丽亚娜在帐篷外招呼,她从镇上的旅馆借来毯子,放在帐篷外面。我起来,将毯子一条条塞进各人的帐篷,汤文靖闻声起来拿了毯子。盖上毯子并不觉得暖和,但可以入眠了。

瓦迪哈勒法——沙漠营地

4月30日,星期三　晴间多云

5时3刻起,等至6时20分日出,拍了好几张照片,太阳、朝霞、卷云、沙山像一幅绚丽的油画。各人陆续起身,厨师已经准备了丰富的早餐。8时余海波、阿丽亚娜与驾驶员去码头办海关手续,征求我意见,我认为我们可留在这里等候,如果到10点钟还没有消息,就往城里撤。他们四个人玩牌,我闲坐帐中。天气渐热,阳光越来越炽烈,吹不到风的地方已经难以安身。厨工拆除帐篷,我帮他拆了一顶,以便熟悉搭拆过程,与我在西藏阿里考察时用的帐篷差不多。10时余皮埃罗来,问我们是否到城里去,与汤文靖带了行李先去,到后在码头旁一家餐馆外等候。遇到昨天在船上的日本人,一个留长辫子的青年已经走了,另一个留长胡子的日本人来自南非,是骑自行车旅游,出行已经有6个月,对非洲南部的情况很了解。又见两个俄罗斯人自外面过来,得知这里只有地区间的公共汽车,每周一班火车往返于喀土穆,并有两次航班。又遇到一位埃及人,准备乘今下午的船去阿斯旺,已屡次往返于码头,不知道什么时候可以上船。其他三个人也带着行李来了,皮埃罗回去撤走全部物品,让我转告阿丽亚娜。问我有没有消息,没有。他借给我200镑茶水费备用。他们四个人继续玩牌,我枯坐等候。气温越升越高,连狗也躲到车子底下去了。至1时余才看到我们的车驶来,海波说手续极慢,而且无理可讲。厨师将早上营地做好的饭菜带了过来,就借餐馆地方用餐,有色拉、牛肉等,只用了少许,因为怕被餐馆帮忙的小工弄脏了。随行的新闻官还特意吩咐现在不许拍摄,因为许可证尚未拿到,其实这里也没有什么可拍。大家匆匆用了午餐就想出发,但新闻官的拍摄许可手续还没有办完,只能再等。到下午2点20分,我们的车队才驶出瓦迪哈勒法。将行,又候新闻官办手续,2时40分方发车。

皮埃罗的车在前面领路。这辆有十四年车龄的尼桑帕杰罗四驱越野车上装着我们这几天的宿营和生活用品,连车顶的行李架上都堆得高高的。车上再也没有装水瓶的地方,所以此后我们无法再喝瓶装水。在这辆车旁挂着一个帆布口袋,底部装了一层沙,皮埃罗将打来的井水倒入,放入一颗德国产的净水片,从龙头放出的水就供我们饮用。所谓公路,原来只是沙漠中一片车辙,甚至与周围毫无区别,司机完全得凭经验自己选择行车线,只有经过村落或上下山时才看得出道路。幸而皮埃罗与他的助手对这一

沙漠帐篷

带非常熟悉,他的车上还配有GPS,从未迷路。刚开出一个多小时,阿里开的四号车的水箱就漏水,花了一个半小时才修好。此时天色已晚,6点在沙漠中找了一个较平坦的地方宿营。我们先抓紧时间拍落日和晚霞,然后开始搭帐篷。我搭帐篷很熟练,速度很快,扎西拍了全过程。因为这是补拍昨夜的镜头,他让我按昨天的情况再演了一遍。五辆车围成一个半圆,厨师又树起三块篷布,在大风中做出了晚餐,有色拉、汤和鸡肉。风很大,好不容易搭起的帐篷被吹得东倒西斜。特别是汤文靖那顶快倒了,皮埃罗帮着用绳子扎紧。从塑料桶里倒点水,草草洗了把脸就钻进帐篷。尽管外面的风很大，但地面蒸腾的热气将帐篷内烤得像桑拿浴室，我到半夜才打开睡袋。

沙漠营地—凯尔迈营地

5月1日，星期四　多云转阴

5时3刻起身，到6时叫各人起来，拍摄壮丽的沙漠日出。拆除帐篷，整理行李。早餐后皮埃罗装车花了不少时间，到8点多才出发。不久就经过一个努比亚村阿布里（Abri），遇到一位能讲英语的村民，他告诉我这个村有2000多人，村民原来住在下游，因为建高坝而迁来，现在以打鱼为主。这里可以看得见尼罗河，也是交通要道，先后见一辆货车和一辆客车开过。10时左右经过一个市场。虽然货物品种极少，只有一些水果蔬菜和几种日用品，但人很多。还有一批人围在麦克风周围，似乎在开会。见得我们拍摄，周围的人迅速聚集过来，组成一片密集的白色人墙（因苏丹的男人一般都穿白袍）。见扎西对着他们拍摄，人越聚越多。沿尼罗河村落不绝，绵延数十公里。苏丹人相当热情友好，无论老幼见到我们的车队都挥手致意，有的还高声问候How are you?（你好吗？），甚至有小孩问What's your name?（你叫什么名字？）连怀抱婴儿的妇女也会站定招手，真让人应接不暇。接着又进入沙漠，热风夹着沙尘扑面而来，连眼睛和嘴巴也难避免。但由于气温太

石头上留下的古人信息

高,加上随时得准备换挡加力,司机不敢一直用空调,又不得不经常开窗。

下午1时多过Delgo村,皮埃罗在村旁的凉棚下安排午餐,厨师拿出早上准备好的饭菜,我发现色拉与米饭已有点变味,鸡肉倒还正常。餐后到主人院子里看看,是一家小旅馆,李景方来接我们时就曾在这里过夜。

2点多出发,热不可耐,昏昏欲睡,又睡不着。在一座石山前拍摄了一些史前雕刻。4时余到达第三瀑布,踏在发烫的地面,热气从脚底传遍全身,阳光灼人,气温近50摄氏度。由于尼罗河是南北向河流,受地球自转引力的影响很小,河水对河下切有限,加上河床是花岗岩,瀑布的落差不足1米,不仔细看简直不能感觉到瀑布的存在。以瀑布为背景，由我出镜讲述。

原定行程无法完成，至6时余停车，在凯尔迈（Kerma）附近扎营住宿。傍晚多云，晚霞绚烂，太阳没入地平线后还在天空留下四射的红光。8时余用晚餐，因为没有风，无数飞虫聚集在灯光周围。我们将气灯移开，还是不断有虫子撞到脸上，钻入嘴里。一只掉入饮料中的飞虫到入口时才被发现，放在桌上还是活的，又飞走了。至于饭菜中是否有虫子，只能眼不见为净了。11时睡，帐篷中还很热，整夜未用睡袋。

凯尔迈营地—栋古拉—西戴富法遗址—库赖迈

5月2日，星期五　阴间多云

3时余醒，又睡，再醒已近6时，因为没有风，早上也没有凉意。找远处大便，阿里说要将手纸烧掉。我没有火柴或打火机，只能塞在石头底下。由于大家已熟悉了拆帐篷、装行李、用早餐的过程，到7时20分就出发了。

不久我们来到栋古拉一个古老的采石场。我随皮埃罗上坡，不远处就卧着一座2米多长的石雕像。据记载，1820年，法国的地质学家弗雷德里克·凯利奥德随埃及总督穆罕默德·阿里帕夏的军队来到这里时，曾见到这座雕像。在他留下的素描图中可以看到，当时这座雕像还相当完整，但如今头部已经残缺，脚下的基座也不复存在。雕像的形式与我在埃及见到的相同,据说面部还保留了努比亚人的特点,可惜已经无法验证了。

雕像前面几米的地方留着一方未及采取的巨大花岗岩石料。在这块石料的表面有一排人工凿出的长方形,与已经剥离的一片石头上的长方形完全啮合。这使我们能够了解数千前的埃及人、努比亚人是如何用原始的工具开采和加工石料的。他们首先在要剥离的部位或顺着石上天然的裂纹凿出一排有一定间隔的长方体,向内灌入凉水。由于这一带阳光强烈,一天间温差很大,那些水的温度迅速升高,体积膨胀,最终使这片石头崩落。他们就是这样,一步步采下石料,巨大的石料又就地加工成各种雕像、方尖碑及建筑构件,通过数百米外的尼罗河水运往下游。由我出镜解释。

10点前车队停在一个巨大的土堆前,这就是著名的早期努比亚人的宗教建筑西戴富法遗址,而它的周围就是库施王国的第一个首都凯尔迈。走近后,可见这个土堆完全是用未经烧制的土坯垒起的,基本形制仿自埃及的神庙。它的中部有明显的焚烧痕迹,变成了赭色,很难想象它竟能经历四千多年的沧桑,目前还有三十来米的高度。我顺着它侧面往上攀登,到达中部时才发现,前面那座门楼与主要建筑之间筑有台阶,一部分近来做过整修。顺着台阶登上顶部,由尼罗河水滋养的绿带尽收眼底,正是尼罗河在这里形成的比较宽阔的河谷供养了早期的努比亚人,形成发达的努比亚文化的物质基础。

仔细观察,这座废墟内部有复杂的结构,有的土墙间还留着一人宽的通道,深入内部十多米,两侧还可以见到几个拱门,但内部都已倾塌堵塞。陪同我们的新闻官法杜马刚爬到拱门边上，里面竟窜出一只狐狸。在中部的台阶旁，一段直径近1米的大理石残柱特别引人注目，只是它的来历和功能还是个不解之谜。在废墟的另一侧，有两排石质柱础，显然是一座附属建筑的残迹。西戴富法周围已经发掘出不少建筑遗址，从地面可以看到不同的几何图形，有的还相当复杂。考古学家已经复原出这座城市的模型，苏丹政府准备以遗址为中心建立博物馆。

由我讲解，但刚开始拍摄就没有电了，而车队已经去加油，没有电池可换，只能等待。闻讯赶来的文物官员向我介绍，库施王国存在于公元前20世纪至公元4世纪间。由于这一带不产石料，最近的采石场也在尼罗河的下游，早期的建筑都使用土坯。另一个特点是当时的努比亚人死后还不采用制作木乃伊的方式，而是模仿胎儿在母腹中的姿势采用屈肢葬。国王与贵族死后都屈肢安放在特制的床上，为他们殉葬的奴隶则集中在墓道中，最多的殉葬奴隶有几百个。

近12时来到一个小村，在一间空屋内用午餐，还是厨师在早上做好的。餐后到一户村民家拍摄，踩着没过脚的流沙，走进院墙。里面似乎是另一个世界，院子里铺着水泥砖。一棵树底下放着几个色彩鲜艳的水罐，墙根是一排近一人高的陶罐，小小的花圃里种着几株不知名的花，还有几株小南瓜秧，特别引人注目的是整个院墙和屋子的外墙都刷成粉红色，上面画着一朵朵花和字母组成的图案，显得整洁美观，富有生气。原来这是这一带努比亚人的习俗，家家户户的院内、墙上都要用图画或图案装饰，一般每年更新一次,并且都是由女孩子画的。由于男人白天都外出干活,家里只有三个女孩和一群闻讯聚来的邻家妇女。这些画就是那个15岁的少女的作品,因为她的名字是花的意思,所以她一直画花。我问她明年准备画什么,她说还是花,但会与今天画的不同。顺便参观了她家的住房,一间是男人住的,除了几张垫子,空外一物;另一间是女人住的,唯一增加的是一个小小的柜子,墙上贴着一些用废包装纸编成的图案。因为从来不下雨,屋顶只是铺了些椰枣树叶,还透进几缕阳光。

想象当年神庙

数百米外就是尼罗河，但直到下车时才见到沙丘下一片随风舞动的椰枣树梢，树后才是流淌着的河水。遥望对岸，沿河狭长的一条绿带后面，又是一望无际的白沙。要不是尼罗河水的滋养，两岸的沙漠早已会合，这两条绿带也不会存在了。

近下午3时继续赶路，穿越努比亚沙漠的路程还有150公里，皮埃罗估计要花5个小时。虽然都是沙漠，还是有不同的景观。有的路段完全是金黄色的、暗红色的或者灰白色的沙地和沙丘，一阵风吹来可以扬起很大的沙尘，前面的车扬起的沙尘使后面的车什么也看不见，所以五辆车不时一线并行，颇有点巴黎—达喀尔汽车拉力赛的气派。有的路段遍布砾石，高低不平，汽车只能不断选择稍平整一些的地方通过。最麻烦的是那些风化的黑色玄武岩，一片片石板坚硬如铁，有的竖在地面，要是躲闪不及，就会扎破轮胎。但这些散布的黑石将沙丘和地面勾勒出一道道粗细不等的线条，远远望去，就像一幅淡雅的水墨山水画。只是车行其间就没有那么浪漫了，我乘的二号车首先爆胎，换胎后上路不久，前面的一号车突然停下，原来备胎飞走了，幸而发现及时才找回。有三辆车先后陷在沙里，最后连皮埃罗的车也陷了，靠其他车拖拉才摆脱困境。

离开小村后没有再遇见一辆车、一个人，到最后一束阳光在沙漠消失时，前面出现了灯光。晚8时5分，车队驶进库赖迈（Kareima）一家旅馆的院子，等候的女店主就是皮埃罗的太太。她热情地告诉我们：餐厅里备有饮料，8时半可用餐，房间里的卫生间有热水。先喝饮料，还是先洗澡，为此我还犹豫了两分钟。旅馆设施虽简单，但雅致整洁。安顿后喝冷饮，晚餐也做得很好。已经5天没洗澡了，热水喷头虽小，还是很舒服地洗澡洗发。有供电，将这两天拍的照片储入电脑，但来不及给照片编文件名。室外风大，但室内很热，开着前后门睡觉，还是不停出汗。

本来这里的旅游季节到4月中旬就因天气太热而结束，到9月才重新开始，只是因为承接了我们这批特殊的客人，旅馆才延迟关闭。

库赖迈—博尔戈尔山—库鲁皇陵—麦罗维营地

5月3日，星期六　晴间多云

近6时起床，叫醒大家。6时半用早餐，7时余出发。不多时就来到博尔戈尔山（Jebel Barkal）附近，但见金色的沙丘中一片金字塔沐浴在金色的阳光中。这些都是库施王国的法老们从公元前7世纪至公元前3世纪间建造的，在这一带就有20多座。与埃及的金字塔相比，它们显得低矮而陡峭，但最高的也有数十米，而且相互间的距离很近，还是相当壮观。由于这一带找不到花岗岩，这些金字塔都用砂岩建造，而且内部都是用砂和碎石填充，而不是像埃及的金字塔那样完全用石料砌成，两千多年的岁月风霜已经使它们表面风化，部分倾塌。远处还有几座金字塔，已经只剩下残迹了。

我们的车队驶过博尔戈尔山，这座一百多米高的沙漠中的孤山旁边还有一个形状奇特、异常陡峭的山峰。早在公元前15世纪，一度征服努比亚的埃及人就将此山称之为"纯山"，是其南部边界的地标。在努比亚人的心目中，这更是一座圣山，库施王国的北部都城和祭祀中心纳帕塔就建在山下。在孤峰的顶上还保存着库施的法老塔哈卡（公元前690—前664年在位）一座建筑的遗迹。考古学家已经发现，在山前曾经建有大量神庙、王宫和其他建筑。由于库施人认为博尔戈尔山是司太阳、造物与王权的阿蒙神的住所，这里有两座供奉阿蒙的大神殿，但我们现在见到的只是一片断垣残柱。在山下一座残存的神庙门前，我见到两根巨大的石柱，顶部雕着牛头神像。在庙内的浮雕上，有塔哈卡国王向阿蒙神和他的妻子敬献贡品的图画。为了保护这些珍贵的浮雕，庙前已砌了一道围墙，并有专人掌管钥匙。

由于今天的行程很紧，我们没有时刻拍摄，我匆匆照了几张照片，就登车驶往库鲁（El Kurru）皇陵。车队穿行在一片村落间，驶进一条陋巷，尽头是一道铁丝围栏，里面有一些高低不等的土丘，这里埋葬着埃及第二十五王朝（由努比亚人建立）的法老、王后与此后库施王国的国君。其中多数已被发掘，有的墓室中的全部物品、包括壁画在内都已被运往英国、美国的博物馆。在一个砖砌的拱门前，管理者打开锁着的铁门，我随着他走下几十级石阶，进入坦威塔马尼王（公元前664—前657年在位）的墓室。墓室不大，门厅与主室间有一个拱门相通，四壁与天花板绘满图画与图案，2600多年后依然色彩鲜艳，可与埃及卢克索帝王谷墓室中的壁画媲美。墓室的壁画从门厅左侧开始，由国王在保护神哈皮的引领下进入开始，表达了国王再次在诸神的庇护下，获得生命和权力的过程。在拱门的两侧，分别绘着孪生姐妹伊西斯和奈芙蒂斯女神的形象。整个墓室的拱顶都绘满交辉的繁星，初次发现时天穹一片蔚蓝，而今依然可见残存的蓝色。墓室中异常闷热，不多时我就汗流浃背。由于曾遭受洪水破坏，保存的条件也不好，这些壁画的色彩和形象已远不如原来那样艳丽。当我离开这座简陋的铁门时，不禁为壁画的前途忧虑。

这一带已经发掘并保留着壁画的墓不止这一座，但我们没有多余时间拍摄，只能赶往尼罗河边。轮渡不大，甲板上只能停放两辆越野车。虽然乘客已上了不少，但因船员用午餐，到11时半才开船，旁边一种只载客的小摩托渡船已经往返了两次。这一段尼罗河并不宽，估计不过三四百米，但水量丰富，水流湍急。登岸后，我坐在车中休息，等候后面的车。气温已很高，车停在树荫下，还有些风，但头上还是渗出汗来。我迷迷糊糊地睡着，醒来时车已发动，最后一辆车已经到达。

12时20分出发，今天下午的行程有320公里，要穿过巴尤达沙漠，必须赶上晚上8点的最后一班渡轮，才能重新渡过尼罗河，到达宿营地。因此我们一直在赶路，只是在下午1点多时在一棵大树下吃了早上准备的三明治。沙漠中大多数地方寸草不生，但也有些地方却长着枯黄的杂草。在尼罗河的洪水泛滥时，这些地方往往能被水淹没，所以每年有一次灌溉的机会。有些地方则因为地下有古河道，容易获得地下水。可以想象，洪水过后，这里将出现大片青草，年复一年地供养着游牧者和他们的牲畜。下午遇到过几批游牧者，可惜急于赶路，不能停车采访，只能互相挥手致意。只是在休息时见一群妇女和儿童正围着一口水井汲水，背着羊皮水袋的毛驴络绎不绝从远处赶来。妇女用井口的手动水泵抽水，灌满一袋水要花不少时间，看来这口井的水量并不大，但地上还放着不少等候灌装的水袋。我们急于赶路，幸而今天的行程还算顺利，车队在晚7时3刻到达尼罗河边。

渡船也只能容两辆车，我乘的二号车在第二批过河。对岸有一大片灯光，驶上岸不久就是埃达米尔城（Ed Damer），我们在那里停车等候。过往或停靠的车辆不少，路边小店都开门营业，但有的店连电灯也没有，点着蜡烛，路上遍地垃圾杂物，风中夹着一股异味，因此喝完饮料我就回到车中。最后一辆车到后，车队驶上了久违的沥青公路，恢复了120公里的时速，好不畅快。10时

尼罗河上的渡船

半又驶入支道,在滚滚烟尘中可以见到路旁有麦罗维(Merowe)营地的指示牌,远处出现了灯光。

10时50分到达营地,住的是固定式的帆布帐篷,里面有两张床和桌椅,也有电灯和插座。另外有一排卫生间,每座帐篷配一间,有抽水马桶和淋浴。我住3号帐篷,用3号卫生间。营地中有一间大屋,里面有很讲究的餐厅,铺着雪白的桌布,杯盘刀叉一应齐全。预先准备的饭菜很丰盛,但我们让厨师下了一大锅自带的方便面,狼吞虎咽吃个精光。意大利女经理见主菜基本未动,大惑不解地问我:"你们怎么都不吃菜的?"洗澡时发现两个龙头开出的水都是热的,冷水龙头的水甚至比热水龙头的还热,只能用热水龙头的水将就着刷牙。因为营地的发电机到12时半就要停止,赶快将数码相机的照片转入电脑。尽管实际上到12时3刻才停电,照片目录还来不及编完。

麦罗维营地—纳盖—喀土穆

5月4日,星期日　晴,下午风转大,沙尘漫天,夜风止

睡到7时半才起来,帐篷外已阳光灿烂。走出帐篷,见到了意想不到的美景:营地设在一个高坡上,蓝天下是广阔的沙漠,稀疏地散布着一些平顶树和灌木丛,附近有几间房屋,一些牛羊、骆驼在悠闲地游荡,一头白骆驼竟越过围栏来到我们的帐篷旁,

远处的沙丘上可以见到一片高低错落的三角立方体——麦罗维金字塔群。微风吹来，还带着一丝凉意，我在帐篷前的门廊下继续整理电脑上的照片，补日记，直到电池将耗尽。白天是不供电的。8点餐厅的人来叫，说早餐已准备好了。才知道今天改9点用早餐没有通知餐厅，一间间将各人叫起，陆续用早餐。

9时半车队出发，营地门前已经有一大群骆驼在等候，原来附近的牧民见昨夜来了客人，以为有生意可做。我建议可以骑骆驼去金字塔，海波说还是用车好。但他们还是赶着骆驼紧跟不舍，以致我们拍摄车队驶往金字塔的镜头时不得不请他们与车队保持一定的距离。不过后来海波和阿丽亚娜还是骑了骆驼，大概抵不住赶驼人的坚持吧。

大约在公元前300年，努比亚人的政治和经济中心从纳帕塔向东南迁移，在麦罗维建成了他们最后一个首都和最大的城市之一。在城外的两条沙脊上，麦罗维历代国王和王后们建造了40多座金字塔，作为自己的陵墓，每座金字塔前都建有祠堂。但到公元4世纪，随着诺巴人的入侵，麦罗维从此衰亡，连它的踪迹也无从查考，直到19世纪后期和20世纪前期才被西方的考古学家重新发现。现在，整个金字塔群都已由苏丹政府加以保护，考古发掘也在继续进行，在铁丝围栏旁就有一个德国的考古工作站。

进门后，我就沿着沙坡往塔群走去。流沙堆积很厚，踩在上面一步一滑，相当费力。阳光已经相当灼烈，虽感到很热，身上却没有汗，大概都及时蒸发了。一阵风吹来，只感到了增加了热气，还夹着细沙，使人无法躲避，我只能将照相机套裹紧，拍摄时尽可能少暴露。与昨天见到的金字塔一样，这里的金字塔也靠得很紧，估计是因为沙脊顶部面积有限，这也是这些金字塔分别建在两条沙脊上的原因，颇似清朝的陵墓分别建于西陵和东陵。沙脊顶部本身地势起伏，各座塔的高度也不相同，形成高低错落的格局。这些塔的高度大致在一二十米之间，最高的可能超过30米，最低的只留下几米高的残基。这些金字塔都没有顶，即使看似有顶的塔，实际顶上也是平的。陪同和新闻官说，本来塔顶上都有钻石，盗窃者为了获得钻石才毁了塔顶。这种说法似乎无法成立，即使塔顶放过钻石，它们的体积和重量都是很有限的，盗窃时将它们取走就是了，没有必要再拆塔顶。还有人提出，这些平顶上都放置过墓主的雕像，大概也是出于推测，但从现场从未发现残迹碎块，也没有找到过其他证据看，这种可能性也不大。我以为，主要原因还是在于这一带缺乏花岗岩，金字塔只能用石灰岩砌成，而且内部只能用砂石填充，所以只要表层的石块风化或脱落，就很容易造成局部崩塌。

大部分塔前还保留着祠堂，但完整的很少，有的只剩下一圈墙基。这些祠堂的大小高低各异，但规格大致相同，都是仿埃及神庙的对称长方体建筑，中间是大门，两旁的墙上是大幅浮雕。尽管由于风化严重，已经难见全貌，但还是可以辨认出所刻大多是墓主的形象。一些祠堂已经过修复，但新增或复原部分都采取"留白"，即都采用与原来不同的颜色和材料，以免引起混淆。有一所祠堂修复于1980年，里面的壁画保存得相当完整，比之于同时代埃及神庙中的壁画毫不逊色。在一些祠堂的残基上还能看到

金字塔与祠堂

用努比亚文字刻的铭文或题记。努比亚文字与古埃及文字相似，明显受到埃及文字的影响，但至迟在公元前200年，麦罗维人就已形成自己的文字。只是经过50多年的研究，有关的专家还只能破解出23个字母符号的语音和名称，却难以破译其语法和词汇，因而还无法了解它们的内容。从已修复建筑物的铭牌上可以看到，苏丹政府从20世纪70年代就已开始对这些金字塔进行研究和保护，但炽烈的阳光、昼夜的大幅度温差、强风、流沙和飞沙几乎无时不在威胁着这些2000年高龄的古物，人为的破坏也没有断绝，它们的前途实在令人担忧。

闻小强等来后，我在一座庙前出镜，又进庙内讲述壁画。忽然听到有人讲中文，一群年轻人正从沙坡上下来，原来是在喀土穆的中国石油企业的员工。今天是五四青年节，又是星期天，他们开车来这里活动。在这里见到同胞自然倍感亲切，何况我们已经整整六天没有得到外界的任何信息。问他们国内的消息，得知国内SARS疫情严重，患者已有7900人，北京每天有患者死亡，内蒙古已成为重灾区。国际上最重大的消息是传出了一盘据说是萨达姆声明的录音带。得知我们正在拍摄，他们问我这些金字塔的历史，我简单做了介绍。

  回到营地用午餐，大家还是选择了方便面。回到帐篷发现正在供电，赶快将新拍的照片转入电脑。但不久就发现机身很烫，只能关了机充电，可是机身并没有降温，显然气温已超过笔记本电脑的正常工作范围。我将卡西欧多功能手表放在帐篷前的折叠椅上，显示的气温是47摄氏度。但即使再移到阳光下，数字也不再改变，显然已经到了这表的工作极限，实际气温肯定已接近50摄氏度。帐篷里越来越像一个大蒸笼，坐也不是，睡也不是。幸而风很大，吹得到风的地方多少舒服些，随风而来的飞沙与热浪就只能忍受了。有四个人在另一帐篷打牌，实在无聊时就去看看。

  原定下午4时半出发，考虑到人员和设备的安全，推迟了一个小时。约20分钟的车程，我们来到皇城（Royal City）遗址，这里是当年麦罗维的都城所在，是尼罗河水路与其他陆路交会的交通枢纽，也是政治、经济和文化的中心。遗址已由苏丹国家环境与旅游部加以保护，由围栏划定的范围很大，其中还保留了一些居民。顺着中轴线往里走，可以发现大量建筑遗址和遗物，如残存的础石、柱子、神坛、台阶、门框、雕塑等，当然全部是石质的。四个公羊的石雕使我想到了埃及的卡纳克神庙,尽管两者规模悬殊。这里同样看不到花岗岩,只有砂岩或石灰岩,当年的采石场就在附近,这里离尼罗河只有1公里,水运也很方便。砂岩或石灰岩毕竟不如花岗岩那么坚硬,即使不考虑人为因素,这一遗址的完好程度远不能与埃及那些花岗石建筑相比。

这片遗址的尽头是一道残墙,或许就是当年的宫墙或城墙。登上墙基回眸遗址,断垣残基一望无际,可以想象昔日的宏大和辉煌。陪同告诉我们,后面还有一个游泳池遗迹。但直到管理人员打开一座毫不起眼的房屋的大门,我才发现游泳池就在面前——原来为了保护这个罕见的古迹,特意将它完全封闭起来。池面呈方形,在地面以下可以看到石砌的池壁,有三四米深,旁边装饰着罗马式的雕像、柱子,在残余的斑斓色彩中折射出当初的华丽。还有引水管、口径不同的冷热水管、狮形喷水头和水井,足以证明池水可以更换,温度可以调节。公元前1世纪后期埃及的托勒密王朝灭亡后,罗马人统治了埃及。公元初开始罗马人与麦罗维王国有过一百多年的和平相处,因而麦罗维遗址中罗马文化的影响随处可见,游泳池的出现就是一个突出的例子。

为了赶在夕阳下山前拍摄金字塔群,我们匆匆离开。就在我要登车时,管理人员执意要让我去看一件"最珍贵"的文物。我随他来到一道墙基旁,他用手扒开地面的沙石,露了约1米见方的一片黑白相间的拼花地坪。尽管与我在北非其他罗马遗址中见过的丰富多彩的"马赛克"(罗马装饰画)不可同日而语,但在完全不产大理石的麦罗维,这样的装饰意义的确不同寻常,怪不得苏丹人视为至宝，待我拍完照片，管理员立即重新盖上沙石加以保护。

我们的车驶离遗址时，已经不见前面三辆，而在沙烟弥漫的空中，夕阳已离地平线不远。风驰电掣驶到那道布满金字塔的沙脊旁时，我发现已来不及赶到前面一道沙脊的高处，但沙脊前已是保护区，车辆不得入内。我下车向沙脊奔去，见泛着绛色的夕阳正好嵌在两座金字塔间，立即拍了第一张照片。边奔边拍，到拍第五张照时，夕阳已完全消失在沙脊上。回到营地才知道，我意外选到了一个最佳拍摄点，而赶到前面高处的人都没有找到这样一个位置。

回到营地天已全黑，晚风吹来，暑气逐渐消退。我们在走廊下喝果汁，又合影。晚餐后洗了个澡，但到10时后风止了，帐篷的地下泛起阵阵热气。怕电脑散不了热，不等照片整理完毕，到11时半就睡了。

喀土穆

5月5日，星期一　晴间多云

5时半起，整理行李后补日记。7时用早餐，8时过后就出发。沿公路向南驶了一段，又折入土路，9时1刻到达纳盖一带。下车时眼前一亮，沙漠中展现着一座亭式石建筑，在希腊式的立柱中间是罗马式的拱门，而正门雕琢的华贵的门框和门楣又颇有埃及神庙的气度。这座小巧典雅的亭子建于公元1—3世纪间,麦罗维正处于安定繁荣的阶段,当时这里是从沙漠到尼罗河畔的瓦德本纳盖港的必经之路,联系着撒哈拉沙漠、尼罗河流域、红海之滨和外面的世界,所以它不仅是商旅兴盛、商品财富流通的结果,也是多种文化交融的产物。正因为如此,它早已引起考古学者的注意,在亭内石壁上有Holroyd于1837年、H.schliephock于1906年刻下的名字。令人不安的是,梁柱上那些精美的图案和纹饰不仅已受到严重侵蚀,而且还在不断崩裂。仔细看去,可以发现一个个白色的小点,而地下能捡到新崩落的碎片。皮埃罗告诉我,他五年前经过时亭子的正面还很完整,现在大部分已经倒塌,而那根门楣在四个月前还是架在上面,现在已断裂在地面。这座建筑已到了风烛残年,如果不尽快采取保护措施,大概不久于世间了。我贪婪地拍着一张张照片,就像给一位老人留下尽可能完整的遗容。

亭子右侧的后面是一座仅存四壁的神庙,外表看与埃及的神庙相似,但供奉的却是本地的神祇阿佩德马克。在这座雍容华贵的亭子旁边,规模不大的神庙更显得过于局促。待走近它时,却发现它所有残存的墙壁上遍布着极其精美的浮雕,生动的记载着努比亚人的历史和文化。在神庙的塔式门楼两旁,阿佩德马克神的形象从上到下占据了全部墙壁。这位战争与丰产之神被刻画为狮首、人体、蛇身合一,无疑反映了努比亚人对他的无边法力的敬畏和期望,也显示了作者丰富的想象力。

门楼正面两旁的墙壁上则分别雕刻着阿玛尼莎科海托王后和她的夫君征服众多敌人的英姿,王后一手持利剑,国王一手持战斧，他们的另一手都抓住一群跪伏在地的敌人成束的头发。在他们的脚下还有成行匍匐着的降敌，王后的裙后和国王的脚间都有一只雄狮，正帮助主人向敌人发威。在他们的头顶各有一只翱翔着的秃鹫，爪子抓着一条盘绕成环形绳子，象征着他们对整个一圈土地的统治。王后的形象比国王更魁梧勇猛，手臂也更粗壮，正反映了这一阶段麦罗维王国的史实：不止一位王后见于记载，而她们的身份绝不是仅仅依附于国王，而是与国王联合执政，甚至大权独揽，因而她们都拥有"坎迪斯"或"坎戴克"一类封号。其中一位阿玛尼雷纳斯王后曾于公元前24年率努比亚大军横扫埃及，将罗马人控制的菲莱岛劫掠一空，占据了阿斯旺以南的全部土地。

几百米以外的沙漠中还有一座神庙，从门前残留的两行公羊雕像看，也应该是供奉阿蒙神的。这六只公羊原来都安放在基座上，从两只较完整的公羊看，单体规模和工艺水平不亚于埃及卡纳克神庙中的公羊。这座庙的破坏程度更加严重，庙内遍地碎石，倾倒的柱子断成数截，除了几座门楼还大致完好外，连一堵完整的墙壁也找不到。但从侧面望去，神庙绵延二三百米，依然不失当年的恢宏气势。它的命运同样堪忧，就在我停留的一小时中，就目睹一块巨石上有小石子崩落，留下一个灰白的疮疤。

这几座努比亚建筑的规模都比较小，自然无法望埃及神庙的项背。一方面固然是麦罗维王国的国力远不如埃及，其后期更江河日下的缘故，另一方面也是地理环境使然。埃及的阿斯旺盛产花岗石，阿斯旺、卢克索以至开罗都能就近利用或利用尼罗河顺流运输。而努比亚只产石灰岩或砂岩，纳盖离尼罗河也有一段距离，免不了要依靠陆路输送。

在我们将要离开时，一群游牧的努比亚人赶着大群牲畜来到神庙旁的一口水井，一个男孩赶着一头毛驴离井而行，毛驴拉着的绳子通过辘轳连着放入井中的水桶。毛驴越走越远，绳子越拉越长，却还不见水桶，原来这口井深达八十米。据说还有更深的井，牧民用水的艰难可想而知。看来，两千多年来这一带的环境已经发生很大的变化，否则当初努比亚人不会将都城选在附近，也不会将神庙建在干旱的沙漠之中。见那个男孩的指甲受伤，给了他一块创可贴。

离开时拍了车队在荒漠中行进的情景，但上公路时发现与皮埃罗的车失散，稍后才联络上。就在公路旁一家小餐馆用午餐，除了一盘炒鸡蛋，其他还是厨师准备的。

下午2时出发，离苏丹首都喀土穆不足200公里。我们没有去拍摄附近的尼罗河第六瀑布，不过据说它的落差比第二瀑布还小。近喀土穆时，在路旁看到规模很大的中国石油公司的炼油厂。车队驶进喀土穆，城区与郊区简直没有什么差别，很多马路甚至还不如由北方来的公路，没有铺沥青或水泥，车辆驶过，一片烟尘。据说，不多的几条沥青路还是近年才建的。建筑也显得杂乱无章，大多数房屋低矮破旧，除了马路较宽，其他设施比一些城市的旧城还差。驶至尼罗河边时才看到沿河路旁一些比较讲究的旧建筑，都是殖民时代留下的，从门前的牌子看，是政府各部和重要的机关。穿过一座大门，不远处有一座同样的大门，两座大门间的路旁有一幢精心修饰的大楼，都有士兵把守。原来这是总统府，紧贴门前的道路居然还允许通行，倒也少见。不远处有两幢比较显眼的建筑，一幢是我们将入住的假日别墅（Holiday Villa）旅馆，旁边一幢原来是国宾馆，改为饭店后经营不善，由中国石油公司以950万美元买下作为总部。

　　4时半至Holiday Villa饭店，住233室。李景方已提前到旅馆，海波说安顿好后与他商议日程。整理行李，让服务生送来一把刷子，行李上积满了灰沙，刷了好久才基本清除。没有等到黄海波来电，到他房间，知道已定下6时半由李景方带了去用晚餐，发新

在营地晚餐后团队合影。

寄到的T恤衫一件。回房间洗发洗澡，换衣服。6时半到大堂，乘李景方的车往紫金饭店，来自南京的饭店承包了中石油公司的餐饮等服务。会见顾经理，海波问这几天能不能在中石油公司搭伙，他说近期因为预防SARS，对外面来的人管理很严，不大方便。丰盛的家乡菜肴，还有李景方带来的白酒、啤酒，晚餐就像庆功宴一样。餐后李景方又邀至警察俱乐部喝茶，到近11时才回旅馆。花了不少时间整理照片，看电视新闻，近1时睡。

5月6日，星期二　晴

6时余起，7时半用早餐。扎西也在，他们8时半要出去拍摄。回房间写《溯尼罗河之旅》一文，稍后汤文靖来，问我何时去收邮件，约定到时给他打电话。9时余到商务中心，用笔记本连接，开始线路不通，后方才接通。收女儿在出发前和到印度所发的三封邮件、周筱赟邮件、苏新留邮件，一一回复。收下阚耀平学位论文的一章。汤文靖来收他的邮件，有许易春发给他的。回房间看完阚耀平的论文，拟短信回复。打电话向海波借地图，他答应送来。稍后过来，就一同下楼，并告诉他日内将给家里打个电话。又问他是否准备买明信片，他说准备给每人买5张。

12时半与他一起上了李景方来接的车，去我国驻苏丹大使馆。到达时张栋大使尚未回来，正好停电，空调和电风扇都不能用，房间里相当闷热。问李景方新闻报道的国内一艘潜艇事故的情况，得知发生在国内锚地，因发生故障造成缺氧，人员都已牺牲，潜艇未损坏。稍后张大使返回,就在他办公室见面。谈到停电,他说这种情况在喀土穆常有,有时在一些正式的场合也会发生,但也得忍受。他向我们简单介绍了苏丹现状和两国关系。

下午1时半告辞,仍由李景方送回。到餐厅匆匆用自助餐,2时到大堂,新闻官法杜马已到。至5分还不见其他人来,打电话给李兆波,说通知2时半出发。告诉海波,他电话问小强,说从未改过时间,要他们快来。到20分出发,我与法杜马一辆车,小强、扎西、兆波一辆车,阿丽亚娜也去,在一号车。

苏丹国家博物馆的建筑简陋之极,室内的设备也已相当陈旧,没有空调,灯光也很暗淡,参观者寥寥。馆内藏品的丰富和珍贵出乎意料,目光所及几乎都是无价之宝。如果说我们在北部努比亚沙漠看到的是一串散落的明珠,那么这里就是一盒装得满满的钻石。那个四蹄被缚的羚羊罐子由雪花石膏雕刻而成,是努比亚贵族盛油脂的器皿,是公元前7世纪的产物,无论用什么标准衡量都是世界极品。石碑上的麦罗维文字是尚未破解的秘密,但另一些碑上刻着的画面却生动记录了库施王国的历史。栩栩如生的奥古斯丁塑像和其他精美的罗马文物,充分展示着罗马帝国的巨大影响。埃及文明无疑是努比亚文明的主要源泉,很多展品使我们回到了古埃及,立在博物馆大楼前的两尊十多米高的石像似乎是从阿斯旺水库淹没区迁来的,一些浮雕的风格与卢克索所见神似。浏览一圈后我选定了拍摄内容,让小强安排扎西进去拍摄。

博物馆的负责人将我领到楼外,在院内有几座像小型体育馆一样的建筑物,里面是整体迁移来的古代神庙和墓室。这些神庙的年代大致与我们在努比亚沙漠见过的相似,但没有那么完整,墓室中的壁画也不如皇陵墓室中的那么鲜艳,但它们得到了更好的保护,避免了在沙漠中毁灭消逝的命运。我在石棺前出镜讲述。

出来后没有见到阿丽亚娜,她带着两辆车先到码头去了,让船员提前做准备。4时余从青尼罗河码头开船,驶至与白尼罗河相交处,进入下游,又循原路折回。游船一小时收费15万苏丹第纳尔,7人饮料1万第纳尔,上岸后随法杜马往办公室付费。

喀土穆最宏伟的建筑物要数中国于1976年援建的友谊宫,由一幢大会堂式的主楼、一个剧场和附属建筑组成。当我们坐的游船从青尼罗河和白尼罗河交汇处往市区方向驶去时,最先进入视线的,就是那座白色建筑,与沿江一线的其他建筑物相比,颇似鹤立鸡群。我们经过门前时,正好有一大群家长带着儿童从剧场出来,大概是有什么活动刚结束。当我们的摄影师准备拍摄时,一位年轻的警察却举手阻止,态度很粗暴。我很生气,指责他对客人不应如此无礼。陪同我们的新闻官法杜马赶紧上前说明,小警察才退到一边。等我们离开时,小警察过来道歉,说他是新来的,不知道我们是中国人。我告诉他,今后中国人会来得更多,他们来拍照或摄像,都是为了让中国人看到中苏两国友谊的成果。的确,在友谊宫旁边的工地上,一座更大规模的现代化国际会议中心已经开工,也是我国赠给苏丹人民的礼物。

5时半回房间,洗澡。6时余海波来电,马上下楼,李景方已到,与海波、扎西、兆波随他步行至中石油公司总部。在大厅稍等候,孙总等领导来,陪同在园内参观,有员工在打篮球,还有

喀土穆的友谊宫

游泳池等设施。在总部住宿一百余人，城内另有宿舍。到接待室，孙总介绍公司概况，前期投资10多亿已于三年内收回，而且乙方大多也是国内企业，总收益已超过20亿，现在的效益是每天100万美元。第一根输油管道已经铺到苏丹港，下一根将铺到首都。公司上缴的税收已占苏丹政府财政收入的一半。公司设宴招待，菜肴丰盛味美，备酒。到8时余结束，合影。

　　8时半海波等去拍摄歌舞表演，回房间整理照片，查阅地图，补日记，洗衣。至12时余睡。

5月7日，星期三 晴

近6时醒，5点55分时电话铃响，很快就停了，不知道什么缘故。看电视新闻，补日记。8时用早餐，遇小强。将用完时海波来，说上午有事，要我去。立即回房间取了照相机，但等到45分法杜马才来，他说以为约的时间是50分。立即出发，过白尼罗河上的新桥，前往苏丹杂技团采访拍摄。过桥不久，路上就塞满了车，警察在来回奔跑，疏导车辆。旁边还有两个小孩，穿着显得很肥大的警察服，不停模仿警察的姿势，原来这是喀土穆学生的一项"小警察"活动。尽管我们的车不时停下，我却比进城时快速通过冷冷清清的街道时还高兴，看来在石油工业的推动下，喀土穆即将迎来繁荣。

穿过一个空旷的院落，我们来到一幢陈旧的大房子面前，推门而入，立即听到一片中文"一二三四"的口令声，几十名少年和他们的家长聚在室内。这是苏丹杂技团的排练厅，正在招收新学员。这边，家长们正带着孩子在报名登记。那边，已经报名的孩子正按教练的口令在做各种动作，然后接受挑选。两位来自武汉杂技团的教练在逐一检查，选上的学员要进行初步训练后再做筛选，然后送往武汉培训。我听孩子们正跟着一位苏丹演员叫"一二三四"的口令，原来杂技团内部训练时都习惯用中文。李景方介绍我们与团长和几位主要演员见面，我改用中文采访，他们也以中文作答，一位女演员稍迟疑了一下，也以"我的中文不好"开始回答我的问题。他们说中文都带武汉口音，这也难怪，去武

苏丹杂技演员表演走钢丝

汉杂技团时都还是十来岁的孩子,一学两三年,团长还去了不止一次。拍摄选拔新学员过程,老演员表演走钢丝、杂耍、车技、顶杆等。由我采访老演员、武汉来的女教练。又到总团长办公室采访,中间停电。

1970年,苏丹总统尼迈里访问中国,在观看了武汉杂技团的演出后,他向周恩来总理提出要求,希望帮助苏丹培训一批杂技演员,建立一个杂技团。尽管当时正处于"文化大革命"的动乱之中,武汉杂技团还是克服种种困难,尽心尽力培养了苏丹,也

苏丹

是非洲第一批中国杂技演员,并帮助苏丹建立了当时非洲唯一的杂技团,团里的全部设备、道具都由中国运来。此后,第二批学员也由武汉杂技团培训。如今团长和骨干演员都已年过四十,虽然宝刀不老,继续活跃在舞台,毕竟后继乏人。所以最近中国政府同意为苏丹培训第三批演员,无偿赠送的价值30万元的一批设备和道具已经起运,如果我们晚一个月来,这里将焕然一新。

法杜马接到通知,总统府的拍摄已经安排好,让我们马上去。待我们好不容易穿过闹市,回到尼罗河那一边的总统府时,已近正午,幸而接待的官员还等着,立即让总统府边门的警卫放行。进入绿树掩映、花繁叶茂的后院,就见蓝天骄阳下那座白色的三层主楼。尽管已经过多次改建,从豪华宽敞的台阶、走廊、阳台还可见到当年大英帝国殖民总督府的气派。楼门前见不到警卫,进门后也没有见到什么人。问接待官员,才知道这里虽是总统府,但只起礼仪作用,总统并不在此办公,一般每周仅来一次,主要是会见客人或主持仪式。

底层的门厅不大,像一条宽大的丁字形过道。沿着红地毯走到左侧尽头,后墙上钉着一块铜牌,上面刻着两行英文:CHARLES GEORGE GORDEN DIED 26TH JAN. 1885(1885年1月26日查尔斯·乔治·戈登死于此)。稍有中国近代史常识的人都知道戈登:清咸丰十年(1860),27岁的英国人戈登来到中国,出任驻华英军工兵队指挥官。同治元年(1862)率队至上海与太平军作战,攻占青浦,不久又攻下松江泗泾镇和上海七宝镇等地,进而为清朝收复嘉定,随后戈登在上海百里之内勘测,巩固防卫。此前，清朝以外国雇佣兵"洋枪队"为骨干，组建了由外国军官指挥和训练、用洋枪洋炮武装的"常胜军"，人数达四五千人。1863年3月，戈登出任常胜军统带（司令），配合淮军与太平军作战。由于戈登的赫赫战功，清朝先后授予他总兵、提督（从一品武官），给予"赏穿黄马褂"的殊荣。为纪念戈登的功绩，上海公共租界当局还将一条马路命名为戈登路（今江宁路）。1864年11月戈登回国，以后到苏丹，先后担任伊斯梅尔和英国委任的总督。1881年8月，穆罕默德·艾哈迈德以伊斯兰为旗号，自称马赫迪（即伊斯兰信徒所期待的救世主），创立安萨教派，以阿巴岛为根据地，率10万之众起义。起义军节节取胜，1885年1月23日攻占喀土穆，逼近总督府。26日清晨，总督府已被起义军包围，戈登见大势已去，从楼上下来，准备出门登上停泊在尼罗河上的兵船逃生。但起义军已经涌入，当即将他刺死，并割下他的头颅送给马赫迪。据说马赫迪见到戈登的头时，非常意外，因为他本来希望将戈登活捉。尽管由起义军建立的独立的伊斯兰马赫迪王国受到英国与埃及联军的镇压，首都恩图曼于1898年被联军攻占，次年苏丹由英、埃共管，但戈登之死无疑是苏丹人民反抗殖民统治和外国侵略的历史性事件，也是中国人民与苏丹人民之间一段历史因缘。

由于总督府屡经重修改建，不仅当年的楼梯已不复存在，其他遗物都已毫无踪影，只有这块牌子提醒人们不要忘记戈登的下场。走到门厅丁字形的中端，是一条通过大门的走廊，两旁各竖着一根巨大的象牙，颇如一座拱门，旁边还放着一架老式机枪。透过大门上的玻璃，可以见到穿过门前的马路后就是尼罗河。如果戈登抢先一步，或许能登上尼罗河中的战船逃脱，但他逃得了历史的惩罚吗？

以前曾听说苏丹还保留着当年清朝赏给戈登的黄马褂，但接待官员一无所知。听说总统府对面的一座博物馆中陈列着一些文物，我们希望能有所发现。博物馆由一座教堂改建，展品大多是当代的，包括我国政府赠给尼迈里总统的礼品和吴邦国来访时所赠礼品，只找到一张戈登的照片。

返回途中购水，备明天路上用。回到旅馆，与法杜马约定下午5时去拍市场。到小强房间，给家里打电话，妻女告诉在印度的情况，得知《文汇报》已刊出《中国人口史》（我主编，复旦大学出版社出版）出版的消息。到餐厅用自助餐，海波通知下午5时将要寄出的五张明信片交给他，由旅馆代寄，因为没有地方买邮票。回房间在五张明信片上写地址，继续写《溯尼罗河之旅》，4时余写到两千余字，就作为上篇，又配了三张照片。有当地华人来电话，让他找黄海波。致电海波，送去明信片，告诉他不准备去市场了。到商务中心，收女儿从印度发出的两封邮件，收吴滔（实际是重发）、苏新留、朱毅邮件，一一回复。又发回阚耀平的论文及附信。看新浪新闻首页，下载。用了一小时半，管理人说中心不属于旅馆，不能签单，要付现金，答允让黄海波来付。回房间看新浪新闻题目，补全日记。7时出门，在大堂时请海波付上网费。李景方来接，仍去紫金饭店用餐，有炸酱面，有酒。回房间洗澡，洗衣，又摘录有关苏丹的资料，看电视新闻，12时半睡。

埃塞俄比亚

喀土穆—埃塞俄比亚贡德尔

5月8日，星期四　晴间多云

5时起，整理行李，6时下楼用早餐。6时半出发，将出境去埃塞俄比亚。对苏丹这个非洲面积最大的国家，最大的遗憾是无法访问它处于分裂中的南部（苏丹的南方部分于2011年7月9日0时宣告独立，成立南苏丹共和国——编者注）。

自喀土穆至某省会的公路都是沥青路，车速很快，400余公里，11时半就到了。在一家旅馆用餐，有牛羊肉、鱼、炒鸡蛋，量很大，将余下的菜打包带给司机。此前海拔高度不足200米，都是平原，该省会一带到处是农田，在省会还看到好几个谷仓，市场上也有很多农产品，还有棉花包。民居都是草房，呈圆形。此后都是土石路，逐渐升高至海拔700余米，进入山区，居民大多从事畜牧。

下午3时20分至边界。因一号车开得最快，已停在路旁等候，其他车不知道，谢里夫的车直接往前驶去，差一点越过边界。边界就是一条小河，有桥相连，路旁的一间小屋就是出境站。手续简便，只要填一张表格，但上面居然要填母亲的名字。20分钟办完手续。李景方接到使馆人来电，说我们有两个包忘在旅馆，已经送到使馆。海波才发现他缺了两个包，一包是礼品，一包是个人物品。问阿丽亚娜，说旅行社已撤走。想留李兆波随李景方返回喀土穆，取了包后再飞亚的斯亚贝巴，但他的护照已盖了出境章，回不去。只好约定在遇埃塞俄比亚使馆人员后再与李景方联系，就此与李景方及新闻官法杜马告别。

车队驶过桥，见等候的车辆很多，却不见使馆的人员，海波坐在车内，阿丽亚娜去办入境手续。我催促海波去找使馆人员，稍后就回来了，说没有见到，而地陪公司的人已经到了。车开到树荫下等候，不久有移民局官员交回护照，说手续已办完，得知使馆人员等了几个小时，已经先走了。立即发车，发现这里竟然不设隔离区，只在河边竖了一面埃塞俄比亚国旗，警察与办入境手续只有一间小茅屋。海波停下车来通电话，才知道使馆人员在前面37公里处，因隔着边境无法联系。往前见到使馆的车，会见冯参赞、武官及政治处小刘，原来旅行社通知他们上午10时前必须到，显然是阿丽亚娜与海波的失误，因为昨晚李景方明明告诉他们下午才能到。而海波对她曲意回护，说大家都不知道路程远近。海关已经下班，手续可至贡德尔再办。

进了埃塞俄比亚后，无论风景还是风俗都有很大变化，男子没有穿白长袍的，妇女也不包头，阿拉伯语不通行，大多讲英语。全是山区，只见畜牧，多数民居是方形草房。树木渐渐增多，看到几处山火及过火痕迹。路面高低不平，经常有突出的石头，车辆经常爆胎。我坐的车爆了四次，一号、三号车各一次，备胎已经用完。最后一次三号车胎爆，我的车等在路旁，等三号车换好轮胎开了，才发现我的车后胎已经爆了，而谢里夫竟还不知道。不得不请使馆的车折返，借给我们备胎。晚7时半才到贡德尔，70公里费了2个多小时，幸而没有再爆胎，气候也转凉了。贡德尔在1632年至1889年曾经是埃塞俄比亚的首都，至孟尼利克二世才迁都于亚的斯亚贝巴。

车队沿公路盘山而上，9时50分到Goha旅馆，住201室。房间里已无热水，用凉水稍冲洗。10时10分至餐厅，见艾平大使及几位随行人员。用餐时商议日程，初步确定到亚的斯亚贝巴的安排。我的意见采访非洲联盟（非盟）应该作为重点，如果采访议长与非盟只能二选一的话，自然以非盟为主。确定明早8时半海波与我随车队出发，先去办海关手续，然后他与地陪等去买轮胎，我与扎西等去古堡拍摄。回房间后查阅使馆提供的材料，12时睡。

贡德尔—巴赫达尔

5月9日，星期五　晴，晨有雾

6时起，仍无热水，以温水洗发洗澡。补昨天的日记，看有关资料。7时半至餐厅，艾大使等已在，就坐在他们旁边用餐。

8时半出发，先到城内海关，关员尚未上班。稍后与扎西、兆波用阿鲁西的车，地陪道拉西另乘一辆车，陪同前往古堡。到后会见负责人，由他陪同参观。这里的古堡群最早建于1632年。埃塞俄比亚国王苏斯尼约斯（1607—1632年在位）时贡德尔被选为国都，此前没有国都，国王居住在不同地点的帐篷行宫。其子法西利达斯一世（1632—1667年在位）时建成了第一座城堡——法西尔·格赫比（意为法西利达斯宫殿）。以后的国王登基后照例要新建城堡,但在位时间短的就没有建成。这一城堡群共有7座,城里另外还有3座及附属建筑3处。1936年意大利入侵时被毁,1941年盟军驱逐意大利军队时再次受到破坏。我们参观的正是法西尔·格赫比,是在联合国教科文组织资助下,在5年前开始修复,上个月刚完工的。其他城堡还都是废墟。

进入此堡,底层有等候接见处,里面是大厅,后面一个厅是王后的接待处。但只它旁边一个小厅的天花板为原物,其他都是新恢复的。登楼,阳台上有一个小圆形房间,三面有窗,是国王的祈祷室,三面窗外面都有教堂。地板上有一块木板,打开看原来是国王方便处。另一端有一个小间,每当国王宣诏,就有人在这里吹号,召集臣民,宣诏者从这里走到另一端阳台,或者由国王亲自过去宣读。再从楼梯上去,是国王的卧室,但里面除了一张床以外空无一物,这张羊皮制成的床也是复制品。登上屋顶,可以看到周围遗存的古堡废墟。下楼时发现在底层大厅旁一个小间有意大利人改造为厕所的残迹。我在楼前出镜,讲了长短两次备用。

海波等也到了,道拉西介绍亚苏一世时建的德布雷·贝尔汉·塞拉西教堂现仍在使用,里面的壁画还保存完好。与他同车前往,等扎西拍完外景,看门人却不让进去拍,只能上车准备返回。我进去参观,赞扬壁画的价值,说不让拍摄介绍给中国人实在可惜,看门人又同意了。马上叫扎西下车,虽然里面光线不理想,还是认真地拍下了。

回到旅馆,海波让在房间等候。稍后到大堂,与使馆武官闲谈。地陪来通知12时后出发,因为去买轮胎的车还没有回来。后来听海波说城里买不到轮胎,只能用旧胎修补。回房间写日记。11点3刻海波来电,大堂已备午餐盒,就带上行李去用餐。

12时40分发车,下午的行程为130公里。这点距离要是路况好,一个多小时就能通过,但我们却几乎走了5个小时。山路崎岖还不是主要的困难,更麻烦的是路面高低不平、气温高,加上我们几辆车事先没有配备适宜的轮胎,从进入埃塞俄比亚后就不断爆胎。昨晚到达贡德尔时,车上的备胎已经用尽,今天上午又没有买到新胎,所以一上路司机就战战兢兢,慢速行驶。不到一小时,车队就远远落在使馆那辆车的后面。使馆冯参赞通过对讲机告诉我们,他的司机很专业,认为这种路面的最佳速度是每小时五六十公里,太慢了反而会增加爆胎的机会,要我们赶快跟上。但已经吓破了胆又怕无胎可换的司机无论如何不肯开快。车是他们自己的,又是由旅行社承包的,我们不便多管,海波只能向冯参赞解释。冯参赞无奈,只能说:"照这样的速度,下午5点钟前到不了巴赫达尔。"因为当地只有一家修车行,5点一到就关门。如果今天再换不了新胎,明天根本无法上路。

果不出专业司机所料,不到一个小时,我坐的车突然一颠,戛然而止。好在已经有了经验,我知道大事不妙,赶紧跳下车,见右侧的前胎完全爆裂,惨不忍睹。听到消息,其他车也一一打住,司机们都来帮忙。这几天四辆车已换了十多次轮胎,不仅司机们已训练有素,连我们也快学会了。最大的问题是备胎已经用完,昨天已借了使馆车上的一个,现在只能将在贡德尔买到的旧胎用上了。事到如今，海波既不敢催司机们加速，又怕误了今天买新胎的机会，只能与冯参赞联系，请他的车在5点前赶到巴赫达尔，看车行能不能通融一下，推迟关门时间。这段路两旁不时出现石灰岩孤峰，有的就像一根柱子，引得我们停车拍照。还看到不少大树，可见这一带在古代有很好的植被，还有茂密的森林。

重新上路后，司机们只有破釜沉舟，将车速提高到五六十公里，一路翻山越岭，居然如专业司机所料，没有再爆胎。下山后，公路两旁越来越平坦。5点半时，右侧显出一个大湖，陪同道拉西说，这就是塔纳湖，面积有3600平方公里，是青尼罗河的水源。不久，公路通过一座桥梁，道拉西告诉我们，下面的河流就是青尼罗河。水面不宽，不足百米，但水流湍急，水量丰富。在尼罗河的两个上源中，尽管白尼罗河要长得多，主要的水量却是来自青尼罗河。

车队停在塔纳旅馆，庭院中绿树掩映，繁花似锦，几种我不知名的树绽放着大片炽烈的花朵，几种我不认识的鸟奏着热情动人的音乐。离开了童山荒岭，摆脱了一路风尘，仿佛进了世外桃源。沿着二楼敞开的过道，穿过鸟语和花香，前面还有一段走廊。原来236室在走廊尽头，我不禁抱怨自己运气不佳，选了这个最远的房间。拉开窗帘，顿时满目湖光，原来正对着塔纳湖，是最好的景观房。一阵清风随着刚开启的窗户而来，带来了凉爽，也带来了湖水特有的味道。直视湖面，正是夕阳下投下的粼粼金波，又被风吹得乱成碎锦。湖的左岸隐约可见，右边却浩渺无际，不知哪里是青尼罗湖的源头。

只是房间里没有电，也没有热水，问总台，说是6点半后发电，9点后有热水。就以凉水洗澡，洗衣，还没有洗完海波来了，建议找个船下湖拍摄。我们走过长长的过道，穿过大堂，来到湖边，先拍了几张以湖水、夕阳、非洲花木为背景的照片。海波招来一条船，问了船主，得知到尼罗河口大约有一小时的航程。扎西认为到时光线太暗，无法拍摄，建议改到明天早上。我们舍不得离开，坐在湖滨的椅子上聊天，又要了啤酒，慢慢啜着，直到夕阳沉入湖面，晚风加剧，袭来凉意。

回到大堂，发现刚才坐在我们附近的一对白人又在旁边。既然彼此都想结识，我们就坐到一桌聊了起来。原来是一对英国夫妇，丈夫是格拉斯哥人，毕业于剑桥大学，现在巴赫达尔大学教化学工程。正好这两个英国城市我都去过，而他们又对我们此行有兴趣，有了共同的话题。他们来此六年，几乎每个周末的傍晚都是在这家旅馆度过的，先在湖边坐着，天黑后再在大堂用餐。"这是最令人陶醉的湖，每个周末是我们最美好的时光。"我才想起今天（5月9日）是星期五，幸而我刚才也陶醉了一回。他们建议我们去拍摄湖对面的一个修道院，不拍就太可惜了。我已习惯了这样的遗憾，因为原定日程中没有这一项。

至后院，与海波、文靖及使馆各位闲谈。近7时回房间，整理照片。7时半至餐厅用晚餐，用意大利面及炸鱼，喝啤酒。约定明天一早乘船到湖上拍摄。回房间整理完照片。有热水了，洗发洗澡。写日记，12时睡。

巴赫达尔—拉利贝拉

5月10日,星期六　晴间多云

5点起来,续写《溯尼罗河之旅》中篇。6时半用早餐,7时与扎西、小强、使馆的小刘来到湖边。等道拉西将船招来,我们就一起进入了晨雾霭霭的湖面。船靠近南岸行驶,所以总是可以见到断断续续的湖岸,而另一边始终烟水渺茫,混沌一片。除了偶尔遇到的一艘小船,或者飞过的一群水鸟,湖上并没有什么特色。湖水虽清,与一般湖水也没有什么异样。我一直以为,任何湖泊的美都得借助于周围的景观,如山峰、城市、建筑等,或者依赖于附属物,如动物、植物等,仅仅靠自己的浩大或清澈是不能构成有特色的美景的,除非是像死海那样有独一无二的水。今天的塔纳湖显然又证明了我的看法。

大约40分钟,我们的船接近河口,两旁的岸线渐渐靠拢,可以清楚地看到岸上的树木、岸旁湖里的水草和白色的水鸟,还有一艘坐着三人的小船正傍岸而行。再往前,就进入了一个喇叭口状的河口,宽处数十米,最窄的地方不过十来米。此前看到的资料称河口宽200米,不知是数据有误,还是指水位最高的时候。据说由于湖上引水建了水电站,上游的瀑布已经变小,湖面也下降了。

通过最窄的河口后,水面也逐渐变宽。几分钟之内,我们从纳塔湖进入了青尼罗河。其实我们的溯尼罗河之旅,至此才算完成。不过严格说来,最多完成了一半,因为白尼罗河之源还远在维多利亚湖。回眸河口，水汩汩地流来，静静地在我们船旁流过，流向喀土穆，汇成尼罗河，流向地中海。但现在它是那样恬静，那样安宁，偶然听到一声水鸟的叫唤和小船拨动的水声。远山还隐在晨雾间，村落人家也掩在树丛中，要不仔细辨认树木的种类和船上人的肤色，这情景就像我的故乡江南水乡，或许人类文明之间本来就是如此相同。要是没有事先的概念，没有地图，简直不能想象，这里是一个海拔1830米的高原堰塞湖口，是世界第一长河的主要水源。我曾在青藏公路旁见过长江上游的沱沱河，那是一股湍急、冰凉的急流，而周围全是人烟全无的雪山、高原、荒漠。对比之下，我真嫉妒尼罗河有这样一个源头。但想到尼罗河两岸无垠的沙漠和濯濯荒原，而长江两岸有绵延不绝的青山和肥沃富庶的田园，感到造物主也还算公平。

岸旁是大片的纸莎草，完全野生，这正是我们要寻找的。在开罗纸莎草纸博物馆和几家纸莎草纸画商店中，我们都打听过纸莎草的来源，得知野生纸莎草在尼罗河三角洲已经绝迹，现在用作纸莎草纸画的原料都是人工栽种的。我们马上弃船登岸，顾不得泥泞，走进纸莎草丛中。野生的纸莎草丛密密匝匝，高低不一，高的可长到3米多，矮的不足1米。较高的纸莎草顶上都长着无数细茎，远看像一朵盛开的花。纸莎草的下部长着一些叶子，像皮一样包在主茎周围。将这些皮剥尽，就是一根三角形的主茎。主茎的表面有一层硬壳，里面的纤维就是制纸的原料。河边的纸莎草一望无际，但有几片已被村民割去，还来不及长出新草。

正拍摄间，走过一个男孩，见到我们，他主动用英语问好。

与他交谈,知道他11岁,已经上学,所以会说英语。他家就在旁边的村里,全家七口,有兄弟姐妹四人。平时每天过河上学,乘的就是纸莎草船。男孩不仅长得健康可爱,而且质朴有礼,我们请他拔几根纸莎草,再剥去外皮,拍了几个镜头。

告别男孩,我们急于寻找河中的纸莎草船。说来也巧,河口正好有一条单人坐的船通过,船帮很低,几乎要漫到水,这正是一条纸莎草船。过了一会儿,另一条纸莎草船驶近,这次我看得很清楚,船是用一束束纸莎草扎成的。该拍的都拍到了,我们登船返回。就在河口不远处,岸上放着一条纸莎草船,旁边一棵树上还竖挂着一条。原来晒干的纸莎草很轻,扎成船后有较大浮力。但纸莎草容易吸水,使用一段时间后纸莎草吸满水,船自重加大,浮力减少。这时就要将船挂在树上晒干,以便重新使用。

河口渐远,我们又回到塔纳湖。远远看见对岸白鹅鹕甚多,要船驶往,船家说中间有石头,不能通行。近旅馆时前面又有一群,但船家说前面水太浅,也无法靠近,只能在码头上岸。

8时3刻收拾好行李,因为司机去买车胎还没有回来,等到9时40分才出发。折回昨所经过的岔路,从这里到贡德尔的公路正在由我国的路桥公司承建,而由岔路处往前面的公路是20世纪70年代由我国援建的。在这里拍车队通过的镜头。12时半经过一个小镇,找了一家餐馆吃所带的三明治,要了几罐可乐。继续行驶,进入山路,地势渐高,最高处海拔3250余米,后来知道附近还有4000余米的高峰。

沿途经常遇到成群的驴子,大多占着公路,有的还站在路上不走，驴主人却不知在哪里。但要是汽车与驴子碰撞，马上有人现身索赔。阿里的车撞上一头驴子，那驴子立时倒地。海波的车赶快折回，交涉一番后赔了250埃塞俄比亚比尔。不久一头驴向我坐的车走来，司机谢里夫已经在躲避，可是那头驴就是要撞车，如愿撞到后就倒在地上，主人过来怎么也拉不起来。主人说看来这驴子救不活了，要赔得更多，道拉西与海波与他交涉后，总算也赔了250比尔了事。主人接过钱，手一拉，驴子就站了起来，一拐一拐走了几步，就自己去追赶驴群了。

傍晚近6时到拉利贝拉，住Roha旅馆309室。6时起供热水，而水还凉，顾不得那么多，赶紧完成洗澡、洗衣。7时半用晚餐，上得很慢。吃饭时海波通知，准备安排我与小强、扎西、文靖四人先坐飞机去亚的斯亚贝巴，因为考虑路上会多一天时间，而且住宿条件太差。我们先到后，文靖可以继续编片，我们可以先拍摄。到后住宿可由使馆安排。回房间整理照片，写日记，未完。海波来取护照，购机票要用。后来又通知明天早上5时半出发拍摄。11时余睡，相当热，睡眠不好。

拉利贝拉—亚的斯亚贝巴

5月11日，星期日　晴，下午转多云

4时40分起，肚子里不大舒服，这两天吃得不干净，担心出

事，幸而后来太平无事。到了5时半出发时间，司机还在睡觉。海波说昨天夜里已经告诉他们（到晚餐时，他问阿丽亚娜，才知道用法语告诉谢里夫时用错了词，用了下午5点而不是上午5点），马上去叫起阿鲁西与奥马尔。我乘阿鲁西的车，使馆三人一起去。到凿岩教堂，每人门票100比尔，摄像机1000比尔，小DV也要收150比尔。

12世纪末至13世纪初，统治罗哈一带的拉利贝拉国王控制着今埃塞俄比亚北部和周围的广大地区。依仗强大的国力，这位笃信基督教的国王集中5000名工匠，花了30年时间，凿成这批教堂。1221年拉利贝拉去世，他的遗体就葬在其中的戈尔戈特教堂。现在覆盖在这片教堂上的屋顶和脚手架，是为了使这些有800多年历史的世界文化遗产不再受到风沙烈日的侵袭。现在每座教堂都有专人看护，教堂内部不允许用闪光灯摄影，部分区域不对游人开放，尽量避免人为的破坏。但直到1977年，它们还沉睡在海拔2600米的高山荒莽之中，不为外界所知。或许正因为如此，它们才能够保存至今。

拉利贝拉一带覆盖着很厚的火山岩，这些教堂按地形地势，集中分布在三处。同一处的教堂之间都有地道、深沟或岩洞连通，形成一个整体。从它们的形状、结构和周围的地貌观察，都是先选择合适的岩石凿成整体，然后再雕凿其内部结构的。因此这些教堂的每一部分，除了木料大门外，都与整座山岩连成一体。这些教堂与其说是建筑物，不如说是鬼斧神工的巨型工艺品，并不因为材料的单纯而显得呆板。

那座最大的梅法哈尼·阿莱姆（救世主）教堂门前，已经聚集了很多信众，他们脱鞋进入大堂后，分男左女右站立，有的还带着幼儿。这座大堂高11.5米、长33米、宽23.7米，有28根石柱，是在整块岩石上凿成的。由于净空间有8994立方米，这么多人在里面活动，一点不感到局促。想到当初成千的工匠完全依靠手工，要将这8000多立方米的石头一点点凿去，内心不得不惊叹信仰的虔诚和君主权力的强大。稍后开始诵经，我先退出，在周围拍照，扎西在里面拍摄后也出来了。至7点，与陪同商定先去看十字架教堂，步行过去。苍蝇多极了，当地人都手里拿着一根小树枝，不停地挥动驱赶。我今天在脸上涂了防蚊膏，手一摸，竟有一个苍蝇粘着。见前面一群穿着白衣的人围着地面一个大十字架，走近后看到这就是那十字架教堂的"屋顶"，与周围隔着二十多米的深沟。原来当初就是在这一片整体的岩石上往下开凿的，最终凿成了这座十字架形状的、深入地下20多米、内部分四层的圣乔治教堂。

正准备往下走，陪同带着车来接了，说回去吃了早餐再来。海波也过来了，已经拍了一场葬礼，刚才我们看到聚在那大树下的一群人就是。回旅馆早餐，用完已8点3刻，约定9点再出发，仍乘阿鲁西的车。

回到圣乔治教堂顶上，由旁边的石阶下去，进入那座开凿最早的教堂，在扎西拍摄后由我略做解说。出来后循着通道往安葬拉利贝拉的教堂，葬处在地下，并已封闭，地面上只留了一个洞，没有什么可拍。一只苍蝇忽然飞入我嘴中，而且进入喉咙，使劲呕才将它吐出,平生第一次遇到这样的事。从它后面的村里转出来,走到埃曼纽尔教堂,又被称为红色教堂或红墙,这是在整块红色岩石上开凿的,它旁边有好几个小间,通道上下曲折。出来后登车,驶到山前,沿坡而上,经过一个美丽的山村,拍了不少照片。

过一座桥,进教堂前有一道人工开凿的石脉,倾斜上升,称为"天梯",意思是登天之路的艰难。旁边有通道,连接20米长的地道。另外还有地面道路,大家都选择从地面过去。到双子教堂前,前面隔着深沟,有桥接通。两边的外表完全一样,中间隔着一石柱,内部分为两间,中间的小道相通。教堂内藏有12世纪的皮抄本,记载着教堂的历史,还有当时留下的木柜。扎西等原路返回,我与海波、小强从隧道回去,由陪同打着手电筒引路,海波以DV拍摄,将出来时电用尽。当我们走出这20米长的地道时,前面还有一段地道可以进入一座教堂内部,但那段地道的两端都可以关闭,显然是为了确保安全。这使我联想到这些岩石教堂建造的历史背景:从公元7世纪后,阿拉伯人大规模扩张,伊斯兰教的影响逐渐遍及西亚、北非,并向南渗透,处于今埃塞俄比亚北部一带的基督徒受到极大的威胁,他们与基督教世界的联系被隔断,朝圣活动被迫中止。为了保持自己的宗教信仰,也为了生存,一些教徒只能将教堂迁往高山之巅或岩洞之中,往往只能靠绳索攀登,由地道连通。拉利贝拉教堂群的建造正是适应了这样的需要,无论是教堂的构造和相互间的联系都反映了防卫的考虑。

走回停车处，回旅馆已近1点。午餐后海波定3时外出拍摄，因下午是采访村里人，告诉他我不准备去了。与海波买明信片，每人5张，当即寄一张给家里。又为女儿买了一个银项圈，要价150比尔，以15美元成交，又买带邮票的明信片4张，16比尔。想睡一觉，却难入眠。起来后整理照片。到楼下，遇到顾武官，邀喝咖啡。稍后冯参赞也来了，闲谈好久。海波交来四个人机票及护照，还有备用金100美元，已订了明天上午10时的车出发。到汤文靖房间看利比亚一集样片，发现解说词有不少语病，内容也有不合适的，提了意见。洗澡，洗衣。7时半用晚餐，不敢吃肉和面包，我点了意大利面。各人大喝啤酒，又拉我闲谈，至9点多。小强来问利比亚新闻司司长的姓名，从旧文件中查到，他告诉文靖。稍后文靖来我房间聊天。10时半海波与小强来找我去喝啤酒，推辞了。整理照片完毕，日记。11时3刻睡。

亚的斯亚贝巴

5月12日，星期一　晴

5时3刻起身。开始写《拉利贝拉岩石教堂》一文。6时40分下楼，看电视新闻。稍后海波下楼，才知道出发时间已改到7时半。没有见到兆波、扎西、小强三个人，他问是否外出拍摄。但阿鲁西的车还在，事先也没有听说有此计划。稍后兆波下来了，他们没有外出。海波与道拉西谈南下拍摄安排，因为听说已有大雨，道路难通。冯参赞拿来详细里程图，一起看南下的线路，准备到亚的斯亚贝巴后再定。7时半送车队出发，回房间继续写文章。近8时至楼下用早餐，冯参赞、顾武官在，稍后汤文靖也来了，到近9时用完。小强、扎西还在睡觉，去他们房间叫起，餐厅将关门，催他们快用早餐。文靖说昨天夜里酒喝得很晚，小强房里酒气逼人。文靖来找，约着去旅馆旁拍草房，告诉他我已拍过，继续写文章。

　　10时到大堂，与冯参赞、顾武官及小强、扎西、文靖登上所订的车，还有三位外国游客同车。10时20分就到机场，办登机手续，每票付机场费10比尔。等候期间与冯、顾闲谈。过安检时冯、顾因外交官免检，所带的雷达也无碍。乘福克－50型飞机，52座。12时50分起飞，还有三分之一空座，我占了旁边一个空座。稍后就下降，停贡德尔，上来不少乘客，满座。一个人坐在我边上，将脱下来的皮衣放在膝盖上，气味很重。起飞后每人发蛋糕一片、饮料一杯。小强与扎西都呕吐不止，后来听说他俩昨夜喝了很多白酒。下午2点半到亚的斯亚贝巴国际机场，蒋华来接，乘使馆车离开。蒋华告诉我拍摄安排，将日程表交给小强。

　　下午就去采访长跑世界冠军海拉希，3时至他的健身房，但约定的时间是3时半，公关让我们先到楼上咖啡室等候。正好肚子饿着，就吃了些点心，我还喝了杯牛奶。到时进健身房，海拉希已在，正做训练准备，又在跑步机上跑了15分钟，稍与他交谈。在他训练结束后又谈了一会儿，约定明天早上拍摄他在体育场训练，后天上午拍他的办公室及家中。4时1刻后有其他人来训练,其中有悉尼奥运会一万米铜牌获得者,稍问了一下,并留下他姓名及奖项。出来后开到体育场,正好有比赛,停的车子很多。蒋华入内与负责人联系,以便明天上午来时门卫放入,因为明天是假日,到时找不到负责人。要离去时被乱停的车辆堵塞,等了很久车主才来。

到驻埃塞俄比亚大使馆,与汤文靖住2号平房,闻小强、扎西住7号,蒋华的宿舍就在8号,约定7时来带我们去餐厅。使馆的院子很大,但都是租的,建筑旧,没有集中的办公楼,各部门分散,大使官邸也在院内。埃塞俄比亚薪水低,使馆用的雇员比较多。来时所乘汽车的司机已服务了30余年,月薪1200比尔,当地一般司机每月只有数百比尔。亚的斯亚贝巴海拔2400米,使馆工作人员可享受高原津贴,所以连初级外交官(如三秘)夫妇也能雇一位当地保姆带孩子,她每月工资不过50美元,完全付得起。最大的麻烦是当地人感染艾滋病的比例高,使馆要求雇员每年体检,每次体检都会查到阳性反应者。稍后冯参赞来,说已经让办公室给我另外安排房间,推辞不了。后来另一位参赞过来,已通知办公室主任。于是带我去门房旁边的客房,途中遇到办公室主任。他们告诉我,为了安全,使馆养了六条狗,其中叫"二郎"的那条极其凶狠,所以一直关着。这些狗只攻击外国人,对中国人只是狂吠吓唬。你们害怕,晚上就别出来,或者找使馆的人护送。整理房间,想泡茶,但找不到杯子。

晚7时到餐厅,艾大使已在,冯参赞、顾武官与蒋华作陪。厨师来自四川乐山，菜味好，鱼汤鲜，喝了三小杯红酒。餐后到政治室收发邮件，收女儿三封邮件，即回复。收周筱赟、吴滔、满志敏、《戏剧杂志》、韩昭庆、路伟东（所指导的博士生）、李玉尚（所指导的博士生）等邮件。吴滔发来论文，蒋华为我借来USB下载。汤文靖也来收发邮件。政治室主任王天灵，甘肃靖远人，毕业于中国人民大学，说读过我在《读书》上的文章及其他书，谈至近12时。因怕遇到这群狗，请他送我回房间，出门果然遇到，被他喝止。洗澡，将下载的邮件移入电脑。1时余睡。

5月13日，星期二　晴间多云

5时40分起，6时余冯参赞开车到，与小强、扎西、蒋华一起出门。先到原革命广场（现改名十字路广场）拍摄晨练者，果然见练长跑的人很多，特别是青少年。拍完后到体育场，海拉希已在，拍了他率队训练，未交谈。近8时结束，即驶回。过汤文靖房间时叫他，尚未起来。到餐厅用早餐，厨师为我们下了面条。稍后汤文靖来了，说是被狗堵在门口，冯参赞到后才解围。回房间写完《溯尼罗河之旅》中篇，已千余字，配照片四张。与王天灵电话联系，去政治室。见到小李，将陪我们往南方，他说读过几本我写的书。发出文章，回复韩昭庆等人，但照片发了几次，都未发成，到11时3刻停止。12时至餐厅用工作餐。餐后回房间，想睡而不入眠，起来看电视新闻。

下午2时余出发，先到联合国非洲经济委员会总部，本来是非洲统一组织总部，由塞拉西皇帝于1962年召集，有32个国家参加。虽然今天是假日，但蒋华昨天已联系过，所以马上由安全部门派人陪同。先到宴会厅，墙上有玻璃装饰画，正面表达未来，两侧表达过去的艰辛与斗争。进非洲厅，是当年的主会场，主席台两侧是各国国旗，入口一侧是一块巨幅挂毯，另一侧是一幅油画，一棵树上连接着非统组织各国元首像。但细数下来，只有31个人，而其中有一个圆圈里的头像已被涂去。问陪同，他也不知道这是谁、什么原因。旁边是一幅非洲地图，以黑色显示已独立国家，红色则仍然是殖民地。小强让我评说，我提到的非洲领袖埃及总统纳赛尔、加纳总统恩克鲁玛和几内亚总统塞古·杜尔。但扎西对着那棵树拍特写时，找不到杜尔的头像在哪里。我也提到海尔·塞拉西一世以及他1971年访问中国的事。那年10月塞拉西皇帝到中国访问时，我是上海的中学教师，我们学校有一支学生迎宾队，在周恩来总理陪同他离开上海时，我带领迎宾队到机场欢送。塞拉西皇帝在周总理陪同下，在我们队伍前近距离走过，又在我们的"热烈欢送"和鼓乐声中登上专机。在场的埃塞俄比亚人都非常惊奇，因为他们没有一个人见过这位皇帝，更不用说近距离见到。大楼前有一片树林，是当年领袖们植树的地方，本来树都有铭牌，后来一度无人保护，被人偷走了，只剩下几块。有一位少年将我领到纳赛尔所种的树前，但铭牌已不见，又指给我看塞拉西所种的树。只有肯尼亚总统乔莫·肯雅塔所种的树最大，不知什么缘故。

至花1100万美元、由埃塞俄比亚等国捐款、历时四年建成的非洲统一组织新总部。途中蒋华已与王天灵等联系，他们正在总部大楼里出席一个会议，据说警卫部门未接到我们的采访通知。到后仍在交涉，扎西想拍摄，被警卫制止，只能在门口拍外景。蒋华打电话给有关部门负责人，仍然没有结果，小强意见不必再等，就离开。

到希尔顿酒店，总台没有查到登记记录。蒋华打电话给绿地旅行社经理，并将手机交给总台人员，说是向总经理登记的。稍后总台人员出来，还是说找不到订房记录。蒋华问能否现订房，说已客满。打电话到喜来登，说没有空房。又打电话告诉绿地公司。决定返回使馆，途中绿地公司来电，改订在吉昂（Chion）旅馆，是埃塞俄比亚人经营的，比希尔顿差得多。蒋华拒绝，让对方直接与海波联系。其间我与他通话，责备他失职，他还辩解说不是他的过错。到使馆，与小强商定6时采访大使。到小强房间中稍休息，给妻打电话，告诉她近况及女儿邮件的内容，得知上海因SARS实际住院人数不少，《中国人口史》封面有质量问题，陆灏处已电话联系。

晚6时到官邸，艾大使已在门前等候，就开始采访。稍后中资企业几位负责人到，艾大使一一介绍，又有农业教育项目的负责人到来。与艾大使闲谈，得知他是教育部老领导艾知生的长子，原在中联部工作，曾因阿拉伯研究项目赴美国合作研究。海波也到了，说只能住吉昂旅馆了，阿丽亚娜也动怒，还需要与绿地旅行社交涉。已辞退道拉西，绿地社将另外派人。埃塞俄比亚议会议长来到，他曾留学中国，在北京大学获得国际政治学博士学位，并曾出任驻华大使，中文讲得很好。又来了新闻部部长、旅游局局长，旅游局局长向我介绍埃塞俄比亚在古人类方面的旅游资源，说这很重要。7时余招待会开始，艾大使，刘、冯二位政务参赞，议长，新闻部部长、旅游局局长与我坐主桌。结束时采访议长，刘参赞建议采访新闻部部长，他们二人都是大使的好朋友，这样才能平衡。正在准备，大使出来了，说不必勉强，但我还是增加采访了旅游局局长。在采访议长时我直接用中文，并且与他开了个玩笑："今天你必须用中文，否则中国观众会认为你的博士学位是假冒伪劣的。"他哈哈大笑，全部用中文回答。

到平房取行李，一起到吉昂旅馆，我住206室。稍后在海波房间里开会，会前我告诉海波，对旅行社应采取强硬态度，至少应该坚持对方补偿吉昂与希尔顿的差价，并加倍赔偿。会上我重申，补偿差价是基本条件，是否坚持赔偿则看对方态度。小强居然直接问海波与阿丽亚娜究竟是什么关系，为什么老是护着她。汤文靖又提出伙食费问题。我建议干脆撤了阿丽亚娜，免得继续惹事。海波听了小强的话后，立时发怒，后来还是强调无法可想，气氛很紧张。我建议明天拍摄海波不必去，留下来集中解决问题，赔偿的事在我们离开前要有行动。散会后洗澡，开始没有热水，后来放出来的都是热水。看BBC新闻，1时睡。

5月14日，星期三　晴间多云转阴

6时起身，7时半用早餐。将准备洗的衣服留在房内，又到总台留下其他人的房号，要求务必在今天下午送回，因为此店一般要第二天才送回。使馆冯参赞、顾武官、蒋华来，同来的还有旅游局官员与安德烈。

8时一同到海拉希办公室，就是前天到过的健身房，这幢楼是他所有的。会见海拉希，他陪我们到顶层，就在阳台上接受采访。小强要我问他目前所考虑的主要问题，我先问他的日常生活，再问这一点，他说主要还是自己的训练，公司等方面并不重要。想到他办公室去，但秘书还没有来，因为这不是他主要的办公室，平时每星期只来一次。先到他体育经理的办公室，后墙上有大幅招贴——埃塞俄比亚马拉松赛，是由这家公司主办的年赛，参加者已有16000人，有来自非洲其他国家的。向他要了这幅招贴画，并请他在上面签名。领我们到他的办公室，他妻子已到了，就一起过去，拍摄了一会儿。

随后去他家，扎西与我乘他开的车，途中见不断有人向他招手致意。他告诉我住在这所房子已有多年，但现在有三个女儿，觉得小了，九十月间将要迁到新住宅。到后拍他所获得的奖杯、奖牌、奖状，其中有中央电视台体育部所评的"世界十杰"、《体育报》所评"十大新闻"等我方奖项。问："你最看重哪一个奖？"答："当然是欧文斯奖。"并出示奖牌，还有奥运会金牌，但都已捐给教堂，"因为我是基督徒，我的力量都是上帝给的。"他补充说。问："你获得的第一个奖是哪一个？""中学生时。"他拿来了学生时代所获奖杯，还有当时拍的照片。他的家乡离这里有160公里，后来才在亚的斯亚贝巴定居。"你成功的主要原因是什么？""刻苦训练。"问他个人爱好,"看电视,读书"。"读什么书？""以历史为主,对中国也很感兴趣。"随即打开电视机,有央视第十频道及第四频道,并且很关心中国现状。与他合影时,他的幼女过来了,才一岁多,很可爱。他长女五岁,已在幼儿园获得跑步冠军。问他是否想要一个儿子,说将努力争取。

到国家博物馆,因这正好在开会,门前稍等候。进馆后直接往地下室,拍摄"露西"的骸骨,我做解释。这具最著名的人类祖母"Lucy"的骸骨化石,完整度约为40%。这里展示的是唯一复制品,真品被保存在美国休斯敦自然科学博物馆。"Lucy"于1974年在埃塞俄比亚阿尔法凹地被发现,是南方古猿阿尔法种。据考证,"Lucy"生前是一位二十多岁的女性,生活的年代是320万年前,膝盖外翻,因此被认为是第一个直立行走的人类,根据骨盆推算生过孩子,脑容量只有400毫升。会见陈列部负责人,他告诉我还有更重要的发现,随他到入口门旁。柜子里陈放着一批新发现的头盖骨和骸骨,都是原物,有的可能年代更久,只是尚未正式鉴定。叫来小强与扎西,让他们补拍。

到亚的斯亚贝巴大学,校内有埃塞俄比亚学研究所,附属有图书馆、博物馆。本来是塞拉西一世的皇宫,捐赠给了大学。拍了外景,没有进楼。楼前有一个大石阶,做半螺旋形上升,共13级,顶上有一头狮子雕像压着,是意大利人所建,13级台阶象征其法西斯统治的十三年,但狮子是埃塞俄比亚人后来补的。出来拍大门,见对面公园内有一座马克思半身雕像,问是什么时候的,果然是门格图斯时代所立。

又到一个中心广场，拍阿杜瓦战役纪念碑，车队绕行三周。1896年3月1日，埃塞俄比亚在阿杜瓦彻底打败意大利侵略军，保证了国家独立。

12时余到一家韩国餐馆，海波、文靖已在。旅游局官员先离开，约定下午1时3刻再到他办公楼会合。入席后安德烈来了，与海波谈日程安排。我强调在我们离开前必须有具体行动，无论是哪一方面的责任，我们都是受害者。希尔顿为世界性饭店，必须遵守行规，否则我一定会做报道。用韩式餐，我点了海鲜汤面，量很大，味道也过得去。

餐后与小强、扎西、文靖、兆波随使馆几位一起去旅游局，时间尚早，在小卖部看看。稍后那位官员来了，不知什么缘故先将我们送到总理府，事后才知道是因为总统府有紧急会议，旅游局官员就直接做了安排。进去时要安检，每辆车上还上了一个士兵。到孟尼利克二世的旧宫，是木结构铁皮屋顶，几乎已损坏。孟尼利克从贡德尔迁都来后就住在此处，旧宫建于19世纪60年代。稍微拍了一会儿，小强其实不想拍，不得已应付一下。我们跟着去宴会厅，拍了几张照片。

车开到市政府等候，旅游官员通知只能进去三个人，我报了小强、扎西、兆波三人，后来说使馆三人可以不算在这三人中。扎西拍了门前广场中的纪念碑，旅游官员再次向我表示歉意，但说这次如果是直接委托给旅游局就绝不会发生这样的事故。旁边有教堂，就是当年海尔·塞拉西一世皇帝加冕的地方。把我们领到总统府前，兆波推我进去，就与小强、扎西坐一辆车与使馆一辆车驶入总统府。到主楼前,有三座大门,中间一座是为塞拉西加冕二十五周年时所建,旁边两座门部分是续建的。旁边是总统办公室,有士兵守卫。绕到楼后,沿石阶逐级而下,养着三对狮子,只见到其中一对,因为只能让它们轮流出笼,否则必定发生互斗。塞拉西特别喜欢狮子,当年养得更多。但他被推翻后狮子一度无人饲养,现在看到这一对狮子也已很瘦,估计饲料不足或饲养不周。园内有网球场、游泳池等,都是塞拉西时代所建。想看塞拉西去世时住的地下室,说不在这座楼下,在其他地方。

回旅馆,到楼下收发邮件,速度极慢。收女儿在锡金发的邮件,将去加德满都,直接到新德里转机。回复,嘱咐她要查明去新德里转机是否需要过境签证。下载周筱赟邮件的附件。已有38分钟,即停止。需付现金,答允让海波来,到他房间告知。他已收到希尔顿的致歉传真,并邀请我们今晚去用晚餐。他已与小强商量谢绝,因为今晚要拍歌舞表演。谈及内部意见冲突,我的意见赔偿方案必须落实,他说已确定每间房赔120美元,但到肯尼亚时才能发。我建议在开会时由他向大家说明,从此以后住宿及日程安排都由他亲自确定,跟阿丽亚娜无关,那么驱逐她完全是因为相处不融洽,与工作无关。回房间补日记。晚6时半到海波房间开会,他竟不愿做这样的承诺,说如果阿丽亚娜在,实际上住宿日程仍然需要由她安排,不欢而散。

海波以身体不适为由留在旅馆,我们与使馆冯参赞、蒋华、武官助理小赵、小李一起去餐厅,很远。7时半开始,用自助餐,不停有歌舞表演。有四个人奏乐,六七人或唱歌或跳舞,扎西拍摄。餐后我喝咖啡,颇有本地风味。现磨,燃香草,配爆米花。其间安德烈来,将希尔顿致歉传真的副本交给蒋华,还说因为我们今晚没有去用餐,希尔顿送每人一件纪念品,但明天上午8时半才能送到。告诉蒋华,如可能的话就与海波的行李一齐带来,否则就留在使馆。今天连司机共11人,花了675比尔。据说原来是不含税的,更便宜。其间小强告诉我他们已商量好,海波必须在四天之内确定逐走阿丽亚娜,否则拒绝进肯尼亚,并请我致电钟大年。

回来后直接到海波房间,将小强的意见告诉他,海波已睡了,听到后很沮丧。我做调解,告诉大家明天一早就要出发,现在先回去休息,让海波仔细考虑。海波又留住我,我责备他为什么不按我的建议做个承诺,他说实在办不到。我希望尽量避免他们拒绝去肯尼亚,他应该主动与他们沟通,解决实际问题。我问他为什么不答复汤文靖问的伙食费问题,他说实在不知道是否超支,但回国以后也不会有其他办法。回房间洗澡,看电视新闻,日记未写完,12时半睡。

亚的斯亚贝巴—阿尔巴门奇

5月15日,星期四 多云间阴

5时起,整理行李后送到房前。6时用早餐,总台遇到海波,说阿丽亚娜态度果然如他所料,拒绝离去。后来才知道,昨夜我出来后他又召集四人开会,没有结果。他们四人商量到3点钟。6时半出发,我与文靖二人同车。地陪以萨亚乘阿里的车为前导,使馆的车随后,后面是我的车,安德烈与海波同车殿后。

  出城约一小时,海拔高度就降至1700米。进入大裂谷,公路旁都是平地,有少量平顶树,地上经常看到蚁墓,堆积得像一座座坟墓。近10时折进小路,停车时看见很多鸟。十余分钟后到湖边,步行过去观鸟。滩涂上尽是淤泥,举步维艰,到水畔停步,离开鸟聚集的地方还很远,相机镜头里拍到的鸟显得很小。鸟有多种,以火烈鸟为主。湖旁牛羊遍布,水草丰美,但当地人口很多,看来很穷,儿童大多围着外来人索要钱物,还有的拿着本子说缺钢笔。有一个男孩到我面前,给我看一份他的成绩单,显示他的成绩很好,接着就告诉我他的父亲得了艾滋病,家里穷得无法上学了,如果我能资助他100美元,他就可以完成学业。拍了车队在靠近湖的便道上行进,又停车拍了鸟。

  离开后沿着一条小路行驶,路况极差。半小时后冯参赞让停了车,告诉我们本来5分钟就能返回大路,现在引到这条路上,要一个多小时才能返回大路。停车商谈,安德烈说走这条路可以去一处温泉,冯参赞指出,如果临时改变路线要提出来商量,不能说改就改。但已经走了大半,只能继续走这条路。到近湖的地方,有温泉溢出,水很热,但周围都是淤泥,没有办法洗脚,洗手也得小心。温泉没有硫黄味,也没有见到泉华,但有一片地下都有热气溢出。扎西等未下车。将登车时见有牛群排单列走过湖旁,很壮观,赶快拍下。又开到一个观景台,在高处,与前面有数十米落差,可以看到两个湖相距很近,中间隔着一列山。继续往前,过一个公园,有鸵鸟群,公鸟体型高大,羽毛黑色,母鸟体型较矮小,羽毛褐色,在鸵鸟群中只找到一只公的。另外有一对体型都很大的公鸟、母鸟,放在围栏中,或许是种鸟。

出公园后穿过公路,转进湖畔一家旅馆,休息用午餐。旅馆左侧的山崖如一道屏障,直逼湖岸,真有点大裂谷景象。湖面波澜不兴,湖水润滑,但水色泛黄,因为已到雨季。地面多黑沙,是火山岩风化的结果。周围花木繁茂,气温29摄氏度。海波通知大家,已确定不继续南下,折返亚的斯亚贝巴,乘飞机去内罗毕。另聘旅游公司,辞退阿丽亚娜,车队用到亚的斯亚贝巴结束。喝啤酒,吃湖里产的鱼。

下午3时发车,公路虽然还是沥青路面,但年久失修,坑洼极多。过阿洼沙后路上行人、牛群不断,险象环生,车速立时慢了下来。4时余海波来我们车,说在他的车不便打电话,他打给驻埃塞俄比亚使馆、驻肯尼亚使馆和某旅行社等。5时让我用他手机与家里通话,妻告诉我女儿已去加德满都。海波也让汤文靖用,汤谢绝。

晚近8时,至阿尔巴门奇郊外羚羊(Swaynes)旅馆,中间有一间敞开的餐厅,周围分布着几间平房,外墙以芦苇、蕉叶编织,就像当地民居。我住4号,开门进去,很宽敞洁净,后面有一个对着湖的阳台。很凉快,据说也没有蚊子,但不放心,还是喷了"雷达"预防。洗澡。8时半晚餐,用烤肉,很老,吃了不到一半。

回房间果然没有发现蚊虫,在电脑上整理照片,未完。11时半睡。

阿尔巴门奇—多尔兹—阿尔巴门奇

5月16日,星期五　阴间多云

5时余起来,补日记。8时用早餐,海波说已通知阿丽亚娜离去,并告诉司机不能再接受她的指示,只有送她去机场或车站可以用车。阿丽亚娜愤怒,但没有人理她。得知20日去内罗毕航班是下午2点,我提议应当在18日就返回亚的斯亚贝巴,否则过于疲乏,海波同意,就与安德烈落实。

8时半出发,司机们已知道这样的安排,都很高兴,因为他们一直担心往南进肯尼亚不安全。阿丽亚娜在奥马尔车上,准备去买机票。谢里夫说奥马尔一向很讨好阿丽亚娜,但一无所得。到附近一家旅馆,使馆三人去定房,因为我们住的旅馆今晚就有一月前已预定的客人来住,我们必须离开。埃塞俄比亚的旅馆一般都只有十余间客房,即便在亚的斯亚贝巴,除了希尔顿、喜来登及吉昂三家,都是如此。过市区,海波与扎西下去买鞋,居然都是福建所产。安德烈言以前都是意大利产的,中国产品来了价钱非常便宜,所以现在的日用品没有不是中国产的。扎西住在使馆时将鞋子放在走廊,被狗叼去,临行前馆里雇员只帮他找到一只。

出城后就登山,公路被雨水冲坏,使馆的车居然也陷在泥坑,众人一起助推才摆脱。这一带植被虽然还稠密，但已开垦过度，所以水土流失严重，水都混浊。人口也密集，一个山村的居民都超过千人。海拔由1300米左右逐渐升高，到2500米左右，中间停车拍摄。山岭面临两湖，湖间有山脊相连，称为"天堂之桥"。山间有树、竹和土豆、玉米、香蕉、杧果、木瓜、香草等作物。沿途有不少儿童等在路旁，有的唱歌跳舞，有的乞讨，有的翻筋斗，有的拿着土产，有的请求拍照，只要与他们接触就要小费，连很小的孩子也是如此。

到一个多尔兹（Dorze）部落村，村民老幼出迎的人很多，而且都是有备而来的，应接不暇。到一户人家，除安德烈，还有一位15岁的少年陪同，他是九年级学生，能讲些英语。家里有人在捻棉条、纺纱、织布，扎西分别拍摄，由我根据安德烈和少年所说做讲解。这里的居民以畜牧为主，但山高天冷，所以到山下交换棉花，自己纺织，据史书记载已有一千两百年历史。制成的织物，轻薄的当衣料，厚实的制成毯子，都是手工。染料本来也用天然的，现在也有用化学染料，银丝花边是从亚的斯亚贝巴买来的。他们的住房高的有12米，一般也有6米、9米，以竹子为构架，外面盖上芦苇、茅草、香蕉树叶，内部用芦苇编为墙。

屋子前面一处模仿象鼻子，因为古时候这一带到处是野象。另一种说法是用象比喻强大。门就在象鼻子上，又小又弯曲，人要爬着进出，现在已改变，不过门还是开得很小。进门地方隔出一个小间，是孩童住处，这一家两旁睡了三个孩子。放着一块小木板，孩子放在膝盖上，就当小书桌了。到屋里面，左半边是牲畜住的，有牛羊，右半边是主室，夫妻或老人所住，空的地方就是储藏处。中间有一个灶头，用来煮茶或煮咖啡，也用作取暖。两旁放着长凳，为家人聚集的地方。人畜混居，烟熏火燎，没有任何家具，只有几个塑料小桶。因为地方太小，只能由扎西拍摄后，我再进去讲解。回到门前讲这所屋子的构造。

再拍主妇用假香蕉叶制作主食的过程。这种树很高大，与香蕉树相似而实际不同，有的翻译为面包树。那妇人用长刀砍下叶子，用它中间一段，拍打去水，其余部分叶子也拿回来。在另一棵树下放一块木板，斜系在树上。妇人坐在小凳子上，一只脚踩在叶子的高端，双手拿一根木棍，在叶子中间开一条槽，将叶子上的肉质刮下来。用蕉树叶子裹成一包，放在旁边一间小屋（或厨房）里，在地下挖一个坑，在那包东西外裹上塑料布，外面盖上蕉树叶，用土压实，发酵15天。她将已经发好酵的一包拿出来给我看，里面已经像一团面粉，质量高的细如粉，差一点的像豆渣。将它放在蕉树叶上面，用面杖擀成饼。放在铁板上，下面点燃干树叶烧，等一面熟了后再用鲜蕉树叶衬着翻动，10余分钟烤成饼。妇人切为小块，放在一个木盆里让我尝。又拿出门让其他人尝，李兆波见到就跑了，汤文靖不在。又拿来一个小葫芦，里面放着土啤酒，说是以多种谷物制成曲，再加入水，发酵几天就成了。尝了一口，没有什么酒味。

午后1时半结束，驶至山间一个小铺子，吃带来的三明治和海波在路上买的鱼罐、土豆片，喝可乐。吃完又驶回，在村旁草坡上拍歌舞表演，男女各七八人，就用棉巾包裹装饰。旁观者很多，长幼都有，靠得太近，兆波等人经常过去拦住。向村民买了一条棉织巾，色彩鲜艳，42比尔。云雾已经漫到树梢，山村若隐若现，景色迷人。拍完后返回，进城后我转到小强车上，海波坐车去换钱上网。

近5时到旅馆，没有电，洗完衣服后枯坐等候。到餐厅，大家在喝酒，闲谈，认为19日不要中午就退房，可以延迟到下午6点，超过时间也没有关系。晚7时余海波回来，我告诉他退房的事，他也赞成。他与安德烈商定，司机等送我们到机场后才撤退，19日与我们一同用晚餐。阿里说应该善始善终，一定会等我们离开后才结束。又要了我们的地址、电话，说今后如果去阿尔及利亚，他们一定会招待。8时用晚餐，还是没有电，在烛光下用餐。

9点多使馆三位回来，说遇到两个比利时人，得知因为近日没有下雨，往西南的道路可以通行。小李介绍那里部落的情况，比Dorze更具特色，而现在决定去拍鳄鱼和猴子并无必要。他建议如果今天晚上不下雨的话，明天可以试一下。

讨论很久，小强不想去，认为这是因为使馆的人自己想去，他强调大裂谷的环境也需要得到反馈信息。海波说明摄像师已经很累，不宜连续拍摄部落。就决定按原计划返回亚的斯亚贝巴。与使馆三人及海波、小强闲谈至10点多。洗澡，整理照片，近12时睡。

阿尔巴门奇—查莫湖—阿尔巴门奇

5月17日，星期六　晴

5时半起，补全日记。8时用早餐，8时半出发，与使馆的车会合，驶往查莫湖（Chamo）。道路一片泥泞，使馆的车又陷住了，大家助推才驶离。近湖时路已不通，下车步行。我穿着凉鞋，举步维艰。近年因水土流失，湖底升高，测水表显示水位已低了近1米。船泊在湖中，当地人用树枝筑路，架在水面，接到船上，又狭又滑，幸而有人在旁边扶持。大家登小木船后又驳到一艘稍大的铁皮船，将小船上的马达移到大船上用，原来这个25匹马力的马达是两艘船合用的。

先至"鳄鱼市场"，果然有很多鳄鱼，而且有几米长的。鳄鱼常张口，因为是冷血动物，需要不时用嘴呼吸以调节体温。有的滑入水中，有的在湖里游动，会听到撞在船上的声音。旁边就有水鸟嬉戏，相安无事。又往前开，水鸟很多，有三四个品种，只是不知道它们的名称，大的像鹈鹕。再往前，见到河马，只是多数仅露出头，不一会儿就潜至水中。偶然也见到有半身跃起的，但行动突然，时间短，来不及入镜。遇到两艘单人渔船，都是用一根树木制成，本地产，材质极轻。船上有网，已经捕了不少鱼，大的有几千克。据说每晚将网撒在湖中，早上去收起。问鱼价，说送到市场后每千克可以卖4比尔。由于全年都捕，已经影响正常繁殖。驶近鸟群，给了渔夫10比尔，让他上前赶鸟。群鸟飞起，抓紧拍摄。又回到"鳄鱼市场",因为附近有河水流入,这一带鱼多,所以鳄鱼聚焦到这里来,形成"市场",鸟多也是这个原因。

近12时回到湖边,还是像上船时那样,由本地人扶着走到岸边。出发前已定了午餐,我还是吃鱼。海波通知最新安排,因卡萨布兰卡已发生6次恐怖爆炸,据说肯尼亚是恐怖分子下一个目标,后方深以为忧。我国驻肯尼亚使馆已经了解,认为影响不大,但还是改住中资饭店,并力保安全。我的返程机票已改在上海。下午近3时方回房间,想睡而未入眠,起来整理照片。

4时半出发,驶到一个公园门口,遇到十几个学生往回走。进入公园,有一片泉水,一群儿童在游泳戏水。这样的泉水有好几处,是当地的饮用水源。走了近20分钟,没有见到猴子,安德烈说平时就在这里,今天跑了。正好过来两个本地人,妇人说猴子还回来,男人说还在前面。就跟着他往前走,半途他与安德烈听到猴子叫声,说猴子已经回来。赶快随他返回,途中遇到猴群。只听到树顶的嬉闹声,见有几只猴子,尾巴很长,有黑、白不同的颜色,有大有小。往前走,又遇到一群。但猴子太活跃,加上树枝密,很难照到。到6时多,天色已晚,上车返回。刚开了一段,安德烈让停车,轻步下车,有2只大猴子在路旁饮水。马上让扎西去拍,我们等在车上。后来小强让我去,想拍我走近猴子的镜头,猴子已经跑了。

7点返回。海波已买了佐料,兆波与小强在厨房烹煮,今天买了2条鱼。想洗澡,没有水,问店员,居然是他忘了开阀门。洗澡洗发,整理照片。8时半用晚餐,使馆三位也来了,做了两种鱼,两种菜，还有炒饭，都是自己做的，鱼嫩，汤水鲜美，好久没有尝到这样的美味了。餐后又喝咖啡，埃塞俄比亚的咖啡闻名于世，被称为咖啡的故乡，但原产于南方的咖啡，这一次没有能去尝。这里喝咖啡有点像日本的茶道，必定要以炭火烤，点燃香草，用小锅烤后现磨，并配爆米花。味浓微酸，据说喝了难入眠，但我不以为意，后来果然睡得很好。闲谈很久。回房间洗澡，整理照片，12时余睡。

阿尔巴门奇—阿瓦萨—亚的斯亚贝巴

5月18日，星期日　晴

4时半醒，又睡。6时起，停电，写日记，电池用尽而止。7时半早餐，原定8时出发，迟至8时20分方启程。进城后，阿鲁西的车又返回旅馆附近加油，50分才离城。途中还是有很多牛羊及行人，加上路况差，下午1时余才到南方州的首府阿瓦萨（Awasha）。近城的公路很平整，有路通向湖滨。在一家餐馆用餐，客人很多，等候许久，我点了鱼。将明信片交安德烈寄出。

近3时出发，至亚的斯亚贝巴270公里，地势渐高，海拔自1700米升至2300米。途中与冯参赞约定，明天下午3时半去使馆收发邮件。近7时至希尔顿，因需要整理行李，全部卸下。进旅馆需要安检，很费时。住403室，电子钥匙试了两次也打不开门，让总台来人才打开。7时半到大堂,冯参赞与蒋华来,一同去自助餐厅用餐,这是旅馆致歉的表示,招待我们6人,并附送一瓶饮料。回房间稍看电视新闻,华南、华中大水,死40人。洗澡,洗完后浴盆的放水塞子无法拔起,浴水放不掉,不知什么原因。很累,11时睡。

肯尼亚

亚的斯亚贝巴—肯尼亚内罗毕

5月19日，星期一　晴

　　5时半起，看电视新闻，洗发，补全日记。8时用早餐，餐后遇扎西、兆波，帮助他们换钱及买烟。到楼下一转，今天游泳池因换水不开。回房间送出所要洗的衣服，要求下午3时前送回，得知必须加价50%，并为各人致电洗衣房。写完《拉利贝拉岩石教堂》一文，并整理出照片。海波来电，午间未必能赶回来，大家自行用餐，不必等他，但下午3时前肯定会回来。打电话给各人告知，到小强房间取来《非洲考古》一书。12时半与各人一同至自助餐厅用餐。继续写《溯尼罗河之旅》，未完成。2时洗衣房送回早上送去洗的衣服，整理好行李，送到扎西的房间。拟致家中邮件。3时余海波来电，冯参赞已到他房间，现改为3时半一同去使馆，上网后就在使馆用晚餐。携带随身行李过去，冯参赞与蒋华已在，闲谈等海波办好退房手续，随后到大堂集中。今天美国使馆在旅馆举办招待会，艾大使也来参加，所以来客都要搜身安检。

　　扎西那辆车去拍外景，我们的车驶往使馆。先去政治处，汤文靖先收发邮件，我看报等候。然后我收发邮件，收到女儿在加德满都及到家后的邮件，回复，并发附件。稍后收到她的回复，又回复。收张晓虹（同所同人，正在美国哈佛大学访学）邮件，将在7月初回国，告诉她现在收发邮件不便，只能简单答复。收复旦大学出版社孙晶邮件，附采访提纲，告诉她目前不便，建议等我回家后进行。收家中转来贝明远与包弼德邮件，满志敏已回。发出《拉利贝拉岩石教堂》一文，想发照片，屡试未成。7时至餐厅，我们六人、司机四人及安德烈用便餐，艾大使及陪同几位皆参加。餐后闲谈，艾大使等问了一些问题，我尽可能以所了解的做了回答。到文化处稍休息，其他人打牌，汤文靖帮小刘装软件。我又回政治处，想下载戏剧学院的邮件，遇到病毒而中止。看网上新闻，又看复旦官网及本所的禹贡网。与王天灵谈到近12时。

12时发车，冯参赞、蒋华、安德烈及四位司机一直送到机场入口，合影后告别。行李太多，每人免费四十千克后还是超重，交涉后免收部分费用。在候机室喝咖啡。下午2时40分登机，3时10分起飞，旅客很少，我们都是一个人占三个座位。用点心，很倦，但睡不着。

5时20分到内罗毕。出来后就遇到驻肯尼亚大使馆办公室二人及地陪德鲁鲁来接，陪同办理入境手续，并缴验防疫证。本来需量体温，说明我们离开中国已近三个月才免了。出站时看见有人举牌来接，德鲁鲁要我们不予理睬，说这就是阿丽亚娜所定的公司。与使馆庄伟东见面，因为我驻肯尼亚使馆不设文化处，由研究室接待。庄伟东毕业于山东大学外文系，但不认识驻埃及使馆的老刘。由德鲁鲁陪同乘一辆面包车到Holiday Inn，住225室。本来是230室，因钥匙开不了门才改。与庄伟东约定明天下午2时来。

内罗毕

5月20日，星期二　阴间多云

早7时半往餐厅用早餐。餐后回房间睡觉，至11时半起来，洗澡，整理昨天拷下的海波所拍照片，未完成。午后1时到大堂，一起去往附近一家中餐馆用餐。遇到一位厨师，上海人，来了四年。点了酸辣汤、炒菠菜、炸虾及鸡片饭，味道还可以，就是太贵。返回旅馆，庄伟东及德鲁鲁已在，稍后戴维来，海波、小强与他们商量日程安排。

我建议今天下午就去木雕工场，于是在3时出发，由戴维陪同，司机是山姆。戴维说要40分钟车程，实际花了2个小时，而且向当地人问了路才找到。到一个工场，发现只做长颈鹿，并且不是乌木。

海波与文靖留在这里，我们又随戴维开车去另一处。我们来到一个村落外的草棚。棚里的地上堆着一些像干柴一般的树干，不过小手腕那样粗，长不过一米，拿在手里却是沉甸甸的，原来都是闻名于世的东非乌木。一位工匠手持一把扁平的小斧，随手捡起一段树干，向干头砍去。三下两下，但见树干的一头已成了一个小雕像。待他完工后看去，虽是一位瘦骨嶙峋的老人，却显得神清气朗，半仰着的头透出一股傲气。此人只应东非有——一个活脱脱的马赛人形象！再看一旁那些半成品，尽管都是这样三下两下"砍"出来的，还没有经过加工，却一个个惟妙惟肖，神态各异。而且由于砍去的外层乌木芯正如马赛人的本色，粗糙的斧痕正显示出他们风餐露宿的容貌，再加工似乎已属多余。我在流连观赏时，那位工匠已经又完成了一个，可谓鬼斧神工。不过直到离开时，我也没有请教他的大名，一则我很少记得住外国人的名字，连熟朋友的全名都记不清；一则像他这样的工匠光在这草棚里就有三位，在肯尼亚必定是车载斗量了。扎西先拍了空镜，然后由我讲解。工匠们的技艺自不限于"砍"出马赛人，但马赛人的大小雕像却是他们的代表作。在这前后我也看过不少他们的作品，如各种动物，最常见的是狮子、象、犀牛、长颈鹿等，尽管都很精致，却不如马赛人那么传神。我猜想，工匠们是无法抵制马赛人先天的吸引力——造物主给了他们一副棱角分别、清瘦中带着高傲的骨架和英俊的相貌，以至于西方殖民者在发现他们之初几乎不相信自己的眼睛，不得不称他们为"高贵的野蛮人"。

跟着到店主的铺子，我选定3种动物的小雕件6份，都是乌木的，还价后以4200先令买下。小强等选了6件小型雕像，出价800先令，帮他们还到600。登车回到海波那里，汤文靖已买了几件，告诉我前面看到过的一个人头雕件已还价到1400先令，我以1000成交。将开车时店主又拿来一个犀牛雕件，开价1000先令，兆波买下。

晚8时余回到旅馆，邀庄伟东一起用晚餐，他以大使那里有事辞谢。商定辞退戴维。8时半步行到中餐馆，用汤面及印度饼，价格只有午餐的一半。回旅馆后召集各人到海波房间，将所买的木雕交各人选定。整理行李，将大件放在门口，交行李房寄存。洗澡，补全日记。稍看电视新闻后睡，12时1刻。

内罗毕—马赛马拉

5月21日，星期三　多云

　　5时半起身，近6时到楼下，两位司机已到，稍后到餐厅用早餐。6时半出发，所乘的车是用丰田陆地巡洋舰改装的，后备厢大，有两条备胎，司机外还有5座，两边都有门，车顶可开启。不久就到达大裂谷边，公路旁有观景台，与下面高差有几百米，站在上面望去，远处山峦层层如屏障，谷地中有死火山。天色清朗，光线也好，拍了多张照片。旁边有很多商店，店员招呼殷勤，行程匆促，都没有进去。下山谷驶出不久，停车购饮用水。有很大的工艺品店，以木雕为主，琳琅满目，稍参观。

　　从这里开始，往马赛马拉与往纳库鲁湖分道。近10时到纳库鲁湖国家公园门前，海波去办手续，因为有官方文件，可免费，否则门票每人25美元，每辆车200美元。门前有猴群，司机打开车顶后马上就从车顶进来，汤文靖早餐留下的面包和肥皂就被抢去，赶都来不及。进公园前我的车上来了一位持枪的士兵做护卫，每次我们下车观赏时，他就站在我们旁边，还要我们不能离他太远。先后观赏拍摄了羚羊（有多种）、犀牛（体型很大，白色的性情温和，黑色的有攻击性）、斑马、长颈鹿、火烈鸟、狒狒、野牛

羚群

等。听说也有狮子,只是傍晚时才出来。

午后近1时到公园旁一家旅馆,餐厅居高临下,面对公园,花木繁茂,猴子、羚羊等在栏杆外嬉戏。菜很好,价格也高,每人要10余美元。店主是一对英国老夫妇,生在肯尼亚。老先生八十多岁了,我问他为什么不回英国,他说:"这里就是我的家,这家旅馆就是我白手起家建的,我怎么舍得离开?可惜孩子们不愿意接手,看来我得守一辈子了。"

2时余发车,往前一半是土路,极颠。公路旁就能看到游牧的马赛人,他们的服饰相当鲜艳,在大片草原和牛羊间显得非常突出。有时也能看到一些铁皮屋顶的平房,据说是已经定居的马赛人所住。但我们急于赶路,而且马赛人不喜欢让人随便拍摄,司机说如果要给他们拍照，必须付费，否则就会用石头打你，所以没有接近他们的机会。公路最高处海拔2700米，低处也在1600米以上，植被覆盖良好，地势起伏小，大多是田园牧场。3时半用海波的手机给家中打电话，妻女都在，告诉她们近日行程。通话结束后，又想起忘了问她们是否看过我们的节目播出。海波让马上再问，得知已经播了两集，一集是在演播室，一集是卡萨布兰卡。5时后路旁植被都成了牧草，不时看到马赛牧民，经常见到斑马、羚羊、犀牛在附近活动，多次停车拍摄。

近6时，到马赛马拉国家公园，还是免费入园。路旁有象群，其中一头离我们特别近。入住Keekorok Lodge，是一个营地式的旅馆，一间间平房分散在营地，有木板步道相连，到总台、餐厅要走一段路。我住在22号，服务生到后特意关照：这里很安全，大型动物一般不会进来。只是开窗时要注意，不要让狒狒等动物进房间。人不在时要将门窗关好，要将搭钩扣紧，防止被狒狒等打开。万一发生意外，马上按警铃报警。想洗澡，还没有热水，整理所拍照片。8时步行去用晚餐，有鱼，喝啤酒。回房间洗澡，整理照片，11时半睡。

马赛马拉国家公园横跨肯尼亚和其邻国坦桑尼亚，总面积达4000平方公里。其中肯尼亚境内有1500平方公里，坦桑尼亚有2500平方公里。这片海拔1600—2000米的高原虽然处于赤道附近，但气候温和，雨量充沛，植被茂密，从一人多高的蒿草到天鹅绒般的牧草，从孤独的平顶树到成片的灌木丛，从水流湍急的马拉河到涓涓细流和宁静的水塘，为各种动物提供了适宜的生存环境，而多样的生物、丰富的系列和群落又形成了完整的生物链，使各种生物能够相互制约又相互依存。大片相连的保护区保证了动物的自由迁徙，使它们在不同的季节里都能找到必要的食物和栖息地。

马赛马拉

5月22日，星期四　晴间多云

近6时起，补日记。7时用早餐，原定7时半出发，司机稍晚到。预先已将访问马赛人村庄列入采访日程，但与司机兼陪同接洽后才知道，真正的马赛村庄离开这里还很远，我们能采访的实际上是专门接待游客的马赛人旅游点。不过，比起那些已经定居的马赛人来，他们毕竟还居住在原来的地方，保持着以往的生活和生产方式，这些马赛人与他们的祖先一样，与成百万的野生动物生活在一起。

其实，"马赛"（Masai）原来并不是他们的族名，而是一个语言学术语，是指操尼罗–撒哈拉语系沙里–尼罗语族东苏丹语支马赛语的居民，包括沿坦桑尼亚和肯尼亚的东非大裂谷一带靠游牧生活的马赛人、肯尼亚的桑布鲁人、坦桑尼亚半游牧的阿鲁沙人和巴拉古尤人。

一个多小时后，我们来到一个由圆形树枝栅栏围绕的村庄前面，司机将一位名叫图阿塔的马赛青年介绍给我。他是学生，会说英语，可为我们与马赛人沟通。几位青年簇拥着一位老者，图阿塔说这是他们的酋长，没有他的同意，外人不得进村，也不准随便拍照，更不用说拍电视。和其他马赛男子一样，酋长的手里拿着一根坚实的细木棍。不过他手里这根木棍不单是用来防身和赶牛羊，而且是权力的象征，据说他可以用来打他认为该打的村民。当然这一幕肯定不在旅游表演项目之中。酋长的衣着与其他人没有什么区别，当然他理应是村里的最年长者之一，他的相貌也更"马赛"，可以想象他年轻时的英俊孔武。

在简单的问候后，酋长开出了今天的价格——400美元。付款后即可自由进村，自由拍摄。村门前一队青年男子已经排队迎候，随时准备起舞。黄海波向酋长出示肯尼亚政府签发的文件，要求各部门和各地免收拍摄费。听了司机的翻译，酋长根本没有看文件，还是不紧不慢地说："我们不属于政府部门，这是我们的家。"旁边有人说："BBC来时收1000美元呢！"看来不付钱是进不了村门的，但酋长也不指望我们真付那么多，很快以250美元成交。酋长接过美元，男青年的舞蹈应声而起。他们在村前的空地上表演，动作相当粗犷简单，幅度也不大，但嘴里不时发出嘀嘀的低沉声音，据说是模仿狮子的吼声，表示他们正与狮子搏斗，并最终获胜。

此时一列色彩艳丽的队伍流出村门，十几位马赛女子披着她们的传统服装"坎噶"，且歌且舞，进入场地后就不停地变换队形，在蓝天绿草间宛如一片怒放的鲜花。歌声来自领唱，也有伴随着的齐唱，大意是："凶猛的野兽已被我们勇敢的男人阻止，如果再敢来就会被男人杀死。尊贵的客人,请放心走进我们的村寨。"摄像机、照相机、全景、特写、俯拍、仰拍,等我们拍够了才停止。

  随众人进村,发现满地都是厚厚的牛羊粪,大多数是已经干的,与黄土混在一起;少数大概是早上刚拉下的,湿漉漉的一堆一片。环顾四周,低矮的草房整齐地围成一个圆圈,房后就是用树枝扎成的村墙。墙上按不同方向开了四个门,供人和牛羊出入。所谓"门",其实只是墙的缺口,旁边堆上荆棘般的一堆树枝,需要关"门"时就用这些备用的树枝把口堵死,主要的作用还是防止狮子、野牛、象等野兽闯入。成年男子每晚必须轮流守卫。村民都是同一家族,只能娶邻村女性。长期游牧,近代才定居,这个村是十五年前建的。如果牲畜及人口增加,可以扩建。到没有办法扩建时,可以另建一个。在这一圈房子的中间完全是空地,到了晚上,就是全村牛羊的栖息地,怪不得积满了粪便。由于马赛人不种庄稼,这些上等肥料只能长年堆积,化为泥土。要是在我的江南家乡,早已有农户天天来承包清运了。就是在西藏,也会被牧民们随时收集,将牛粪贴在土墙上晾干,将羊粪装入口袋——都是上好的燃料。

  白天在村里既见不到什么牲畜,也见不到成年男子,除了这些陪着我们的大男孩外,只见到妇女和儿童。不少妇女坐在家门口,正在用从市场上买来的塑料珠子或花色线编成各种饰品。虽然这些成品看起来还是传统的马赛耳坠、手链、挂件、头箍、腰带或者某种装饰品,却已不是原来的天然石料、手纺线、手编带,已从马赛人的用品和工艺品变成了马赛人用现代原料手工生产的商品。其实，连他们自己穿的衣服也大多用了市场上买来的布料，不少男孩已穿上了运动衫、牛仔裤等成衣，光脚上套着运动鞋，只是在表演时再套上传统服饰。他们的手上大多戴着电子表，而当我的队友用电子表与他们交换工艺品时显得特别热情，还询问有没有眼镜可供交换。

　　转了一圈后，我转而了解这群陪同的大男孩。事先我知道马赛男子一般从一岁时就开耳孔，并将中间两个门牙磨至根部。我逐一检查这些男孩，果然每人的两个耳朵上都有很大的孔，孔下的一条肌肉几乎垂及肩膀。不过可不像中国传说中的帝王那样"双耳垂肩"，因为他们的耳朵并没有因此而长大。我摸着其中一条垂得最低的"耳肉"（我不知道该用什么名词），那孩子竟可以将它转成一个结套在耳朵上，还显得相当宽松，倒让我摸得不大自在，生怕不小心折断了。但他们说这算不了什么，最长的人可以在耳朵上套两圈。我注意到，每个人左右两个耳孔往往大小不一、长短各异。问是什么原因，他们也说不出所以然，因为从小都是挂着一样的重物，却不能将两个耳朵拉得同样长。这时我又注意到图阿塔的门牙没有磨平，问他是什么原因。原来由于肯尼亚政府注意改变马赛人这一陋习，公立学校规定不招收磨去门牙的儿童入学，所以一些有意送孩子上学的马赛人家已不再给他们磨牙。旁边还有一个没有磨过牙的孩子，果然也是准备上学的。问他们为什么要从小磨掉门牙，自己也讲不清楚。图阿塔说，那是因为马赛人的孩子从小要喂牛血、牛奶，门牙开了个大孔喂起来方便。旁边一位却有另一种说法，一旦孩子病了，可以将马赛人自己配成的药直接从嘴里灌进去。两种说法都说不通，喂奶是各民族的普遍需要，灌药又不是日常生活，似乎不必因此而让孩子做那么大的牺牲，更深层次的原因显然已经在这一代人中失传了。我发现由于经常接待外国游客，有几个孩子也能说些简单的英语，能听懂的人更多。

　　一位队友告诉我，一位马赛青年手里有狮子牙。我找到他，见他手里果然有一颗七八厘米长的牙齿，表面比较粗糙，顶部磨损得厉害。我以前没有见过狮子牙齿，但相信这是真的，看来这头狮子岁数不小，长期食肉啃骨，又没有必要的"保养"，牙齿的质量很差。我问他这牙齿哪来的。"从狮子嘴里拿下来的。""那狮子呢？""给我们打死了。"我惊奇地问："这里是野生动物保护区，怎么可以打死狮子？""那狮子伤了我们的羊，为什么不打死它？"原来他们沿用了马赛人一种古老的习俗：由于马赛人世代生活在狮子、大象、猎豹、野牛等凶猛的野生动物中间，居然与它们形成了和平共处的局面，在通常情况下，马赛人不猎取动物，动物也不伤害马赛人和他们饲养的牲畜，所以马赛人的牛羊和儿童可以在草原上自由嬉戏，咫尺之外的狮子、野牛却熟视无睹，双方相安无事。但要是动物伤了他们牛羊，马赛人就会不惜一切代价进行报复，如认准哪一头肇事狮子后就"满门抄斩"。此时马赛男子会视死如归，前赴后继，直到将这窝狮子无论长幼斩尽杀绝。"你们杀了几头狮子？""就那一头。"马赛人现在的报复方式已经文明多了。"你们怎样与狮子斗？"他们争先恐后给我描述：

那次出动了二十个男人，将狮子围住，用木棍打，长矛刺，直到将狮子打死。我简直不能相信，兽中之王竟会在这些瘦小的马赛人手下丧命。他们找来一位青年，拉开他的上衣，胸口还有一道很深的伤痕，这是狮子的前爪留下了。"要是狮子再抓深一点，或者我躲得慢一些，早就没命了。"他笑着告诉我，似乎在讲着一个轻松的故事。大概怕我还不相信，他们拿来一顶狮子皮缝成的高帽戴在我头上。我立即想起了在埃塞俄比亚国家博物馆里见到的陈列品，前皇帝海尔·塞拉西一世用整张狮子皮制成的御座和狮皮、狮鬃皇冠。待队友给我拍完照，我取下狮皮帽，与皇冠自然有天壤之别，没有狮鬃，狮皮也没有加过工，并没有特别威武珍贵的感觉。但这是马赛人英雄的象征，不是随便可以戴上的，他们马上将它收了回去。

我们又聊起了他们的饮食，图阿塔告诉我，以前马赛人只喝牛血和牛奶，只吃牛羊肉，现在也从市场买些其他食品作为补充。但老人小孩还是只喝牛血、牛奶，因为马赛人认为这是最好的食品，每天早上更是非喝不可。马赛人喝的牛血是从活牛身上抽出来的，他们表示可以当场演示一下，但得再付些钱。我们表示异议："不是已经付了钱，说好什么都能拍吗？"他们解释说，已经付的钱是给整个村的，由酋长分配，而将要用的牛是私人的，得补贴牛的损失，抽了血的牛还得敷药。他们要价200美元，但在付了40美元后，一头小牛就由主人牵来。主人与另一人将牛按在地上，那牛大概经常受这样的罪，加上个子不大，并没有做什么挣扎。主人按住它的脖子，用一根绳子勒住，让肌肉下的动脉爆起，就像在人的手臂上抽血那样。另一个人拿来一副弓箭，拉满弓，将箭射向牛动脉。不知是因为这类表演好久没有进行了，还是由于那箭的力量不够，换了两个人也没有将动脉射穿，而每中一箭那牛就要颤抖一下，让人不忍心看下去。于是只能再换人射第三次，可这次也只让牛滴了几滴血。为了拍摄的需要，只能换上第四个人，终于射破了牛动脉，鲜血像喷泉般涌出，很快盛了半杯。主人将手指按在箭痕上揉了几下，血就止住，再拍拍那牛，它就慢慢往村外走去，似乎什么也没有发生。

一个孩子将这半杯鲜血拿回家，和上牛奶又取回来，用细树枝不停地搅拌。他先喝了几口，将这杯送到我面前，要我尝尝马赛人最常用的美食。这是一个大号的蓝色塑料杯，大概从来没有清洗过，积成的污垢几乎遮住了杯子的本色，鲜血和鲜奶的腥味又招来了无数苍蝇，爬满了半个杯沿，里面大半杯红色的浆液上有一层泡沫，微微冒出热气。本来我是想尝一下，可是见到那杯子的模样和这么多苍蝇，就再也没有勇气了。但面对着热情的主人和瞄准着的镜头，我只能想了个折中办法：用食指醮些浆液放在舌头上，微咸，特腥，味淡，或许是醮得太少的缘故。我相信它的营养也是不错的，要不马赛人怎么会有那么强的体力，能够在如此原始的条件下生存繁衍，以至于能与狮子搏斗！海波尝了一口，想不到汤文靖也壮着胆子喝了一口，顿时满口牙齿沾满鲜血，看起来十分恐怖。面对如此美食，那个男孩早已忍不住，夺过杯子边喝边回家去了。我与队友议论，看来用射箭放血完全是为了表演，否则每家每户的女主人早上如何备早餐？要真每天用这办法，何至于几个人都当场出丑，屡射不中？但究竟马赛人每天是如何取牛血的，我们没有来得及细问。

我们随图阿塔去他家拍摄，每户的屋子看来是统一建造的，都是土墙茅草顶，形态与大小没有什么不同。门很矮，低着头才能通过。一进屋，只觉得一片漆黑，闭一会儿眼睛再睁开时才隐约看清楚。大摄像机根本不能拍摄，海波用小DV试着，不知道能不能拍下。屋子被隔成两部分，入门处连着牛栏，我进屋时就听到了牛哞声，后来在说话时忽然发现后面栅栏上伸出一个牛头，不知什么东西吸引了它。又低头进了一道门，才从屋顶两眼小窗渗入的光线中看到两张并排的床，中间有一个冒着轻烟的火塘，既供全家烹食饮茶，也用于取暖。这里是海拔一二千米的高原，昼夜温差很大。弥漫的烟气呛得我透不过气来，但主人说这样还可以驱蚊，这里的蚊子也很厉害。火塘旁有马赛人自制的蜡烛，趁着点燃的烛光，我看到那两张床不过是比地面略高的土坑，上面铺着牛皮，放着薄薄的线毯。左边是父母睡的，右边归子女睡。图阿塔告诉我，他的父亲有三位妻子，共十四个子女，他的母亲和所生的几个子女住在这一间，其他两位妻子和子女住在旁边的屋子。按照马赛人的习俗，男人有能力准备供血和奶的小牛，就能娶一位妻子，妻子得自己盖房，丈夫在妻子的房间轮流住。每位妻子可以有七个子女，但一般都不能达标。环顾屋内，称得上家徒四壁，只有墙边一个土柜中放着一些杂物。烟熏火燎中牛哞频频，又拍不出什么内容，我们赶快出门。这间屋子应该是经常接待游客的，其他村民家中的条件可想而知。生长在如此环境的图阿塔能坚持上学，不久将成为村里第一位教师，的确为村里的男孩树立了榜样，现在已有几个孩子准备上学。

采访结束，图阿塔等人请我们参观村里的市场。我们穿过村旁的一个出口，见空地上摆着一溜子地摊，放着不少东西，村里的妇女和儿童几乎都过来了，有的手里还拿着刚做成的小玩意，显得熙熙攘攘，但除了我们摄制组的几位，今天没有来其他游客。他们转了一下，觉得价格并不便宜，而且刚才用电子表已经换了几件，都不想再买，先离开了。我看中了一对小雕像，是一男一女两位马赛人的形象。主人要价40美元，我表示愿出15美元，他爽快地接受了。付他20美元后却找不出5美元，我就再拣了一个面具。三件东西拿在手里不方便，特别是那对雕像上还涂着油，我向主人要一个塑料袋。他手头没有，从其他地方拿来一个。谁知我们刚走了几步，一位中年妇女从后面追来，对着我们叫个不停，脸色很不好看。我不知道发生了什么事，也不明白哪里得罪了这位妇女，图阿塔尴尬地说："她是来要回这个塑料袋的，说这是她的，没有经她同意就拿走了。"我赶紧将袋还给她，如释重负，原来这么点小事。

汽车已经远离马赛村，刚才那一幕还浮现在我的眼前。从250美元的拍摄采访费、40美元的活牛取血费，到那妇人的一个塑料袋，说明马赛人间的血缘关系、聚族而居、财产共有早已徒具形式，用以招揽游客的"马赛村"及其中各式人等和各项活动早已演变为纯粹的商品经济。真正的马赛村、马赛人或许还有，但肯定将越来越少，越来越难以寻访。以后再来，大概连这样的"马赛村"也会物非人也非了。想到这里，不能不感叹这世界变化之快，变化之深，虽穷乡僻壤之地、茹毛饮血之人也无法幸免。要为人类保存正在消失的过去，保留以往的文明，为子孙后代留下可靠的记录，实在不是一件容易办到的事，甚至是根本不可能的。

但另一方面，我们应该为马赛人高兴，希望他们的进步更快些，应该让更多的铁皮屋顶房取代土屋茅房，让更多的游牧者变为定居牧民，让更多的图阿塔上学并成为教师，让更多的马赛人受教育。今天，在肯尼亚已经出现马赛族的政坛新星、商界巨富，我们当然希望明天能出现马赛族的专家学者，应该有更多的马赛人走出大裂谷，走进内罗毕，走向世界。

马赛人

出村后，海波致电王酉年、使馆庄伟东、香港温港成等，得知刘长乐、王纪言及秘书明天到内罗毕，将游纳古鲁湖，26日与我们同机去达累斯萨拉姆，28日再经过内罗毕。让他再提醒温港成，不要忘记为我订往上海的返程票。

11时半返回。途中我们的车陷在土沟中无法自拔，另外一辆车过来，用钢索牵引后退，试了几次无效，又用液压机抬起后轮，垫上石块，费一小时多才拉了上来。在车上被萃萃蝇叮一下，司机说如果被叮六七次就会中毒昏睡，用力挤出污血，涂上清凉油。又不小心撞到扎西摄像机的电池，眼眶下稍微有点肿。午后2时用午餐，毕后已过3时。到海波处要来前天余下的150先令，买明信片2张，连邮票共320先令。又从海波处取回5美元，付款。回房间睡了半小时。

4时出门，小强邀我上他的车，途中扎西拍我观察及讲解的镜头。几辆车转了好久见不到狮子，司机之间都有联络，并且用望远镜观察。后来传来消息，找到狮子了，我们的车马上开过去，加入了车辆包围圈。五辆越野车将它们憩息的一个石堆团团围住，站在车上通过打开的顶盖拍照的游客离它们不足10米。但除了一头小狮子不时嬉闹外，五头大狮子全都在树丛中高卧不起，对马达声、车轮滚动声、车身与树枝摩擦声、人们小声惊叹声都无动于衷，在镜头中只留下一个个不完整的躯体，宛如几块巨石。即使它们醒来，也不会感到意外，它们早已熟悉了这样的情形，而且它们是完全自由的，关在"笼子"里的是游客，而不是它们。

后来司机说，国家公园的狮子最多时可以超过一千头，不过那是在迁徙季节。到时候过往的动物极多,食物不够,所以经常发生恶斗。在这一带绝对不许下车,公园做了严格规定,否则游客将被驱逐,司机也会被抓去坐牢。因为狮子会长时间伏在草莽间,草高及人,丛林中更深。初听时并不全信,这次见到的狮子群果然如此,那第六头狮子我是找了很久才勉强将它的一条后腿从草丛的颜色中辨别出来的。

路上又见到秘书鸟,之所以给它这么一个文雅的名称,是因为它的头上长着一根竖起的长毛,就像秘书将一支毛笔插在头上。路旁还看见一只巨龟,车开近后才慢慢爬进草丛。数十上百成群的羚羊,有的奔跑,有的跳跃,有的漫步。长颈鹿、野牛、斑马也不时出现。它们的背景——傍晚逆光映照的草莽构成一幅绒绣般的图画。

6时余,司机忽然告诉我们有一头猎豹睡在树上,大概他嗅到了猎豹特有的气味。开始他还沿着路行驶,因为他说过,如果驶离道路被警察抓住是要罚款的。可能是为了确保能验证他的判定,后面一段他干脆离开道路,直接开到那棵树下。一只猎豹安卧在树枝上,汽车开到旁边它也不理不睬。地上有一只鬣狗,窥伺着不愿离开,因为猎豹旁边挂着一只已被咬死的羚羊。通过司机的介绍,我为这一段夕阳下的"动物世界"动画片配了解说词:

一头猎豹抓住了一只羚羊,将羚羊咬死后挂在树上,准备慢慢享用。心满意足的猎豹躺在树干上酣睡,太阳快下山了还不想起来。专门抢食大兽残尸的鬣狗远远见到那只死羚羊，绕着树转了一圈又一圈，它知道猎豹从来不会将羚羊吃尽，至少会掉下些还带着肉的骨头，够自己美美地白吃一顿了。但它也不敢离树太近，每当猎豹翻一个身它就会窜入树丛。但它实在舍不得放弃，于是再围着树耐心守候。

我们还想等到结果，司机说规定6时半必须返回旅馆，只能驶回，7时1刻才到，其他车也有刚停下的。商定明天早上8时出发，上午去看河马。7时半用晚餐，有猪肉。餐后一起去小卖店，价格都比较贵，都没有买。我先回房间，洗澡，整理照片。很累，11时半睡。

5月23日，星期五　多云

5时余起，补全日记，昨天的记录很详细，可以扩大为一篇报道文章。7时半用早餐，8时出发，途中遇到羚羊群等，停车拍摄。

一小时余到马拉河，河里的河马甚多。有武装警卫值班，其中一位领着我们去上游一个有弯道的地方，途中遇到另一位武装警卫带着一批西班牙游客返回。走了十几分钟到那里，河马果然很多，但都在水里只露出一个头，偶尔翻个身露出半个身体，也来不及拍照，不知道扎西是否能抓拍到。支流里有鳄鱼，但只看到一条小鳄爬上岸，只有一米来长。回来的路上问警卫，说河马一般在晚上到岸上吃草，食量很大，白天习惯伏在河里。

登车返回，途中仍有停车拍摄。12时余到旅馆，12时半用午餐，自助。吃饭时海波通知计划改变，我们不去达累斯萨拉姆了，因为驻坦桑尼亚大使不能参加活动，改成其他队都来内罗毕，最终决定今晚或明天就可以知道。回房间睡了近一个小时，起来后继续写《溯尼罗河之旅》，其间电脑死机，浪费了不少时间。下午近4时从窗户看见一头狮子由游泳池旁走过，一开始我还不相信是狮子，盯住看果然不错。马上拿了相机出门，看它已经走远，直接往营地外走去，而营地内正好空无一人。稍后海波过来，告诉他这一奇遇。

4时半外出，我问司机，他说可能是豹，但与我所看到的形状完全不同。海波留在旅馆，其他人都去了。在途中稍有拍摄，5时半到一个高阜，在那里等候日落。云层又密又厚，没有见到太阳，晚霞却格外绮丽。到晚6时3刻返回，途中停车拍了一棵形态独特的孤树，7时余到。7时半用晚餐，海波通知，25日晚上刘长乐、王纪言参加聚餐，26日他们仍然去达累斯萨拉姆，28日我们直接由内罗毕返国。这样就有两天富余时间，我建议应该另有安排，不能浪费在旅馆里。向海波借了地图，回房间洗澡后查阅，整理照片。10时余海波与小强来，就在门前商量。我告诉他们，两天时间内可能去两个地方，一是蒙巴萨，这是东非大港，历史悠久，当年郑和下西洋，史料记载到过"慢八撒"，就是指蒙巴萨。另一处是拉穆岛，近年来有一些报道，称那一带发现了郑和下西洋船队的遗迹，还可能留有船员的后裔。另外岛上还有世界闻名的驴医院，所以又被称为驴岛。海波查了机票，往返蒙巴萨机票价100美元，往返拉穆岛270美元，每天都有航班。我的意思如果从拍片考虑，蒙巴萨很难拍成一集，而拉穆岛绰绰有余。小强也同意，但我知道他的兴趣在驴医院，不在郑和下西洋遗迹或船员后裔。就确定去拉穆岛，海波准备再与德鲁鲁联系。11时睡。

马赛马拉—内罗毕

5月24日，星期六　多云，内罗毕阴有小雨

近5时起，整理从海波那里拷来的照片，写日记。

7时半用早餐，8时出发。途中停车拍角马、羚羊等。过一家木雕店，买了一个黑木雕狮，要价400美元，以120美元成交。在车上问海波，去拉穆岛的事扎西是否愿意，应该先征求他或小强意见。至内罗毕后海波停车买电话卡，下午1时余回到假日酒店，住415室。

1时20分到大堂，海波先去兑美元，并定座。等到1时半扎西、兆波到，一起步行去曾用过餐的中国餐馆。海波言银行关门，下周一才可以兑换。我与文靖用中餐，其他人用印度饼和肉。吃饭时海波谈去拉穆岛的事，还是希望扎西等能够去。我告诉小强，如果不去拍摄，我准备自费去蒙巴萨旅游。近3时与文靖散步回酒店，他在对面小店买木雕，20美元买了2件。回房间看电视新闻，

肯尼亚与坦桑尼亚界碑

又在大浴缸中洗了个澡,前两天在营地总洗得不舒服。继续写《溯尼罗河之旅》,并摘录资料。晚8时到大堂,一起去用晚餐,到一家意大利餐馆,用海鲜面等。海波告诉我们联系的结果,确定后天我与小强、扎西、兆波四人去拉穆岛,27日下午返回。回旅馆后到扎西房间取出礼品及在埃及准备寄回的物品。10时余到文靖房间,看利比亚样片,我们提了些意见。回房间整理行李,除那个木雕狮子,其他都放进了一个包。1时余睡。

内罗毕

5月25日，星期日　阴间多云

4时半即醒，5时起，看电视新闻，洗发洗澡，继续写文章。8时用早餐，餐后到海波房间，他交给我500美元备用，并留了有关联系电话。

10时余他外出，留下房间钥匙，我拿他的到商务中心，设置网络接口。那里没有网线，又与管理员到海波房间，找到那根网线，由窗外拉出。因他不知道中文电脑上设置位置，与文靖随他到商务中心观察，与文靖一起设定。网速很慢，等了好久才开通。文靖先收邮件，因为他有一个邮件涉及费用，需要马上回复。等他办完后收女儿、复旦大学出版社孙晶、吉林大学张某的邮件。回复女儿，回复吉林大学张，告知月底回国后再处理，想下载附件，未成。

西线的官尔佳到达，12时半一同到中国餐馆用午餐，用牛肉炒面。下午睡了半小时，写完《野生动物的天堂》一篇，将有关文章拷在小强的插件上交给他。海波拉我与小强一同去使馆，雇出租车去，见庄伟东，了解拉穆岛及有关人员去那里采访的情况，他给了一些复印资料，乘所雇的出租车返回。将大行李包放在海波房间。拟致家中邮件，到海波房间，发出《溯尼罗河之旅》一文下篇之一、《野生动物的天堂》及家中邮件。晚8时到大堂，就在楼下餐厅用自助餐。看下午拿来的资料，不出原来所了解的范围。海波送来备用礼品，又存两个包在他房间，将资料交给小强。日记，12时睡。

内罗毕—拉穆岛

5月26日，星期一 多云

5时半起，看电视新闻，洗澡。7时余用早餐，回房间继续写文章。8时40分下楼，汤文靖来大堂送，将房间钥匙交给海波。由旅行社车送至机场，先到银行换钱，300美元换了21000先令。取登机牌后就经安检进候机室。原定10时20分登机，因飞机晚到，实际至40分才登机。

10时50分，我们搭乘的肯尼亚航空公司的班机起飞。这是一架螺旋桨型小飞机，三十多个座位，但今天只坐了十几位乘客，我们占了四位，这倒方便我们拍摄和拍照。飞机爬上云端，乞力马扎罗雪峰浮现在飞机左侧的云海上。可惜由于距离还远，加上云层太厚，始终只能照到它的顶端。不过，多少弥补了我们不能亲自攀登的遗憾。

飞行的高度只有数千米，透过云雾，不时能看到山岭、丛林和农田。12时10分，飞机降落在一个小机场。一下飞机，就感到一股热浪，我的眼镜立即被罩上白雾，湿热的空气与内罗毕的清凉有天壤之别。我怀疑飞机停错了地方，要不我们搭错了航班，

拉穆岛上的房屋

因为刚才飞机上见到的海还在前面。出口处没有看到旅行社来接的人，正疑惑间，有人招呼我们到候机室休息，原来这是中途停机，拉穆岛的确还在前面。候机室中见到几位穆斯林长老，据说岛上将有一个重要宗教节日的活动。见我们扛着摄像设备，有人还来问我们是否也是去拍摄节日活动的。

又起飞后，飞机果然很快就飞离非洲大陆，沿着印度洋岸线向东北方向飞去，越过一处河口时，可以清楚地看到流入海洋的水微有红色，与蓝色的海水形成鲜明的界线。再往前，飞机下出现了几个相距不远的岛屿，慢慢降落在其中一个较大的岛上。但岛上长满了野草和杂树，却看不到什么建筑物，更不见人烟。这段航程不过20分钟。

我们确认飞机已到终点,就与其他旅客一起沿着唯一的道路往外走。在几座简陋的茅草屋旁,有几位接客的人在等候,其中一位肤色黝黑的中年人见了我们就做自我介绍——他就是我们的导游施瓦雷。我们随他一直走到码头,登上他的小木船,原来拉穆岛还在对岸,而我们订的旅馆离此还有3公里水程。船上有一些货物,施瓦雷说这是他捎带运输的。一位22岁的帮工,正将货物码齐,以便腾出供我们坐和放器材的地方。对面是一个码头,停着大大小小不少船舶,但我们的目的地在另一个码头。船沿着这道狭窄的海峡前行,一边是机场坐落的小岛,除了绿色一无所有,另一边是拉穆岛,古老的建筑物若即若离,绵延不断,一条小道与海岸平行,不时有人走过,偶尔还能见到骑自行车的人。但小道常常被海水阻断,要不骑车人不会下车推行,甚至要扛着自行车走一程。一路上见不到汽车,也没有任何工厂或冒烟排污的设施。陶渊明所说的"结庐在人境,而无车马喧"的境界,莫非还能在拉穆岛找到?忽然眼睛一亮,岸上一座白色建筑物恰如鹤立鸡群,在绿树和鲜花的掩映下显得格外豪华典雅,里外却也不见人踪。施瓦雷说这是一位法国人的私宅,看来陶渊明的向往也是当今世界富豪的时尚。途中与施瓦雷商议这两天的行程,他说我们要拍摄的旧城和驴医院都在正对机场的码头,可以用他的船往返。我提出能否沿海边的小道步行一次,他解释说,路虽然不远,但遇到涨潮时有些地方会被水淹没,而且昨天以前一直下雨,路上泥泞未干,还是坐船方便。于是确定这两天的导游费加上船费,共付他4000先令。

船在岛的另一端靠上码头，施瓦雷带着我们沿小路走了一段，又穿过几条巷子，就到了海岛旅馆（Island Hotel），这是一座三层楼房，里面相当宽敞，与周围的建筑物一样，屋顶都是用椰树叶编结的，看来像茅草顶。后来向店主了解，才知这是一举多得的办法——岛上有得是椰树叶，就地取材，几乎不花钱；岛上气候湿热，这种屋顶隔热透气；多暴风，这种屋顶很安全，吹毁了也不伤人，修复很容易。我住的12号房间在三楼，有里外两间和一个卫生间，露台上有一张大吊床，也是用树皮编成的。

旅馆有餐厅，厨师说午餐没有什么选择，但晚餐时可吃海鲜，如果我们需要，就派人直接到码头采购。每人吃了一条石斑鱼和番茄汤，还送了我们一盘色拉，我们没有吃，只花了2000先令，却是近来最丰盛的。另买了四瓶水，520先令。我们心满意足，心想有这样的晚餐也足够了。

抓紧时间出门，4点钟乘船返回古城前的码头，顿时回到了阿拉伯世界，来往的人大多穿着阿拉伯长袍，我用"萨拉马里贡"致意，他们都含笑作答，或者回答"萨勒姆"。往前不远就是一座古堡，旁边是传统的市场。由于此行主要为拍摄驴医院，事先又来不及联系，对古城只能点到为止，但这么转一圈也已使我领略了古城风味。即使不听介绍，也可以想象当年阿拉伯人如何随海船迁入，又如何通过此岛进入东非沿岸。正因为阿拉伯移民源源不断，才在非洲大陆旁留下这个阿拉伯人和伊斯兰文明的据点，虽经英国殖民统治而岿然独存。

街上不时见到驴子，但不像想象的那么多。我问施瓦雷，他

驶近拉穆岛

说岛上有三千多头驴，只是现在正忙着干活，如运送椰子、牛奶、杧果和建筑材料等，所以只有早晚才会集中在街上。

来到著名的驴医院，有一位女兽医接待我们。她告诉我们，医院现有两名兽医、两名工人，还有一位英国义工，到8月份才来。院子里躺着一头病驴，旁边的槽内还有几头病驴。凡是岛上的病驴，都可以来医院接受免费治疗和保养，直到病愈出院。医院也主动领养无主的病驴，还在岛上设有喂食处，每天定时免费供应饲料。医院成立于1987年7月4日，一直得到国际驴保护基金会（IDPF）的资助。墙上挂着那位英国女士与医院负责人阿卜杜拉的合影，得知阿卜杜拉就在附近，不一会儿就请来了。他的故事我们事先已很熟悉，加上他已习惯于接受世界各种媒体的采访，所以采访进行得相当顺利。他本是导游，在岛上是令人羡慕的职业。但二十年前的一次接待改变了他的人生道路，一位来访的英国女士对驴保护的热情令他感动，并决定从此随着她投入这项事业。经过赴英国学习培训，他成为岛上最早的义务驴医，至今一直担任这所驴医院的负责人，与国际同行保持着密切联系。他说，全世界有5900多万头驴，它们都承受着繁重的劳动，却很少得到应有的保护，他和基金会做的工作只能顾及其中很少一部分。我问他这5900万头中有没有包括中国的驴，他说应该包括，他听说中国的驴也很多，不知它们的状况怎样。采访毕后他到院子里看望病驴，给它们治疗和喂食。扎西说光线不理想，与他商定明天上午10时再来拍摄。我们乘船返回时，晚霞已将拉穆岛染红。

厨师说有新鲜的蟹，750先令一个，我要了四个。7点用晚餐，蟹大而鲜,在内罗毕或其他大城市一定得付天价。可怜扎西不吃,只能另外炒了一盘鸡蛋,我们三人将他那个分了。米饭是大米与椰汁和椰肉一起煮的,也十分可口。施瓦雷邀我去他家看看,说就在小巷口。家里济济一堂,他的父母、妻子、三个女儿都在,还有几位亲戚。阿拉伯人好客,人越多越热闹,越高兴。我将随带的小礼品送给他的女儿,她们很欢喜。得知我是第一位到他们家的中国人,大家都感到亲切。

到晚上10点,天气还相当热。露天倒有风,但有蚊子。我不敢开窗,睡了一会儿就热醒了。到露台躺在吊床上,数着天上的星星,沐浴在印度洋吹来的凉风中,居然没有感到蚊子的威胁,安然入睡,到后半夜才回房间。

拉穆岛—内罗毕

5月27日,星期二 多云

5点钟醒来,宣礼声四起,阿拉伯人的一天就此开始。下着小雨,到我们7点半上船时还下个不停。途中更转为倾盆大雨,到了码头只能在船上等候。雨一停赶快到古堡前拍摄,却来了警察,检查了我们的证明后说还需要到区政府登记。区政府就在旁边,登记手续也很简单,所以没有浪费多少时间,还趁机与新闻官约定9时采访区长(District Commissioner)。据区长介绍,这个区管辖的范围相当大,连拉穆岛在内共有七个小区,还包括大陆上一个区。听说岛上只有两辆汽车,一辆是救护车,一辆供区长使用。我问区长是否如此,他说那辆车并不是他的专车,实际是供公用,但一般他也不用。我问为什么岛上不发展汽车,他说一方面是条件限制,岛上的路都很窄,有的在涨潮时还受水淹,如果要用汽车就得重新修路,势必破坏古城;另一方面居民已习惯步行或使用驴子,并没有改用汽车的要求。

在走廊上意外遇到了博物馆馆长,附近岛上究竟有没有郑和航海的遗址自然成了我们的话题,但谈下来却使我相当失望,因为连他也只是听说。例如有人说在岛上有中国式的建筑,但现在已找不到了。还有人说在一座古墓上有汉字,但古墓也已不存在。至于岛上有没有郑和留下的船员的后代,答案也似是而非,因为只是有人认为这些人的模样像中国人,他们自己也讲不清楚。不过由于采访他们的人多了,说法也越来越多了。总之,在他的博物馆里还没有收集到任何有关实物,他本人也没有掌握什么确切的说法。这固然令人遗憾,但仔细想来,却很正常,因为郑和航海的目的并不是为了发现新大陆或新航路,更不是为了掠夺和殖民。所以在正常的使命完成后,不会留下常驻人员,更不会建造什么贸易机构或军事设施。

采访一个家庭,有十头驴,现在都在农庄驮杧果,只有一头驴在家。驴身上都烙有印记,以便区别。近10点到驴医院,阿卜杜拉已在,拍了他为一头病驴清洗敷药,为幼驴喂奶的镜头。这头驴没有母亲,生下来一周就被医院收养,现在已经三个月大。

又对阿卜杜拉做了采访,拍了他在办公室中的照片。出来后我们通过施瓦雷租了一头驴子,由我骑着逛街。我以为马都骑过,骑驴不会有什么困难。谁知当摄像机对着我时,那驴就是不肯走路,软硬不听使唤。我无计可施,只能请驴主人过来牵着它往前。

10时3刻拍完,但因为旅馆的房已退了,就找了家餐馆休息,等候用午餐。午餐是海虾仁加椰汁米饭,一打生蚝加海鲜汤、鲜椰汁,只花了1600先令。12时1刻由施瓦雷用船送往机场,下午2时10分起飞,中途停Malinda机场,又起飞,4时10分到内罗毕。司机已到,就乘他的车回旅馆,住428室。到海波房间,得知是29日8点的航班,30日17时1刻到上海。马上给家里打电话,女儿约定

驴医院中的阿卜杜拉与他的驴

肯尼亚

到浦东机场接。取回行李，稍做整理。摘录考古资料。因要等南线的人来，约定8时后去餐厅，实际至8时半才出发。因王酉年等刚到，海波让我们先去，以免大使等候。至江苏酒店，正好大使也至，会见刘长乐、王纪言及使馆各位。约半小时后南线的王酉年、张英姿、韩文等人到，但登乞力马扎罗山的人与西线华越等人没有到。今天凤凰卫视宴请大使等人，与刘长乐、王纪言、王酉年、海波、大使、参赞、刘秘书等同席，席间王纪言、刘长乐与大使致辞。11时余才散，回房间洗澡，看电视新闻，近1时睡。

内罗毕

5月28日，星期三　阴间多云

近6时起，继续摘录资料。7时余用早餐，将离开时小强来，已拿到拍摄许可证。8时半出发，海波交给我6000先令午餐费及备用。见新闻官，告诉他上午的拍摄要求。因为海波提及博物馆旁的雕刻者，所以先去那里，有一间画室外面有一个人在作画，据说9时后这画室开放，供人自由作画。但那人说这是"非洲时间"，未必准时。它外面还有雕塑等，很像现代派作品，旁边还标明"不许摄影"。小强对此也没有兴趣，就离开了。司机驶到高处，拍城市远景。又到会议中心前的广场，有肯雅塔雕像。买饮用水。得知昨夜扎西等喝了酒，感到疲倦，所以不想多拍。告诉新闻官，

古堡

取消了贫民区等地,直接去市场拍摄。拍完后购物,我买了3个长颈鹿小木雕,花了40美元,又买了5幅蕉树皮画和石像等。司机说有更廉价的地方,随他去看了,没有找到合适的,而且价格也不便宜。

12点回旅馆,稍休息。12时半与三人出门,到意大利餐馆用海鲜面,等了很久才上来,发现蛤蜊已变味,向店主提出,答允更换,并且表示歉意。下午2时余返回,整理行李后睡了半小时,起来后继续摘录资料。打电话给海波，文靖接，得知网还通着，马上过去。收到女儿邮件，随即回复。又有国政系彭某邮件，暂约11月4日为北欧学生上课。

  8时1刻出发，除老狼等三人，均到了，大使来见并告别。往Safric花园旅馆餐厅，边欣赏非洲歌舞，边品尝各种烤肉。厨师不时拿来刚烤好的一卷肉，轮流到各桌各座展示，殷勤地劝你品尝，或者根据你的需要再增加。我尝到的就有斑马、驼牛、羚羊等肉，但我实在区别不出它们之间的差别，而且很快就没有食欲了，以至于后面再送上来的是什么肉都没有再问。我问过一位服务生，这些肉哪里来的，是否猎杀野生动物，他说这些都是通过合法途径采购的，如国家公园或动物园正常淘汰的。至近11时散，分乘出租车返回。洗澡，继续摘录资料，看电视新闻。1时半睡。

回国

内罗毕—阿联酋迪拜—中国香港

5月29日，星期四　多云

5时起，5时40分下楼，清点行李后即出发。至机场后集体办理登机手续，肯尼亚航空公司给予行李优惠。肯航原定开通与中国的直达航线，但因受SARS影响而推迟。该公司记者对我做了采访和拍摄。

8时起飞，头等舱中只有我们5人，经济舱中也很空。用早餐，看News Weeks等。补日记，至电池用尽，睡约一小时。当地时间下午2时10分到迪拜，与肯尼亚时差一小时，立即由肯航人员引导办理转机手续，集体换登机牌，到公务舱候机室休息，用午餐。有免费上网，等海波用毕后收女儿邮件，回复后又收到她答复，就在网上聊了一会儿。又回复国政系彭某邮件，同意讲课，但需要等回国后核对日程表才能最后确认。到免税店一转，为女儿买了一袋，刷信用卡未成，以现金付10美元，找零本地币1元，送给文靖。6时半用晚餐少许，电脑充电，写日记。

8时40分往25号门登机，也是商务舱，极空。9时20分起飞，用小食，看报。一小时余后经停巴林，11时（当地时间10时）半起飞，用餐，看报。商务舱内可接网线，但没有电源，这架飞机不设头等舱。电池有限，只能补全日记。

香港—上海

5月30日，星期五　香港阴，上海阴有小雨

醒时迪拜时间近6时，北京时间已近10时。早餐后，稍翻阅杂志，不久开始降落。11时半到香港机场，出机舱门就有人送来港龙航空去上海的机票。与各人道别，往转机口，办妥登机手续。在免税商店买了两盒巧克力、一辆小行李车。到候机室，乘客寥寥，看《非洲考古发现》一书。下午2时25分登机，乘客仅十之一。2时50分起飞，途中用点心，看各种报纸。近5时到浦东机场，留在飞机上接受体温测量。下飞机到出口前交健康申报表，又经过仪器测量体温。出站时女儿已在，到出租车站雇车回家。沿途车辆稀少，与2月份离开时简直有城乡之别。